Manfred Loimeier • Wortwechsel

Manfred Loimeier

Wortwechsel

Gespräche und Interviews mit Autoren aus Schwarzafrika

HORLEMANN

Wir danken der „Stiftung Kunst und Kultur des Landes Nordrhein-Westfalen“ für die Förderung dieser Publikation

STIFTUNG
KUNST UND KULTUR
DES LANDES NRW

Die Deutsche Bibliothek – CIP-Einheitsaufnahme
Für diese Publikation ist ein Titeldatensatz
Der Deutschen Bibliothek erhältlich

Bitte fordern Sie unser aktuelles
Gesamtverzeichnis an:

Horlemann Verlag
Postfach 1307
53583 Bad Honnef
Telefax (0 22 24) 54 29
E-Mail: info@horlemann-verlag.de
www.horlemann-verlag.de

Umschlaggestaltung:
Karl Debus, Bonn

Gedruckt in Deutschland

Inhaltsverzeichnis

VORWORT

„Wenn die Ziege vor dem Haus steht, muss man nicht an ihrer Stelle meckern“

(Sprichwort aus Afrika)

Literatur, Prosa aus Schwarzafrika präsentiert sich in Deutschland in einer bemerkenswerten Vielfalt an Themen und Genres.

Ob Migration oder Emanzipation, Adoleszenz oder Exil, Diktaturen oder Apartheid, Widerstand oder Identität, ob Bildungsroman oder Frauenroman, Krimi oder Persiflage, historischer Roman oder moderner Großstadtroman – die Bandbreite der ins Deutsche übersetzten afrikanischen Belletristik ist beachtlich.

Gleichwohl bleiben die Autoren aus Schwarzafrika oftmals ohne Gesicht, sprechen sie zwar durch ihr Werk, selten aber direkt zu ihren Leserinnen und Lesern hier zu Lande.

In dieser Sammlung von 40 Interviews aus den Jahren 1996 bis 2001 – zwölf davon wurden exklusiv für dieses Buch geführt, fünf davon per E-Mail – kommen Autorinnen und Autoren aus Schwarzafrika selbst zu Wort.

Sie sprechen über Fremdheit und Flucht, über das Leben in mehreren Kulturen, über die anhaltenden Folgen des Kolonialismus, über das Verlagswesen und die Lesekultur in afrikanischen Ländern. Sie stellen sich dem so genannten Sprachenproblem, erläutern ihre literarischen Motive, den Stellenwert der mündlich überlieferten Literatur in ihren Werken sowie die Bedingungen ihres Schreibens, manchmal die Probleme des Schreibens angesichts von Zensur. Viel Raum nehmen auch das offizielle Ende der Apartheid in der Republik Südafrika ein sowie der Völkermord in Ruanda.

Zusammengenommen formen diese Meinungen ein schillerndes Spektrum an Stellungnahmen zur Situation der Literaturen und der Literaten in und aus Afrika. In ihrer Gesamtheit gelesen bilden die Gespräche einen Dialog unter den Autoren selbst, einen Dialog, der manche Position relativiert oder unterstreicht, der zum Kommentar reizt und dem eine Gemeinsamkeit zu eigen ist: die Suche nach den Wurzeln der Identität, nach einer verborgenen Geschichte.

Einige dieser Interviews erschienen, zum Teil in kürzerer Form, in der Zeitschrift LiteraturNachrichten der Gesellschaft zur Förderung der Literatur aus Afrika, Asien und Lateinamerika; das Gespräch mit Jean-Pierre Daogo Guingané wurde in der Zeitschrift Hirschstrasse publiziert. Alle 40 Gespräche wurden für dieses Buch neu bearbeitet.

Zur Erinnerung an meine Tante Erna Forster, die am Tag der Fertigstellung dieses Buchs starb

Ich bedanke mich herzlich bei Helga, Lola und Lili Hofmann für die Zeit, die sie mir gelassen haben, diese Gespräche zu führen und zu Papier zu bringen.
Darüber hinaus danke ich sehr Ruth Kumpmann, Corry von Mayenburg und Peter Ripken von der Gesellschaft zur Förderung der Literatur aus Afrika, Asien und Lateinamerika für die Hilfe bei der Vermittlung von Interviews und für die zahlreichen Unterlagen aus dem Archiv.
Meiner Schwägerin Cornelia Panzacchi gebührt Dank für prompte Hilfe in Übersetzungsfragen.

José Eduardo Agualusa
„Alle meine Bücher drehen sich um Identität"

José Eduardo Agualusa wurde 1960 in Angola geboren und arbeitete in Lissabon als Journalist. Seit mehreren Jahren lebt er in Brasilien, wo er eine Buchreihe moderner portugiesischer Literatur herausgibt. Neben Romanen schreibt Agualusa Kurzgeschichten und Lyrik, betreut Radiosendungen über afrikanische Musik. Er publizierte auch einen Fotoband über afrikanisches Leben in Lissabon.
Agualusa erhielt den Preis der Gemeinschaft lusophoner Länder. In deutscher Übersetzung liegt sein Roman „Ein Stein unter Wasser" vor, der in Brasilien zudem verfilmt wurde.

Ihr Roman „Ein Stein unter Wasser“ handelt von Sklaverei und von der Identitätssuche eines Kreol. Wie könnte denn Angola heute eine gemeinsame Identität finden als vereinte Nation?
Alle meine Bücher drehen sich um Identität. Angola ist, wie die Mehrheit der kolonialisierten Welt, ein Land mit verschiedenen Sprachen und verschiedenen Völkern. In Afrika gibt es noch weitere Beispiele solcher kreolischer Gesellschaften, vor allem auf den Inseln, aber auch im südlichen Afrika: Madagaskar zum Beispiel, wo viele Leute mit malaiischem Ursprung leben.
Wir haben diese kreolische Gesellschaft, die nur eine Komponente Angolas darstellt, neben den anderen, restlichen Völkern in Angola. Diese kreolische Gesellschaft spricht Portugiesisch.

Warum verließen Sie Angola?
Ich arbeitete als Journalist in Angola, lebte dort mit meiner Frau und meinem Kind. Dann gab es 1992 Wahlen, und danach begann der Krieg von neuem. Die politische Situation wurde sehr undurchsichtig, und als Journalist hatte ich erhebliche Schwierigkeiten. Ich wurde mehrfach bedroht, auch meine Familie. So beschlossen wir, dass es besser wäre, zu gehen, nach Brasilien, und zu sehen, was die Zeit bringt, was in Angola passiert.
Ich könnte jetzt wieder zurückkehren nach Angola, aber ich weiß nicht, ob ich dann wieder wegkäme, falls ich wieder weg wollte. Als ein unabhängiger Verlag in Angola eine Kurzgeschichtensammlung von mir herausgab, sagte der Verleger, als ich ihm das Manuskript zur Veröffentlichung schickte – und ich zitiere ihn wahrheitsgemäß: „Schauen Sie, ich kann nicht alle diese Geschichten herausbringen“, und er strich eine Geschichte, eine Persiflage auf den Präsidenten. Man kann über alles reden, aber über den Präsidenten darf man keine Witze machen. Und so musste ich auf diese Geschichte verzichten, um dieses Buch in Angola zu publizieren.
Es gibt Fälle, in denen Journalisten verprügelt oder verhaftet wurden. Als Angola noch kommunistisch war, war klar, dass man ins Gefängnis kam, wenn man sich gegen die Regierung aussprach. Heute liegt der Unterschied darin, dass man nicht verhaftet, sondern getötet wird, und dass es dann heißt, dass nicht die Regierung dahinter steckt, sondern irgendein Krimineller. Das ist der Unterschied: Es ist schlimmer jetzt. Jetzt kann man auf offener Straße ermordet werden. Dagegen wirkt mein Fall geringfügig – ich habe ein paar Probleme, man versuchte, mich zu erschrecken, indem man auf unser Haus schoss oder meine Frau zu entführen versuchte, aber das ist nichts Besonderes! Aber wenn man gehen will, darf man nicht. Ein Freund von mir ging zum Flughafen, und als er schon

im Flugzeug saß, kam die Polizei und holte ihn raus. Sie verhaften einen nicht, lassen einen aber auch nicht gehen.

Ihre Romane sind gewöhnlich historische Romane. Was wollen Sie durch diese Rückgriffe auf die Geschichte zeigen?
Nicht alle meine Bücher sind historisch. Im Augenblick schreibe ich einen Roman über Angolaner in Brasilien, und das ist kein rein historischer Roman, sondern eher ein politischer Roman. Dieses Buch ist ein Streifzug durch das Leben schwarzer Menschen in Rio de Janeiro, über die schwarzen Armen in den Favelas, über den Waffenhandel dort. Es ist in gewisser Weise die Aktualisierung eines Mythos von einem Schwarzen aus Angola, der vor rund 100 Jahren ein Dorf von entflohenen Landarbeitersklaven leitete. Solche Dörfer, Quilombos nannte man diese Zufluchtsorte entlaufener Sklaven, gab es schon im 15., 16. Jahrhundert, Palmares war das bekannteste.
Mein Buch spielt aber in der Gegenwart, in der man aber fast die selbe Situation hat wie damals: Leute, die so gut wie gar nichts haben, die wie die Sklaven in Armut leben auf den Hügeln der Stadtteile. In meinem Buch male ich eine Revolte gegen diesen Zustand aus, mit Hilfe der Waffen, und die Leute ziehen in die Stadt und halten für etwa drei Monate das Zentrum besetzt.

Zurück zu den historischen Romanen, etwa „A Conjura", in dem Sie ebenfalls eine Revolte beschreiben, einen Sklavenaufstand gegen die Kolonialisten. Handelt es sich dabei um einen authentischen Aufstand?
„A Conjura" ist mein erstes Buch. Ich schrieb es, nachdem ich eine Menge alter angolanischer Zeitungen gelesen hatte. Ich fand mehr als 90 Zeitungen, die zwischen 1890 und 2000 erschienen sind und die zum Großteil von Angolanern herausgegeben worden waren – natürlich waren auch einige portugiesische Herausgeber darunter, aber die Mehrheit war angolanisch.
Bis zum Ende des 18. Jahrhunderts hatten die Portugiesen nicht so viel Macht im Land. Die wirtschaftliche Macht und ein Teil der politischen Macht lag in den Händen der angolanischen Aristokratie in Luanda, dieser kreolischen Gesellschaft. Das waren Leute, die durch Sklavenhandel sehr reich geworden waren – es gab schwarze Familien, die durch Sklavenhandel wirklich reich geworden waren.
In der Geschichte Angolas gab es einige wenige Revolten gegen die Kolonialmacht, und diese Revolten wurden von dieser kreolischen Aristokratie angeführt. Als zum Beispiel Brasilien 1822 unabhängig wurde – die Beziehungen zwischen Angola und Brasilien waren zu dieser Zeit sehr,

sehr eng –, versuchte die Stadt Benguela, eine alte Stadt in Angola, zusammen mit Brasilien unabhängig zu werden. Sie versuchten, die Beziehungen zu Portugal abzubrechen und Teil Brasiliens zu werden!
Als Luanda von den Holländern eingenommen wurde, im 17. Jahrhundert, waren es nicht die Portugiesen, die kamen, um gegen die Holländer zu kämpfen – das waren die Brasilianer. Es war eine Flotte aus São Paulo mit einer Truppe Schwarzer, darunter auch Indianer, die kamen, um die Holländer in Angola zu bekämpfen. Und sie kamen die Holländer bekämpfen, weil diese den Sklavenhandel unterbunden hatten, und nun wollten diese Truppen den Sklavenhandel wieder ermöglichen. Es ist pervers, wenn man bedenkt, dass das schwarze Truppen aus Brasilien waren, die zusammen mit der angolanischen Aristokratie den Sklavenhandel aufrechterhalten wollten. Das ist eine Ironie der Geschichte.
Luanda war damals eine kleine Stadt, aber mit allem kulturellen Reichtum. Es gab eine Menge Leute, die damals in den Zeitungen zum Beispiel über die Unabhängigkeit Angolas geschrieben haben – im 19. Jahrhundert! Es waren jede Menge Anarchisten darunter, Anarchismus erblühte ja geradezu in dieser Zeit, und es gibt einen Reflex davon auch in Angola. All dieses vibrierende intellektuelle Leben faszinierte mich sehr, und deshalb wollte ich meinen ersten Roman über diese Zeit in Luanda schreiben. Ich denke, ich war der erste in Angola, der über diese Zeit geschrieben hat. Anschließend gab es viele verschiedene Autoren, die in das 19. Jahrhundert zurückgekehrt sind.
Mein anderes Buch „Ein Stein unter Wasser“ habe ich auch über das 19. Jahrhundert geschrieben. Es ist wieder eine Geschichte über Sklaverei im 19. Jahrhundert, über eine schwarze Dame, die als Sklavin nach Luanda kam, und über eine sehr reiche Frau, eine Sklavenhändlerin. Das ist zum Teil eine wahre Geschichte, denn beide Frauen gab es wirklich: Eine schwarze Dame, die in Luanda lebte, deren Vater aber sehr reich war. Sie hatte einen sehr großen Palast, bis 1999 gab es ihn noch, einen der größten europäischen Paläste in Afrika. Die zweite Frau war Sklavin, kam nach Luanda, heiratete einen reichen Mann und wurde selbst sehr reich und einflussreich – als Sklavenhändlerin. Ich wollte verstehen, wie so jemand fühlt, was diese Frau fühlte als jemand, der Sklave war und dann Sklavenhändler wurde.

Sie scheinen Frauenfiguren zu mögen. In Ihrem Roman „Estaçao das Chuvas“ schreiben Sie die Biografie einer Autorin und liefern zudem eine Chronologie der gegenwärtigen politischen Entwicklung in Angola. Was ist Ihr Fazit?
Das ist die Biografie einer Frau, einer Dichterin, die sich militant für die Unabhängigkeit engagierte, die aber just in den ersten Tagen der Unab-

hängigkeit verhaftet wurde. Mein Buch liefert ein Abbild des modernen Nationalismus in Angola und zeigt den Zusammenbruch der freiheitlichen Ideale in Afrika ganz allgemein.
Sie werden wissen, dass viele Leute davon ausgehen, dass diese Frau tatsächlich gelebt hat. Es gibt allerlei Geschichten über sie, es ist wirklich kurios. Als ich das Buch geschrieben hatte, rief mich ein portugiesischer Verleger an und sagte, er wolle alle Gedichte dieser Frau veröffentlichen und auch das gesamte Interview mit ihr – ich hatte Interviewpassagen in meinem Roman. Ich war sehr überrascht und erklärte ihm, dass er das nicht machen könne, weil es eine fiktive, keine reale Person sei. Aber er sagte, das könne nicht sein, denn er kenne zwei Leute von den Kapverden, die diese Frau seit ihrem Studium kennen würden. Und als ich das Buch schrieb, in Angola, kamen etliche Leute zu mir, um mir Sachen über diese Frau zu erzählen – zum Beispiel, wie sie starb. Auch in Angola denken die Leute, dass diese Frau wirklich gelebt hat.
Aber es ist eine Geschichte über den modernen Nationalismus in Angola. Es ist ein sehr politisches Buch, ein politischer Roman und ein Buch vor allem darüber, wie Menschen unter sehr schlechten Umständen überleben können. Es geht um diese extreme politische Gewalt, wie man sie in Afrika findet, in Europa, in Lateinamerika. Wie können Leute unter solch extremen Umständen überleben – während der Abwesenheit einer staatlichen Ordnung?

Warum gerieten diese Geschichten, geriet die Geschichte Angolas auch in Angola in Vergessenheit?
Vor allen Dingen ist da der Kolonialismus, der portugiesische Kolonialismus des 20. Jahrhunderts. Kolonialismus will erreichen, dass die Menschen ihre Geschichte vergessen, besonders die Geschichte des 19. Jahrhunderts, als die Macht bei den Angolanern lag. Die Portugiesen erließen jede Menge Gesetze, um diese kreolische Gesellschaft, diese kreolische Aristokratie verarmen zu lassen. Eigens dafür ließen sie sich Gesetze einfallen, verstehen Sie? Sie verboten auch Geschichtsbücher über diese Periode. Es war Planung, die Leute ihre Geschichte vergessen zu machen – und die Portugiesen hatten Erfolg, denn bis vor kurzem wusste kaum jemand von dieser Vergangenheit. Jetzt gibt es eine Menge guter angolanischer Historiker, die diese Periode der angolanischen Geschichte erforschen, und es werden eine Menge Bücher darüber publiziert.
Dann ist da noch der Krieg, der längste Krieg der Welt, und dieser Krieg ist schrecklich, denn es gehen nicht nur die Gebäude kaputt, sondern auch die Menschen und die Kulturen. Es gibt eine kulturelle Erosion, die sehr gefährlich ist. Das gilt auch für die Landessprachen: Das Portugiesische, die Sprache der Kolonialisten, wurde sehr wichtig nach der Unab-

hängigkeit, da stieg seine Bedeutung erheblich. Bis zur Unabhängigkeit 1975 wurde das Portugiesische als Muttersprache von ungefähr sieben Prozent der Bevölkerung gesprochen. Nun sprechen 45 bis 46 Prozent Portugiesisch als Muttersprache. Es ist einmalig in Afrika, dass eine Kolonialsprache zur Muttersprache wird, also nicht nur Zweitsprache bleibt. Aber während sich das Portugiesische rasch ausbreitete, kollabierten die Landessprachen, und so haben wir dieses Problem, über das keiner spricht: den Kollaps der afrikanischen Landessprachen. Ich denke, dass Sprachen die Stützen der Kulturen sind. Was in Angola geschieht, ist, dass die Sprachen, die Kulturen verschwinden. Es werden Leute ohne eigene Kultur geschaffen.

Sie haben noch einen nicht-historischen Roman geschrieben, richtig?: „A Feiro dos Assombrados“.
Das ist ein Roman im Gewand eines historischen Romans, mit einem sehr ungewöhnlichen Schauplatz: einer Kleinstadt im Landesinneren Angolas. Es ist eine phantastische Geschichte: Diese wirklich kleine Kleinstadt ist eine historische, sehr sehr alte Stadt. Nichts passiert dort, es ist eine Art Geisterstadt, war aber einst eine sehr reiche Stadt, eine wichtige Handelsstadt. Aber eines Tages kam die Eisenbahn in eine andere Stadt, und diese Nachbarstadt floriert, während die Kleinstadt stirbt. Die Leute leben dort vor sich hin, nichts geschieht, doch eines Tages finden sie einen Leichnam im Fluss, einen normal aussehenden Leichnam. Am Tag darauf finden sie zwei weitere Leichen, die weniger nach menschlichen Leichen aussehen. Und die weiteren Leichen, die noch kommen, sehen immer befremdlicher aus – immer weniger, wie die Leute denken, nach menschlichen Leichen. Es ist ein phantastischer Roman.

Dann haben Sie noch, zusammen mit Fernando Semedo, ein Buch über das Leben von Afrikanern in Lissabon publiziert – mit Fotos von Elza Rocha. Ist das afrikanische Leben in Lissabon eine Art Exil bis zum Frieden in Angola?
Nein, nein, das Interessanteste daran ist, dass diese afrikanische Präsenz die portugiesische Kultur in jeder Hinsicht belebt hat, das ist eine sehr wichtige Präsenz. Man schätzt, dass etwa 17 Prozent der Bevölkerung Lissabons Afrikaner oder afrikanischer Herkunft sind. Wenn Sie in die Geschichte zurückblicken, werden Sie sehen, dass es in der Vergangenheit Portugals Perioden mit einer ähnlichen Zahl gab. Im 17. Jahrhundert etwa gab es eine sehr hohe Präsenz von Afrikanern in Lissabon – und diese Leute wurden integriert, und sie – ich spreche nicht von Arabern, ich spreche nur von Schwarzafrikanern – haben zum Beispiel den Fado, Portugals Nationalmusik, geformt. Dazu gibt es eine sehr interes-

sante Studie eines brasilianischen Musikwissenschaftlers, die nachweist, dass der Fado aus Brasilien kommt und Wurzeln in Afrika hat.
Also diese afrikanische Teilnahme an der portugiesischen Kultur ist nichts Neues. Wenn man die moderne Musik nimmt, die in Portugal, Lissabon, gemacht wird, dann werden Sie sehen, dass die meisten Leute darunter junge, schwarze Portugiesen sind – keine Afrikaner zwar, gebürtige Portugiesen, aber ihre Väter kamen aus Afrika. In der Musik findet man diese Einflüsse, aber auch im Theater, in der Bildenden Kunst. Mein Buch handelt davon, wie Afrikaner Lissabon verändern.

Sie sind mit dem Kino aufgewachsen, sind mit Ihrem Vater, einem Bahnangestellten, der Filme vorführte, viel herumgekommen. Begeistert Sie Kino?
Ich habe gerade dieser Tage eine Kurzgeschichte darüber geschrieben, über den Einfluss des Kinos auf mein Leben. Über einen Mann, der überall im Land Filme zeigt, vor und nach der Unabhängigkeit, und der immer ärmer wird. Zuletzt hat er nur noch ein Fahrrad und einen Assistenten, einen Jungen. Per Fahrrad fahren sie im Süden Angolas über die Dörfer mit einem Projektor und zeigen alte Filme. Weil aber diese alten Filme immer mehr kaputt gehen, schneidet der Mann einen neuen Film, indem er verschiedene Reste verschiedener Filmen zusammenschneidet. Er wird von der Polizei verhaftet, die nicht versteht, was er macht und denkt, er sei ein Spion. Da zeigt er den Polizisten seinen Film, und diese sind sehr beeindruckt, verstehen aber nichts.

Ama Ata Aidoo
„Das Einzige, was ich wirklich gerne mache, ist schreiben"

Ama Ata Aidoo, 1942 in Ghana geboren, studierte Anglistik in Accra, kreatives Schreiben in den USA und lehrte später selbst an zahlreichen Universitäten. 1982 und 1983 war sie Erziehungsministerin in Ghana. Anschließend lebte sie in Zimbabwe. Seit 1998 ist sie wieder in Accra zu Hause und unterrichtet bisweilen in den USA.
Von Aidoo gibt es auf Deutsch den Roman „Die Zweitfrau".

Esi, die Hauptfigur in Ihrem Roman „Die Zweitfrau", ist eine sehr moderne, afrikanische Frau, aber ist sie auch typisch für die meisten Frauen Ghanas?
Jeder heute ist modern. Mit „modern" meinen die Leute aber eigentlich, dass jemand Schulbildung hat. Natürlich ist Esi nicht repräsentativ. Auch in Deutschland ist eine Frau mit Hochschulabschluss nicht vergleichbar mit einer Frau ohne Hochschulabschluss. Esi ist nur für ihre Art von Frau typisch, für Frauen mit besserer Ausbildung, für berufstätige Frauen in verantwortungsvoller Position. Sie kann nur typisch sein für Frauen, die vergleichbare Chancen hatten, etwas aus sich zu machen, die die selben Möglichkeiten hatten, sich zu entwickeln, wie Esi das konnte. Sie kann nicht für alle Frauen Ghanas typisch sein.
„Die Zweitfrau" gibt vor, eine Liebesgeschichte zu sein, spielt in Accra, Ghana, und dreht sich um eine junge Frau, die in der Verwaltung arbeitet. Sie ist verheiratet, hat Kinder, ist eine hoch gebildete Frau – war an der Universität. Sie denkt, dass ihr Ehemann zu viel von ihrer Zeit beansprucht. Das frustriert, irritiert sie. Als der Ehemann ihr gegenüber einen sehr schweren Fehler macht, trennt sie sich von ihm und verliebt sich wenig später in einen Mann, der bereits verheiratet ist, einen Muslim. Jeder in ihrer Umgebung sagt ihr, dass sie verrückt sei. Sie aber antwortet: „Wieso? Als Zweitfrau habe ich nicht die Pflichten der Erstfrau, muss mich nicht dauernd um den Mann kümmern, ihm nicht die Wäsche waschen, und ich werde mehr Zeit haben, für mich und meine Angelegenheiten." Und so heiratet sie tatsächlich ganz offiziell diesen verheirateten Mann – als dessen Zweitfrau. Aber dann entdeckt sie, dass nichts im Leben einfach ist und alles seinen Preis hat. Und am Ende des Buchs fragt sich die Frau, ob es das alles wert war.

Fragen sich das die Frauen in Ihrem zweiten Erzählband „The Girl who can" auch?
„The Girl who can and other Stories" enthält elf Geschichten, und es geht um Leute, die sich in verschiedenen Arten von Krisen befinden – keine größeren, lebensbedrohliche Krisen, sondern Krisen der Lebensführung. Und es geht darum, wie man diese Krisen löst. Die Titelgeschichte handelt von einem kleinen Mädchen im Alter von sieben Jahren, dessen Großmutter zu sagen pflegt: „Um eine richtige Frau zu werden, sind deine Beine zu dünn und zu lang, was soll eine Frau mit solchen Beinen? Eine Frau braucht hübsche Beine, mit Fleisch dran, die hübsche Hüften tragen können, Hüften, die Kinder gebären können." Aber das Mädchen beginnt zu laufen – und gewinnt alle Rennen. Das Mädchen beweist, dass seine Großmutter Unrecht hatte.

Wie groß ist der Einfluss der Oratur auf Ihre Arbeiten?
Ich denke nicht, dass ich der beste Schöpfer meiner Arbeiten bin. Viele Leute sagen, dass durch meine Arbeit die mündlichen Kunstwerke meiner Gesellschaft erhalten werden.

Glauben Sie, dass Sie schwerer arbeiten müssen als Männer, um als Autorin anerkannt zu werden?
Ja, ich denke, als Schriftstellerin hat man es etwas schwerer. Die Leute denken nicht von selbst an einen, man muss härter arbeiten, um sich in Erinnerung zu bringen. Das ist mit Kritiken so, mit Radiointerviews, Fernsehinterviews.

Wie beurteilen Sie die Situation des Buchmarkts in afrikanischen Ländern?
Wollen Sie wirklich diese Frage stellen? Das ist nicht fair. Ich soll sagen, was ich von Verlegern halte? Soweit ich es beurteilen kann: Alle Verleger sind gleich. In Europa wie in Nordamerika oder Afrika. Meine Erfahrung mit Verlegern ist diejenige, dass sie Autoren nicht besonders zu mögen scheinen.

In Harare, Zimbabwes Hauptstadt, gibt es seit geraumer Zeit jedes Jahr eine Internationale Buchmesse, den Zimbabwe International Book Fair. Wie hat sich dadurch die Situation der Autoren verbessert?
Jede Buchmesse ist gut für die Autoren. Weil sie ein Forum darstellt, um über die Arbeit von Autoren diskutieren zu können, weil sie eine Art Marktplatz darstellt für Verleger, Bücher und Autoren. Aber ich denke nicht, dass sich Buchmessen irgendwie auf die Beziehung, die Dynamik zwischen Verlegern und Autoren auswirken.

Wo, glauben Sie, haben Sie am meisten Leser: in Europa, den Vereinigten Staaten oder in Afrika?
Ich habe noch keine Lesermarktstudie betrieben, aber ich weiß, dass diejenigen von uns, die wegen der kolonialen Vergangenheit und Gegenwart auf Englisch schreiben, mit etwas Glück überall dort gelesen werden, wo Englisch gesprochen wird. Wenn man in Nordamerika selbst lebt, wird man natürlich noch mehr gelesen – vielleicht sogar mehr als innerhalb unseres eigenen Kontinents. Aber ich sage vielleicht, weil ich es wirklich nicht genau weiß. Meine Bücher zum Beispiel werden in Ghana auch im Unterricht gelesen. Was ich weiß, ist, dass ich glücklicherweise viel gelesen werde, sei es in Europa oder in Nordamerika, wenngleich meine Honorare keinen Rückschluss darauf erlauben, wie viel ich gelesen werde – innerhalb oder außerhalb Afrikas.

Was sagen Sie zu der Diskussion über die Sprachen in Afrika?
Diese Diskussion wird immer wieder von außen formuliert. Es sind historische Gegebenheiten, mit denen wir es zu tun haben, und es ist sehr schwer, eine Meinung zu finden. Im Allgemeinen denke ich, fühle ich, dass diejenigen von uns, die in den Sprachen unserer Kolonialherren schreiben, das aus Praktikabilität tun. Sie wachsen mit dieser Sprache auf, werden in dieser Sprache erzogen, gehen auf eine englische oder französische Schule, und diese europäische Sprache wird zu ihrer Arbeitssprache.

Während ich das sage, fühle ich zugleich, dass durch das Schreiben in den Sprachen der Kolonialherren unsere Arbeit der großen Mehrheit unseres Volkes nicht zugänglich ist. Das ist wirklich ein tragisches Versäumnis, und ich denke, dass wir dieses Problem nicht unbegrenzt außer Acht lassen können. Aber während ich dieses sage, denke ich zugleich auch, dass es niemandem von uns zusteht, vorzuschreiben, in welcher Sprache afrikanische Autoren schreiben sollen.

Einerseits denke ich also, dass Afrika seine eigene Sprache haben sollte, aber da Englisch eine solche Bedeutung erlangt hat – gerade auch durch Internet und E-Mail und CNN –, klingt Englisch verlockend wie ein Sirenengesang. Die Welt macht Englisch so führend als Sprache, dass es pervers erscheint zu sagen: „Wir wollen diese Kolonialsprache nicht." Aber ich glaube schon, dass es irgendwie komisch wirkt, dass afrikanische Autoren auf Englisch oder Französisch schreiben. Vielleicht sagen die Leute in Frankfurt oder London oder New York, was für ein brillanter afrikanischer Autor man sei. Aber das Fehlen eines kontinuierlichen Dialogs zwischen einem afrikanischen Autor und seiner unmittelbaren Leserschaft ist riskant.

Weil aber andererseits immer mehr Leute zur Schule gehen, ist die Situation so schlimm auch wieder nicht. So lange wir ein Feedback von unserer Leserschaft erhalten, obwohl wir in Englisch schreiben, sollten wir uns nicht zu sehr beschweren.

Sie kehrten nach einigen Jahren in Zimbabwe wieder nach Ghana zurück, obwohl Sie Ihr Land einst verlassen hatten. Was bewog Sie zur Heimkehr?
Ich bekam Heimweh. Heimat ist ein sehr schweres Wort – ich benutze dieses Wort in dem Sinn, dass ich in Ghana geboren wurde, dort aufwuchs, zur Schule und zur Universität ging, ich war sogar Ministerin dieses Landes – natürlich muss so etwas Heimat sein. Zwar habe ich in Zimbabwe noch nicht alle meine Zelte abgebrochen, aber ich denke nicht, dass ich wieder nach Zimbabwe zurückkehren werde, um dort zu leben. Ich bin zurück in Ghana.

Dass ich das Land, die Regierungspartei einst verließ, ist Signal genug. Ich muss nicht weiter meckern, die Leute dort wissen schon, was ich denke. Gerade die Verleger haben dazu beigetragen, dass meine Position bekannt wird, denn sie haben das Klischee in Umlauf gebracht, dass ich die Regierung wegen meiner radikalen Anschauungen verlassen hätte.
Die Tatsache, dass ich zurückgekehrt bin, entspringt der Einsicht, dass man nicht nur die anderen Leute für so vieles verantwortlich machen kann. Verstehen Sie? Die Regierung versucht vieles, erreicht ein bisschen, könnte natürlich noch mehr erreichen. Die Regierung hat viele Straßen gebaut – das ist schön, Straßen, Straßen, Straßen. Aber sprechen wir nicht vom Erziehungssystem, vom Gesundheitswesen! Es gibt eine Menge Probleme, aber vielleicht konnte die Regierung nur so viel tun, wie sie getan hat. Als ich damals in die Regierung eintrat, dachte ich, wir könnten alles ändern, über Nacht! Danach folgte der Entschluss, die Regierung zu verlassen und zu sehen, was ich als Autorin tun kann. Es fiel mir leicht, zurückzutreten, denn da ich schon vorher Autorin, Universitätsprofessorin war, hatte ich eine andere Selbstsicherheit, ein anderes Selbstwertgefühl, ein anderes Selbstverständnis. Das Einzige, was ich wirklich gerne mache, ist schreiben. Und alles andere ist etwas, das ich tue, weil ich es tun muss.

Theo Alfreds

„Wenn Eltern und Kinder ihre Zeit vernünftig einteilen, bleibt den Kindern genügend Zeit zum Lesen"

Theo Alfreds ist Initiator der nigerianischen Association of West African Young Writers (Awayw). Diese Organisation führt in Zusammenarbeit mit nigerianischen Schulen Diskussionen und Workshops wie „Read a Book" durch, die sich der nur langsamen Entwicklung einer nachhaltigen Lesekultur in dem westafrikanischen Land widmen. Darüber hinaus versucht Alfreds, gemeinsam mit Lehrern und Eltern Strategien zu erarbeiten, die den Kindern und Jugendlichen in Nigeria mehr Freiraum für Lektüre ermöglichen. Hinzu kommen lokale Buchmärkte, um den Stellenwert der Literatur auch in der außerschulischen Öffentlichkeit zu demonstrieren.

Wie habe ich mir die Arbeit Ihrer Initiative vorzustellen, wie sieht beispielsweise einer Ihrer Workshops aus?
Der „Read a Book"-Workshop ist vor allem dazu angelegt, das Bewusstsein und ein entsprechendes Umfeld dafür zu schaffen, dass den Schülern Bücher zugänglich gemacht werden können. Zu Beginn wählen wir Schulen aus, und zwar entsprechend der Besiedlungsdichte der jeweiligen Gegenden. Wir nehmen Schulen sowohl aus dicht als auch aus mittel bis weniger dicht besiedelten Gebieten. Wir haben so genannte Schul-Zentren, also Regionen, in denen viele Schulen angesiedelt sind. Innerhalb eines Projektbezirks können wir bisweilen 10 bis 15 Schulen ansprechen. Jede Schule kann 10 bis 20 Schüler auswählen, die an dem Projekt teilnehmen können. Wir bevorzugen Schulen, deren Abgänger kaum Aussichten auf einen Job haben.
Das Projekt zwingt freilich weder den Schülern noch den Lehrern noch anderen Ansprechpartnern, etwa den Schulleitern, irgendetwas auf. Allerdings muss es natürlich einen bestimmten Konsens zwischen den Lehrern und uns geben, denn mit ihnen stimmen wir das Projekt mit Blick auf die jeweiligen Schüler ab. In einem Projekt hatten wir zum Beispiel einen Autor, der vor den Schülern las, und wir beobachteten die Reaktionen der Schüler. Wir suchen nun Autoren, die zugänglich sind, diskutieren, die vom täglichen Leben schreiben: Von Bestechung und anderen Dingen, die den Schülern bekannt sind.
Nach den Lesungen und Diskussionen des „Read a Book"-Workshops hatten wir eine Tafel von ungefähr sechs auf acht oder zehn Meter in der Form eines Buches aufgestellt, mit Fragen und Antworten und verschiedenen Lichtern. Wenn man richtig antwortete, leuchtete die rote Lampe auf, und die gelbe, wenn die Antwort falsch war.
Dann gab es einen Wettbewerb, den die Veranstalter – Lehrer, Bibliothekare, Mitarbeiter der Heinrich-Böll-Stiftung – organisierten. Die Gewinner bekamen Taschen geschenkt mit Unterlagen über Bücher und Leseclubs.

Wie reagierten die Lehrer?
Einige waren sogar fasziniert von der Planung, mit der wir die Lesungen vorbereitet hatten. Einige kamen zu uns und erzählten, dass es ihnen nie gelungen war, ihre Schüler zum Lesen zu bewegen; die Lehrer waren wirklich kooperativ, und ich denke, das lag auch daran, weil sie am Projekt mitarbeiteten, es mitgestalten und ihre Meinung klar sagen konnten.

Und wie gestaltete sich die Zusammenarbeit mit den Eltern?
Es besteht mehr Bedarf, mit den Eltern zusammenzuarbeiten. Die Schüler erzählten uns, dass die meisten Beschränkungen, was das Lesen be-

trifft, von den Eltern ausgehen. Die Eltern wollen, dass die Schüler die Schulbücher lesen und schnell ihre Prüfungen bestehen, wofür die Eltern schließlich Gebühren bezahlen. Einige Eltern brauchen zudem die Kinder, um ihre Waren verkaufen zu können, um das Einkommen aufbessern oder die Hausarbeit erledigen zu können. Es ist daher wichtig, die Eltern miteinzubeziehen, denn wir werden nur gute Ergebnisse erzielen, wenn die Eltern wissen, dass unser Projekt wichtig ist und wenn sie es und uns unterstützen.

Wir haben daher ein Elternprojekt geplant, in dem zuerst ein Erzieher mit den jeweiligen Eltern spricht und mit ihnen diskutiert. Dann wollen wir die Eltern mit einem Autor zusammenbringen, der mit ihnen über etwaige Vorbehalte der Eltern diskutiert, der erläutert, was man aus Büchern lernen kann. Drittens soll ein Buchhändler erläutern, dass Bücher, Zeitungen und Zeitschriften zur politischen Aufklärung beitragen können, denn es geht auch um Demokratie, Toleranz. Die Buchhändler, die den besten Überblick über den Bestand haben dürften, sollen entscheiden, welche Titel besprochen oder vorgeschlagen werden sollen.

Wichtig ist es auch, über die Zeiteinteilung zu sprechen, denn wir erhalten von Eltern und Lehrern oft zur Antwort, dass man die Eltern nicht grundsätzlich davon abhalten kann, von ihren Kindern Unterstützung bei der Alltagsarbeit zu erwarten. Wir wollen die bestehende Sozialstruktur nicht grundlegend verändern. Wir müssen also die Eltern davon überzeugen, unser Programm zu akzeptieren, und mit ihnen ein Zeitmanagement aushandeln: Wenn die Schule etwa gegen 14 Uhr endet und das Kind danach zwei Stunden lang verkauft oder Hausarbeit macht, dann hat es anschließend frei und ein bisschen Zeit zum Lesen. Wenn Eltern und Kinder ihre Zeit vernünftig einteilen, bleibt den Kindern genügend Zeit zum Lesen.

Francis Bebey
„Ich will Geschichten erzählen“

Der Musiker und Autor Francis Bebey wurde 1929 in Kamerun geboren und starb 2001 in Paris. Seinem Studium der Sprach- und Literaturwissenschaften in Frankreich und den USA folgten Jahre journalistischer Arbeit in verschiedenen afrikanischen Ländern. Von 1961 bis 1974 war Bebey für die Unesco in Paris tätig, danach lebte er als Autor und Komponist in Frankreich und Kamerun.

Bebey erhielt den Grand Prix Littéraire de l'Afrique Noire, den Prix Saint-Exupéry und den Preis für die beste Musik beim Filmfestival Ouagadougou. Er veröffentlichte zirka 20 Schallplatten und CDs und verfasste das erste musikethnologische Werk über Afrika. In deutscher Sprache erschienen seine Romane „Eine Liebe in Duala“, „Das Alphabet der Sonne während des Regens“, „King Albert“ und „Das Regenkind“ sowie die Erzählungen „Alle Menschen sind schwarz“.

Sie sind Romancier und Sänger zugleich. Welchen Stellenwert hat denn in Ihrem Werk die Oratur, die Oralität, die mündlich tradierte Literatur?
Wissen Sie, man würde es sich einfach machen, allein zu sagen, ich sei Schriftsteller, denn man vernachlässigte dabei den mündlichen Aspekt. Ich will Geschichten erzählen, aber da ich als Mensch der Moderne in modernen Städten lebe, in denen man kein Publikum versammeln kann, das einem bloßen Geschichtenerzähler zuhört, muss ich diese Geschichten schreiben, und so wurde ich Schriftsteller. Wenn ich schreibe, spricht der Mensch der oralen Tradition – das scheint oft durch bei mir. Die Oralität ist sehr gegenwärtig in meinen Schriften.

Sie lebten und leben in Afrika gleichermaßen wie in Europa oder den Vereinigten Staaten. Wo fühlen Sie sich denn nun am ehesten zu Hause?
Es gibt ein afrikanisches Sprichwort, das sagt: Den Ast eines Baumes kann man 100 Jahre lang ins Wasser legen, aber er wird dennoch kein Krokodil werden. Ich lebe zwar in Europa, aber ich werde nie Europäer sein. Aber zu sagen, ich sei ein Afrikaner, ist auch falsch; ich bin ein Mensch des modernen Afrika, das heißt, ich bin ein Mensch mit einer afrikanischen Kultur, aber auch mit einer nicht-afrikanischen Kultur.

Die Begegnung der Kulturen ist ein dauerhaftes Thema unserer Zeit. Wie denken Sie darüber?
Das funktioniert nur, wenn die Menschen daran glauben. Die Menschen sind mit ihrer Kultur verhaftet, selbst wenn sie sich das nicht eingestehen sollten. Es gibt afrikanische Sitten, von denen ich mich sicherlich nie trennen werde. Es gibt Arten afrikanischer Weltsicht, die mir vertraut sind und die mich noch nie betrogen. Eine Synthese ist nicht so einfach – aber auch nicht so wichtig. Wichtig ist, zu erkennen, dass westliche Universitäten meine afrikanische Vorstellung von Leben um eine weitere Sicht ergänzten. Manchmal kommen sich diese Sichtweisen sehr nahe, und ich fühle mich wie der perfekte Mensch des 20. Jahrhunderts! Wenn ich diese Sichtweisen aber auseinander driften sehe, dann frage ich mich, wann die Menschen endlich intelligent werden und sich nicht wegen irgendwelcher Kleinigkeiten zerfleischen.

Wie steht es um die Lesekultur in afrikanischen Ländern?
Das ist ein sehr schwerwiegendes Problem, finde ich, denn als ich begann, Romane zu schreiben, schrieb ich sie, um sie zuerst den Lektoren meines Landes vorzulegen. Als ich schon nicht mehr in Kamerun lebte, glaubte ich: Wenn dem Lektor mein Buch gefällt, heißt das, dass ich noch

wie sie denke. Ich habe alles versucht, meinen ersten Roman zuerst in Afrika zu veröffentlichen. Das war bei den Editions Clé, und seither gab es Übersetzungen ins Englische, Russische, Polnische, Deutsche und auch ins Dänische. Aber es wäre falsch zu sagen, dass sich das Buch in Afrika gut verkauft hätte.

Afrika ist noch nicht ans Buch gewöhnt; es glaubt noch an die orale Tradition. Kamerun hat zwölf Millionen Einwohner, und wenn man dort ein Buch mit einer Auflage von 100000 Stück verkauft, dann ist das ein sehr, sehr, sehr, sehr großer Erfolg. Aber es schmerzt mich zu wissen, dass ich nicht eine Million Leser in Kamerun habe, und was das restliche frankophone Afrika betrifft, so ist es noch trauriger. Die Situation des Buches ist überhaupt nicht gut in Afrika, weil das Buch als Mittel der Kommunikation noch nicht angenommen wurde. Afrika ist eben noch sehr oral, und es wird Generationen dauern, bis sich das ändert. Vor allem, weil die modernen Kommunikationsmittel, die aus dem Westen kommen, die Menschen zunehmend wieder zur Oralität führen: Fernsehen, Radio, Internet – Multimedia fördert nicht den Einzug des Buches in Afrika! Das gilt es zu bedenken, wenn man von Fortschritt spricht.

Seit Jahren wird über das so genannte Sprachenproblem diskutiert. Wie stehen Sie dazu?

Ich denke, dass man uns damit in Frieden lassen sollte. Sie sollten uns in Ruhe lassen. Sie sollten uns die Freiheit lassen, diejenige Sprache zu nutzen, die zu nutzen uns gefällt – ob das die französische oder die englische Sprache ist. Es liegt an mir, meine Sprache zu wählen. Es steht niemandem zu, mir zu diktieren, was ich tun soll. Ich glaube, dass diese Diskussion schon zu lange dauert. Sie nervt mich, macht mich wütend. Ich denke, Sie sollten aufhören, für uns zu denken, denn Sie waren nie Afrikaner, Sie waren nie schwarz, Sie kennen unsere Probleme nicht, und daher ist diese Diskussion für mich null und nichtig. Ein Mensch, sei er nun schwarz, weiß, gelb oder rot, der sich künstlerisch betätigen will, soll tun, was er will, sofern er Kunst schafft. Wir Afrikaner nehmen uns das Recht, in der Sprache zu schreiben, die uns gefällt oder die es uns erlaubt, uns am Besten auszudrücken. Ich frage mich nie, ob ich mich in Französisch oder in meiner Muttersprache Douala oder in Englisch ausdrücken will – das kommt von alleine. Also: Lasst uns in Frieden!

In Ihrem Roman „Das Regenkind" geht es auch um das Phänomen der Zeit. Hat man in Afrika ein anderes Zeitverständnis als in Europa?

„Das Regenkind" ist die Geschichte eines kleinen Kindes und seiner Großmutter. Die Großmutter lehrt ihm die Dinge des Lebens. Es stellt seiner

Großmutter viele Fragen, und die Großmutter versucht, sie zu beantworten. Aber gemäß der afrikanischen Erziehung soll das Kind nicht sofort alles wissen, sondern es soll mit der Zeit lernen. Eine Erziehungsmethode, die das Kind in die Zeit des Heranwachsens begleitet bis zum Erwachsenenalter. Also kann die Großmutter dem Kind nicht alles beibringen, aber es zeigt ihm eine meines Erachtens sehr wichtige Sache: Sie lehrt ihm das Verständnis von Zeit.

Das Kind fragt: Was ist die Zeit? Und die Großmutter antwortet mit ihrer Vorstellung von Zeit: Die Zeit, mein Kind, vergeht nicht. Sie ist wie das Wasser des Flusses; wenn man am Fluss steht, meint man, das Wasser flöße vorüber. Doch immer, wenn man an den Fluss geht, ist das Wasser noch da.

Das ist wichtig, um wesentliche Probleme des modernen Afrika verstehen zu können: Sogar die modernen Afrikaner sind nicht an die westliche Vorstellung von Zeit gewöhnt. Wir wissen nicht, was eine Uhr bezwecken soll; sie ist hübsch, aber wir achten nicht auf die Zeit, die sie anzeigt. Das stellt uns vor große Probleme, wenn wir in die westliche Zivilisation kommen, denn die Züge fahren pünktlich, das Flugzeug startet pünktlich, die Arbeit beginnt man pünktlich. Wir haben enorme Schwierigkeiten, dem Leben zu folgen, das von der Uhr bestimmt wird. Das ist der Punkt, der mir in diesem kleinen Buch wichtig erschien.

Als der kleine Junge zur Schule geht und ihm der Lehrer sagt, um acht Uhr morgens zur Schule zu kommen, bedeutet das überhaupt nichts; ein Afrikaner kann sich unter acht Uhr morgens nichts vorstellen. Diese Auffassung von Zeit meint die Zeit der Uhr in der westlichen Zivilisation; nach der afrikanischen Zeitvorstellung dauert die Zeit an, sie vergeht nicht. Ob man um elf verabredet ist – man kann eine Stunde, zwei Stunden später kommen, wichtig ist, verabredet zu sein. Die westliche Zivilisation akzeptiert diese Form nicht. In Afrika ist Zeit dehnbar, und das ist eine der Grundlagen der Probleme des modernen Afrika.

Die Uhr ist zwar nur ein kleines Ding, aber sie hat die Entwicklung Ihrer Zivilisation ermöglicht. Es ist aber schwer, dieser Zeitdisziplin zu folgen, weil Uhrzeit nicht natürlich ist; sie ist eine menschliche Erfindung, und man muss von dieser Zeitvorstellung durchdrungen sein.

Aber was besonders die deutschen Leser dieses Buches interessieren dürfte, ist, dass ich auf die Zeit der Deutschen in Kamerun einging und auf den Eindruck, den sie in der Mentalität der Menschen dort hinterließen.

Calixthe Beyala

„Für mich muss ein Buch eine Reise sein“

Calixthe Beyala kam 1961 in Kamerun zur Welt und ging mit 17 Jahren nach Spanien. In Frankreich studierte sie Literaturwissenschaften und lebt seither in Paris. Für ihre Bücher erhielt Beyala zahlreiche Auszeichnungen: den Grand Prix Littéraire de l'Afrique Noire, den Prix Tropiques, Prix du Roman africain und den Prix François Mauriac der Académie Française. In deutscher Übersetzung erschienen Beyalas Romane „Wen die Sonne liebt, den tötet sie", „Der kleine Prinz aus der Vorstadt", „Nahes, fernes Afrika" und „Jenseits von Duala".

Sie gelten als populäre, triviale Schriftstellerin. Sind Sie mit diesen Attributen einverstanden?
Ich liebe die Bezeichnung populär, denn ich komme aus dem Volk und bin keine elitäre Autorin. Es gibt nichts Wahreres als das Populäre, denn das bedeutet ja, zu den Leuten über das zu sprechen, was sie sind und wie sie leben – und nicht so zu schreiben, wie ich gerne hätte, dass die Leute seien. Es stimmt: Ich habe immer in einem gewöhnlichen Milieu gelebt, bin in einem gewöhnlichen Vorort aufgewachsen und habe immer in einem gewöhnlichen Viertel gelebt. Von daher ist es nur normal, dass ich mich in meiner Imagination an solchen gewöhnlichen Orten aufhalte, dass ich darüber schreibe. Deshalb ärgert es mich nicht, wenn man mich populär nennt, sondern es gefällt mir. Und was bedeutet Trivialität? Von den Dingen zu sprechen, wie sie sind. Zu sagen, ich schriebe trivial, beleidigt mich nicht. Letztlich ist alles Populäre auch trivial, und ich schätze auf jeden Fall die beiden Attribute.

Einige französische Kritiker beklagen das Missverhältnis zwischen der Bekanntheit Ihrer Romane in Frankreich und in Kamerun. Ist das nur eine Frage der Wahrnehmung oder gibt es reale Gründe dafür?
Wenn es einen Autor gibt, der in Afrika heute bekannt ist, dann bin ich das. Vom Standpunkt des Verkaufs aus könnte man jedoch sagen, dass auf dem afrikanischen Kontinent zwar 500 Millionen Menschen leben, aber dort nur 10 oder 15 Millionen Bücher an etwa eine Million Leser verkauft werden. Das liegt an der schlechten wirtschaftlichen Lage, am hohen Preis der Bücher – es gibt dafür eine Reihe von Gründen. Aber ich denke, dass Sie wissen wollten, dass mich auch in Ouagadougou jedes Kind kennt und auch gelesen hat.

In Ihren Büchern schreiben Sie sehr oft von ausgenutzten, ausgebeuteten, geradezu versklavten Frauen. Andererseits haben Sie Gedichte zu dem Fotoband „Black Ladies“ beigesteuert, den man nicht unbedingt als feministisch bezeichnen kann, sondern der die „Black Ladies“ auf ihre erotische Ausstrahlung und ihre sexuelle Attraktivität reduziert. Ist das nicht ein Widerspruch zu Ihren sonstigen Themen?
Nein, das ist kein Widerspruch und ich habe auch nie gesagt, dass Frauen versklavt werden. Ich sage stets nur, dass sich die Frauen noch nicht bewusst gemacht haben, dass sie es sind, in deren Händen die Macht liegt – das ist etwas vollkommen verschiedenes. Ich gehe davon aus, dass die afrikanischen Gesellschaften matriarchalisch oder matrilinear strukturiert waren und fordere vor diesem Hintergrund, dass die Frauen heute

auch die politische Macht einfordern, da die wirtschaftliche Macht in Afrika ja bereits in ihren Händen liegt. Das heißt, ich stelle eine begrenzte Gültigkeit des Feminismus in Afrika fest, denn man kann unbestreitbar nicht von einer tatsächlichen Gleichheit zwischen Männern und Frauen in Afrika sprechen, aber von einer Überlegenheit der Frauen gegenüber den Männern.
Texte zu schreiben, die von der Schönheit der Frauen handeln, stellt für mich keinen Widerspruch dar, sondern ein Plus, das sich ganz auf der Linie dessen befindet, was ich denke, denn es macht für mich keinen Unterschied, ob ich innere oder äußere Schönheit beschreibe.

In Ihrem Roman „Jenseits von Duala" sprechen Sie von „Negern". Warum nicht von „Schwarzen" oder „Afrikanern"?
Weil das Wort „Neger" die ganze schwarze Kultur stärker als alle anderen Worte in sich trägt. Wenn man von „Negern" spricht, dann unterscheidet man sie von den Schwarzen – etwa von den Aborigines in Australien, die eben keine Afrikaner sind. Aber wenn man von „Afrikanern" spricht, dann könnten das auch Nordafrikaner sein. Ich glaube, dass sich das, was man weltweit als afrikanische Kultur versteht, am Besten mit dem Wort „Neger" ausdrücken lässt, weshalb man auch von „Negritude" sprach, von „Negerkunst" und nicht von „Schwarzer" oder „Afrikanischer Kunst", denn wenn man von „Afrikanischer Kunst" spricht, schließt das die arabische Welt Afrikas mit ein – und das ist sowohl eine ganz andere Welt als auch eine ganz andere Kultur. Ich denke, dass es an der Zeit ist, dieses Wort „Neger" zu rehabilitieren, das über Jahrhunderte einen erniedrigenden Charakter hatte und mit der Sklaverei verknüpft ist. Ich kann das Wort „Neger" ohne Komplex benutzen und es stört mich wirklich überhaupt nicht, wenn mir jemand ein „Guten Tag, schöne Negerin!" zuruft. Ich lehne auch das Wort „black" ab, denn „black" bezeichnet nach meinem Verständnis die in Frankreich geborenen Schwarzen, also Franzosen mit schwarzer Hautfarbe – aber es bezeichnet nicht die afrikanische Kultur. Ja, meine Kinder sind „black", sie tragen die französische Kultur in sich, sind Europäer mit schwarzer Haut. Wenn man in dieser zunehmenden kulturellen Vermischung präzisere Worte finden will, um die kulturellen Wurzeln genauer, pointierter zu benennen, dann wäre es zum Beispiel falsch, einen in Paris geborenen Afrikaner „Neger" zu nennen; für mich wäre dieser ein „Black", da er allein die Hautfarbe, nicht aber die Kultur Afrikas mit sich trägt.

Die Sujets in Ihrem Roman „Jenseits von Duala" sind die Sexualität von Frauen, die Situation illegaler Einwanderer, die Lage der Gastarbeiter, das Leben der Obdachlosen, die Jungfräulichkeit der

Hauptfigur Saida, und und und. Sind das nicht ein paar Themen zuviel?
Nein! Wenn ich meinem Roman Alltäglichkeit geben will, dann ist das keine Frage eines einzigen Themas. Wie vielen Themen sind Sie seit heute morgen begegnet, wie vielen Menschen? Wenn man aufsteht, zur Arbeit geht, kreuzt man vielleicht den Weg eines Bettlers, des Elends also. Und Sie stehen erst am Anfang des normalen Tagesverlaufs eines Menschen. Man kann Reichen über den Weg laufen und Vertretern der Bourgeoisie, betrogenen Ehefrauen und Menschen ohne gültige Aufenthaltsgenehmigung und und und. Man kann davon sprechen, wo man gut zu Mittag isst. Was ich damit sagen will: Für mich muss ein Buch eine Reise sein, die zu verschiedenen Themen führt, denn das menschliche Dasein ist vielseitig und nicht monolithisch. Ein Buch braucht Gerüche und Farben, und diese Gerüche und Farben variieren. Ich würde schlecht daran tun, ein Buch zu schreiben, dessen Handlungsverlauf sich wie eine einsame Säule erstreckt – das wäre für mich Ausdruck geistiger Armut. Derlei Bücher entspringen der Welt des Nouveau Roman, in der man nicht über Menschen, sondern über Seiten spricht, was mich langweilt. Ich möchte, dass man Reisen unternimmt, Träume sieht, dass jede Seite eine Überraschung bereitet.

Ihnen wurde Plagiat vorgeworfen. Für „Jenseits von Duala" sollen Sie Passagen aus Ben Okris Roman „Die hungrige Straße" entnommen haben, und was Ihr früheres Buch „Der kleine Prinz aus der Vorstadt" betrifft, so wurden Sie am 7. Mai 1996 von einem französischen Gericht verurteilt, weil Szenen dieses Buches aus einem Roman von Howard Buten stammen. Wie gehen Sie mit diesen Vorwürfen um?
Das kümmert mich überhaupt nicht, und ich werde Ihnen erklären, warum: Ich glaube fest, dass man nicht aus dem Leeren heraus schreibt. Keine Schöpfung kommt aus dem Nichts – egal, ob Musik, Malerei, Literatur oder Skulptur. Und zuvor noch: Um überhaupt schreiben zu lernen, muss man schon plagiieren. Sie können weder „Papa" noch „Mama" schreiben, ohne „Papa" und „Mama" schreiben gelernt zu haben, also die Worte „Papa" und „Mama" zu kopieren.
Die Absurdität dieser Vorwürfe liegt in ihnen selbst, wenn man wegen zwei, drei Sätzen in einem Roman von 400 oder 450 Seiten ruft „Halt! Die zwei, drei Sätze sind plagiiert!" Es stört mich überhaupt nicht, mir vorzuwerfen, ich hätte plagiiert, denn das heißt anerkennen, dass ich eine Frau voller Kenntnisse und Wissen bin. Wissen, das sich mir in Form einer großen Bibliothek präsentiert. Was ist ein Plagiator? Jemand, der die Essenz aus dem Werk eines Anderen übernimmt. Es ist absurd und

untragbar, dann von Diebstahl zu sprechen, denn das Herausgegriffene wird verändert und weiterentwickelt. Für mich ist dieser Vorwurf ein großes Kompliment, denn damit werde ich in eine lange Reihe namhafter Autoren gestellt, die allesamt Plagiatoren waren: Racine, Baudelaire, Camus, Sartre. Allen bedeutenden Schriftstellern wurde Plagiat vorgeworfen! Für mich ist das eine schmeichelhafte Auszeichnung! Nächste Frage.

Die Männer in „Jenseits von Duala" sind weitgehend auf ihre Sexualität reduziert. Machen Sie es sich da nicht etwas zu einfach?
Aber der Mann ist sehr einfach. Er ist viel einfacher, viel weniger komplex, als Frauen es sind. Ich glaube auch nicht, dass die Männer in „Jenseits von Duala" auf ihre Sexualität reduziert sind. Denken Sie an das Verhalten von Saidas Vater, der zwar von den Veränderungen in der Dritten Welt und dem Einbruch der Moderne herumgeschleudert wird, dabei aber ein starkes Rückgrat beweist. Und auch der Obdachlose in Paris ist nicht auf seine Sexualität reduziert: Er ist gefühlvoll, poetisch, hat Träume. Aber es ist richtig, dass die Fantasie viel umfassender ist, wenn man über Frauen nachdenkt – das entspricht der täglich erlebten Realität. Es gibt wohl nichts Komplexeres als ein junges, heranwachsendes Mädchen! Im Vergleich dazu wirkt das Leben eines Jungen in bestimmten Phasen immer einfach. Es wäre aber falsch, aus dieser alltäglichen Erfahrung abzuleiten, dass ich Männer nicht schätzen würde. Ich liebe die Frauen, ich bewundere die Männer.

Wie, meinen Sie, könnte die Situation der Schriftstellerinnen in Afrika nachhaltig verbessert werden?
Ich glaube nicht, dass man von einer Situation weiblicher Schriftsteller in Afrika sprechen kann. Heute ist die Situation der Schriftsteller in Afrika allgemein dramatisch, das betrifft nicht nur Frauen. Das Problem ist viel weitreichender und betrifft den Verkauf, den Vertrieb der Bücher. Es hängt mit dem Bildungsgrad und dem Stellenwert der Kultur zusammen, was alles dazu beiträgt, dass das Wirtschaftsgut Buch nur ein Randphänomen ist. Das sind keine Probleme, von der spezifisch die Literatur von Frauen betroffen ist. Kultur hat kein Geschlecht.

Ken Bugul

„Eines Tages ging meine Mutter mit mir zum Bahnhof, bestieg einen Zug und ließ mich zurück"

Ken Bugul wurde 1948 als Mariétou Biléoma Mbaye in Senegal geboren, studierte in Senegal und Belgien. Nach ihrer Rückkehr heiratete sie als 28. Frau in einen Harem und zog nach dem Tod ihres Mannes nach Benin, wo sie als Kunsthändlerin noch immer lebt.
Bugul erhielt den Grand Prix Littéraire de l´Afrique Noire, von ihr liegt der Roman „Die Nacht des Baobab" auf Deutsch vor.

Sie sind in einer polygamen Familie aufgewachsen, waren mit einem polygamen Mann verheiratet, schildern diese Ehe auch in dem Roman „Riwam ou le chemin de sable", kennen aber auch das Leben in Europa und sind nun „monogam" in Benin verheiratet. Wie lebt es sich besser – in Polygamie oder Monogamie?
Polygamie und Monogamie – das lässt sich nicht miteinander vergleichen, denn es handelt sich dabei nicht um Dinge, um Konzepte, sondern um konkrete Leben, und jedes Leben hat seine Besonderheit, ist einzigartig.

In Ihrem Roman „Die Nacht des Baobab" unterstreichen Sie die Bedeutung der Mutter. Was ist denn mit den Vätern in Afrika?
Das liegt an meinem besonderen Fall, dass in „Die Nacht des Baobab" die Beziehung zur Mutter so ausgeprägt war, denn als meine Mutter eines Tages verreiste, reiste sie ohne mich – ich ging schließlich noch zur Schule. Für mich war das aber das Letzte. Vielleicht habe ich deshalb ein persönliches Problem mit meiner Mutter. Das soll aber nicht heißen, dass der Vater keine Bedeutung hat – er war da. Aber es war meine Mutter, die auf Reisen ging und mich zurückließ, und das hat mir die Geschichte geliefert für „Die Nacht des Baobab". Ich schrieb damit nicht im Allgemeinen über die Beziehungen zu Müttern und Vätern in Afrika. Das ist ein autobiografisches Werk. Es zeigt, wie ich, als Individuum, lebte, es zeigt eine Situation, die ich erlebte. Es ist kein Essay über matriarchale oder patriarchale Gesellschaften in Afrika, es beschreibt eine persönliche Situation: Eines Tages ging meine Mutter mit mir zum Bahnhof, bestieg einen Zug und ließ mich zurück, ließ mich nach Hause gehen. Das hat mein ganzes Leben durcheinander gewirbelt. Ich ging weiter zur Schule, kehrte aufs Land zurück – diese Erfahrung hat mich immer beschäftigt.

Setzen Sie diese Art des autobiografischen Schreibens noch weiter fort?
Als ich nach „Die Nacht des Baobab" und „Cendres et braises" mit „Riwan ou le chemin de sable" meine autobiografische Trilogie beendete, schrieb ich „La folie et la mort" – eine realistisch-fiktive Geschichte in Auseinandersetzung mit dem Völkermord in Ruanda über Politik und Gesellschaft. Aber jetzt komme ich doch wieder zurück zur Autobiografie mit einem Roman, den ich gerade schreibe, der aber nicht von mir selbst handelt, sondern eine Familiensaga wiedergibt. Es ist eine Familiengeschichte.
Das Buch thematisiert den Tod meiner Mutter, die 1985 starb. Viele Gespräche mit ihr waren nicht möglich – manchmal, weil die Telefonverbindungen zusammenbrachen, dann, aus geografischen Gründe, weil ich im Ausland lebte. Im Buch versuche ich nun, einen Dialog mit meiner

Mutter zu führen, und dadurch ist es möglich, auf die Geschichte unserer Familie einzugehen, die Geschichte meiner Mutter. All das, was wir uns nie sagen konnten, besprechen wir jetzt, nur dass meine Mutter jetzt vom Himmel aus spricht.

Die Hauptfiguren Ihrer Bücher scheinen oftmals ihre Identität noch nicht gefunden zu haben. Woher diese Orientierungslosigkeit, die Bilder der Verrücktheit in Ihren Romanen?
Es gab diese Suche nach Identität zwar in „Die Nacht des Baobab" und in „Cendres et braises", nicht aber in „Riwan ou le chemin de sable". Riwan findet seine Identität. Es ist nötig, dass die Hauptfigur zu ihren Wurzeln zurückkehrt, um ihre Persönlichkeit zu entdecken, um ihre Identität zu definieren.

Sie haben in der Familienplanung gearbeitet. Welche Erfahrungen machten Sie da?
Ich habe das mehrere Jahre lang gemacht. Vor allem fand ich es gut, Frauen die Informationen geben zu können, die sie brauchten – für ihre konkrete Lebenssituation, für ihre Gesundheit und die Gesundheit ihrer Kinder. Aber ich habe auch wahrgenommen, dass es in Afrika Methoden traditioneller Familienplanung gibt, und dass es besser ist, auf diese traditionellen Methoden der Familienplanung zurückzugreifen, als den Frauen abzuverlangen, eine Methode anzunehmen, die nicht afrikanisch ist: diese Disziplin, Pillen zu nehmen, dafür frisches Trinkwasser zu suchen – allein, sich die Zeit dafür zu nehmen, Tag für Tag! Und wenn man über Verhütungsmittel spricht, etwa über die Spirale, dann spürt man, dass eventuelle Vorbehalte gegenüber den modernen Formen der Familienplanung daher rühren, dass diese Formen überhaupt nichts zu tun haben mit den traditionellen Formen der Familienplanung, die es überall, wirklich überall in Afrika gab, in allen Gesellschaften!
Mir selbst hat diese Arbeit viel gebracht, denn sie erlaubte mir, in ganz Afrika herumzureisen und die verschiedenen Lebensbedingungen der Frauen kennenzulernen – egal ob in Senegal oder in Zentralafrika. In Zentralafrika stellte sich heraus, dass sehr viele Frauen unfruchtbar sind, und dort werden Untersuchungen durchgeführt, warum das so ist. Man kann also die Situation der Frauen in Afrika nicht verallgemeinern, das ist von Land zu Land verschieden. Jedes Land hat seine Besonderheit, geprägt auch von der jeweiligen Religion, der traditionellen Kultur – man muss da unterscheiden, denn jedes Land unterscheidet sich vom anderen.

Syl Cheney-Coker

„Geschichte beginnt nicht an einem bestimmten Punkt“

Syl Cheney-Coker, der 1945 in Sierra Leone geboren wurde, studierte in den USA Journalismus und begann während dessen, Gedichte zu schreiben. Nach dem Studium unterrichtete Cheney-Coker an diversen Universitäten Afrikas und in den USA Literatur und Kommunikationswissenschaften. Seit 1984 lebt er als freier Schriftsteller in Sierra Leone. Neben seinem viel beachteten lyrischen Werk publizierte Cheney-Coker auch Romane und erhielt dafür den Commonwealth Writers Prize für Afrika. Sein Roman „Der Nubier“ wurde auch ins Deutsche übersetzt.

Können Sie eigentlich von Ihren Büchern, Ihren Gedichten leben?
Nein, das kann ich nicht. Kein Schriftsteller in meiner Lage kann das. Es ist nicht einfach für Schriftsteller, von ihren Einkünften aus der Literatur zu leben. Ich bin Teilzeit-Geschäftsmann, arbeite noch als Berater, verfasse Berichte, schreibe Artikel und Vorworte im Auftrag mehrerer Gesellschaften. Es ist nicht möglich, von den Honoraren als Schriftsteller zu leben. Da muss man schon ein bekannter Schriftsteller sein, um diese Größenordnung an Geld erhalten zu können. Wenn man bedenkt, dass unsere Bücher meist von Verlegern aus dem Ausland publiziert werden, die schließlich Geld machen wollen, ist es für Schriftsteller in meiner Position unmöglich, von Büchern leben zu können. Ich verdiene zwar Geld als Autor – erhalte Aufträge, werde zu Kongressen eingeladen –, aber mit dem Verkauf der Bücher allein kann ich nicht zu Geld kommen.

Sind Bücher in Afrika zu teuer für Durchschnittsleser?
Ja. Die durchschnittlichen Kosten eines fiktionalen Buchs – gleichgültig, ob es das Buch eines afrikanischen, europäischen oder amerikanischen Autors ist – betragen etwa 25 Prozent eines durchschnittlichen Monatsgehalts. Das heißt, dass sich die meisten Leute, die ein Buch lesen wollen, dieses Buch nicht leisten können. Diejenigen Leute aber, die viel Geld haben, sind gewöhnlich keine Leute, die Bücher kaufen. Ich habe nie eine Entsprechung entdecken können zwischen Reichtum und Bildung. Ein Freund von mir sagt, dass er nur dann ein Buch liest, wenn es ihm Geld in die Taschen bringt. Zum Beispiel würde er nie mein Buch lesen; eher würde er es sich kaufen, ins Regal stellen und sagen: „Schau mal, ich hab' mir das Buch gekauft."
Wir befinden uns in einer Situation, in der sich junge, meist sehr junge Menschen, die grundsätzlich gerne lesen, sich das nicht leisten können. Da wir in Sierra Leone keine heimischen Verlage haben wie etwa in Nigeria, hängt ein Autor wie ich zum Großteil von Verkäufen im Ausland ab. Sogar, wenn das Buch in den wenigen versteckten Buchhandlungen in Freetown, der Hauptstadt Sierra Leones, zu finden sein sollte, wären es überwiegend Ausländer, die es kaufen würden. Der Markt ist klein, nicht sehr viele Leute lesen, und man muss sich vor Augen halten, wie viele Menschen es sich überhaupt leisten können, angesichts der niedrigen Einkommen Bücher zu kaufen.

Gleich Ihr erster Roman „Der Nubier" wurde ausgezeichnet. Hat Sie das nicht für Ihren zweiten Roman unter Druck gesetzt?
Ich wurde ein Magischer Realist genannt, und Leute, die mich lasen, sagten, dass man mich mit Salman Rushdie, Gabriel García Márquez vergleichen könne. Aber Magischen Realismus gab es in Afrika schon lange,

bevor Márquez zu schreiben begann. Was ich mache, ist, Situationen zu zeigen, aus denen eine Entwicklung, ein historischer Prozess hervorgeht. Geschichte beginnt nicht an einem bestimmten Punkt. Ich arbeite nicht in Epochen, sondern unter dem Gesichtspunkt der Wiederkehr. Ein Leben geht in ein anderes über, eine Sicht geht zurück auf eine andere Sicht. Kristallisationen sind nur Teile meiner Weltsicht, Stagnation ist unmöglich, denn das Leben ist größer als es die Menschen sind, die den politischen Prozess bestimmen.
Mein zweiter Roman ist ein politischer Roman, wenngleich die Politik nicht im Vordergrund steht. Das Buch beschreibt die Art, in der sich verschiedene Menschen politisch betätigen, Akademiker, Sozialwissenschaftler, Politiker, Männer, Frauen. In einem gewissen Sinn sind es die persönlichen Beobachtungen eines Schriftstellers, wie die Politik in Sierra Leone von einer Handvoll Leute gemacht wird, von Leuten, die die Nation betrogen haben, der sie zu helfen vorgaben. Die Hauptfigur ist ein früherer Präsident, dem es während seiner 17-jährigen Amtszeit gelang, die Menschen zu manipulieren, mit seinen politischen Überzeugungen zu prägen.

Wurden Ihre Arbeiten in Sierra Leone jemals zensiert?
Es wird sehr wenig Literatur in Sierra Leone produziert, so dass eher Journalisten von Zensur betroffen sind. Die Wirkung eines Zeitungsberichts ist zudem viel unmittelbarer im Vergleich zu einem Buch von womöglich 400 Seiten, das sich kaum jemand leisten kann. Und dann liest man daraus vielleicht 20 Seiten, legt es beiseite und liest ein halbes Jahr später weiter. Was mein Land betrifft, mache ich mir keine Sorgen über die Zensur von Literatur; es gibt einfach sehr wenig Literatur, die zensiert werden könnte. Die einzige Zensur, die es gibt, ist wirtschaftlicher Art. Wenn Bücher im Buchladen liegen und die Leute sie sich nicht leisten können – das ist Zensur, denn die Kaufkraft ist gering.
Sorgen sind allerdings berechtigt, wenn es um Journalisten geht – die führen ein gefährliches Leben. Wir haben zurzeit eine verhältnismäßig starke, mächtige Presse in Sierra Leone, so wie es in Nigeria bis Abacha war, und dagegen vorzugehen ist sehr schwierig in meinem Land – was im Übrigen auch an den Frauen liegt, die schon vor Jahren gegen die Regierung protestierten und sagten: „Genug ist genug“. Sie sagten den Militärs, dass es ihre Ehemänner waren, die getötet wurden, dass es ihre Söhne seien, die an der Front kämpfen, dass es ihre Geliebten waren, denen man die Hände abschlug. „Es sind unsere Kinder, denen wir erklären müssen, warum wir Kinder zur Welt brachten. Deshalb wollen wir die Militärs weg haben.“ Lesen Sie die Zeitungen: Die Frauenbewegung in Sierra Leone ist fantastisch, die Männer sollten ihr folgen.

Es wäre schwierig für jede Form von Regierung, irgendeine Art öffentlicher Diskussion abzuwürgen, und darüber bin ich sehr froh.

Wäre der Bürgerkrieg in Sierra Leone ein Thema für Sie?
Ich halte es für möglich, dass ich einmal darüber schreibe, aber noch nicht jetzt. Das liegt an dem Ausmaß der Zerstörung in der ganzen Region, denn der Bürgerkrieg in Sierra Leone setzt sich in Liberia fort. Es herrscht Unklarheit über die weitere Entwicklung der beiden Länder, was sich auf die Psyche der Menschen auswirkt. Wir haben in Westafrika ein völlig neues, noch nie dagewesenes Phänomen festgestellt: Straßenkinder, Menschen, die ihren Glauben verloren haben, eine geradezu fundamentalistische Hinkehr zum Christentum, Muslime, die Gott in einer neuen Gestalt suchen. Ich habe darüber nachgedacht, wie ich mich dem nähern kann, der Hoffnungslosigkeit in den Menschen als Folge der Bürgerkriege in Sierra Leone und Liberia. All diese Aspekte müsste ich in meinem Roman berücksichtigen, aber bevor ich den schreibe, will ich einen Gedichtband veröffentlichen.

Angesichts der Situation in Sierra Leone – könnten Sie sich vorstellen, Ihre Romane auch andernorts zu schreiben oder müssen Sie dafür in Sierra Leone bleiben?
Ich erinnere mich eines Zitats, das Nadine Gordimer aus einem Buch Jean-Paul Sartres zog; demnach soll Sartre gesagt haben, dass ein Schriftsteller ungeachtet der Gründe seines Exils im Exil etwas verliert. Man muss sich fragen, wodurch sich ein Schriftsteller genötigt sieht, zu exilieren. Manche Schriftsteller werden sagen, dass schon der eigene Stil die vier Wände eines Gefängnisses darstellen, oder der plötzliche Abbruch menschlicher Beziehungen, oder das Stillegen aller Kommunikation durch Radio, Zeitung und Fernsehen mit einer Gesellschaft. Es gibt auch noch die Möglichkeit des inneren Exils, das Gefühl, von niemandem mehr verstanden zu werden, aber das führt zu der Frage, wie man seine eigene Gesellschaft definiert. Ich habe immer versucht, von einer sehr engen Definition des Begriffs Exil wegzukommen.
Auf das mächtige Gewicht der Geschichte, das auf dem liegt, was ich produziere, kann ich mich besser beziehen, wenn ich in Sierra Leone bin. Mit den Menschen sprechen, erinnert werden durch Bilder, die ich als junger Mann erlebt habe ... Wenn ich ins Ausland ginge, würde ich bald einen gewissen Geruch vermissen, die Bilder und Erinnerungen, die ein Schriftsteller braucht. Ich denke, ich würde viel schlechter schreiben aus der Entfernung heraus. Fiktion als Literatur kann ich nur in meinem Land schreiben.

Müssen Sie dann auch der Sprache Ihrer Heimat nahe sein?
Ach, diese Diskussion über die Sprachen! Ich denke, es handelt sich dabei um einen intellektuellen Humbug. Wenn ich mich als Beispiel nehme, dann trage ich etwas, das ich die Last der Geschichte nenne. Zu diesem geschichtlichen Erbe zählt die Sprache; diese Geschichte bestimmt, wer ich in meiner Psyche bin. Wenn man über das geistige Eigentum eines Schriftstellers spricht, dann spricht man allzu oft allein über Fragen des Copyright. Aber auch die Sprache, in der ein Schriftsteller schreibt, fällt für mich unter geistiges Eigentum. Es steht Kritikern nicht zu, Autoren zu sagen, in welcher Sprache sie zu schreiben haben!

Als Schriftsteller aus Sierra Leone wurde ich von einer Geschichte geformt, die ich als Missgeschick bei der Suche nach dem Seeweg um Afrika bezeichne: eine Mischung von Kulturen und Geschichte. Ich habe eine Großmutter, die aus Nigeria kommt, ich habe einen Großvater, der aus der Neuen Welt zurückkehrte. Die Geschichte, auf die ich mich beziehe, ist die Geschichte, die Sierra Leone einmalig macht. Die Sprache, die ich lernte, in der ich zu denken begann, das Krio, ist eine Sprache aus Sierra Leone, die ich ganz gut beherrsche. Ob ich aber in meiner Muttersprache nachdenke, hängt davon ab, worüber ich nachdenke. Ich schreibe nun in der Sprache, in der ich am Besten denken kann, und diese Sprache ist die englische. Ich schreibe in der Sprache, in der ich mich wohl fühle, die ich seit Jahrzehnten spreche, und das ist das Englische. Macht das einen weniger afrikanischen Schriftsteller aus mir? Ich denke: nein! Die Tragödie beim Schreiben in diesen so genannten Kolonialsprachen ist, dass wir dadurch einen Großteil an Lesern verlieren. Aber müssen sich afrikanische Intellektuelle in ihrer Muttersprache ausdrücken? Ich weiß es nicht. Es gibt viele gute afrikanische Intellektuelle, die noch nicht einmal in ihren eigenen afrikanischen Sprachen einigermaßen lesen können – sie verstehen diese Sprachen vielleicht nicht einmal. Krio zum Beispiel wird erst seit kurzem geschrieben und hat noch nicht einmal eine endgültige Orthografie, weil es eine neue Sprache in Sierra Leone ist, gerade einmal 200 Jahre alt. Wenn ich warten wollte, bis ich in der richtigen Orthografie des Krio schreiben kann, meiner Muttersprache, die nur zehn Prozent der Menschen in Sierra Leone sprechen, könnte ich morgen zu schreiben aufhören. Ich finde es sehr angenehm, ein afrikanischer Schriftsteller zu sein, der auf Englisch schreibt. Ich habe keine Probleme damit, weil es meine Sprache ist, in der ich mich ausdrücke.

Shimmer Chinodya

„Als Künstler kann man nicht getrennt von seinen Wurzeln leben"

Shimmer Chinodya, geboren 1957 in Zimbabwe, studierte Anglistik und begann bereits als Jugendlicher zu schreiben. Von 1982 bis 1994 arbeitete Chinodya, der unter dem Pseudonym Ben Chirasha auch Kinderbücher veröffentlichte, im Erziehungsministerium an der Entwicklung neuer Lehrpläne.

Er erhielt den Commonwealth Writers Prize für Afrika für seinen vierten Roman, der unter dem Titel „Dornenernte" auch auf Deutsch erschien.

Sie waren eben Stipendiat in Schloss Wiepersdorf bei Berlin. Woran haben Sie dort gearbeitet?
Oh, Sie können nicht verlangen, dass ich das erzähle! Es ist ein Buch, das ich schon seit langem schreiben wollte, ein Buch über Zimbabwe, über das Leben in Zimbabwe. Ich versuche, 200 Jahre zurückzugehen und die Geschichte meiner Familie darzulegen und einen Zusammenhang zu finden zwischen dem, was meine Ururgroßeltern machten und zwischen mir und dem, was ich heute tue in Zimbabwe im Jahr 2001. Was haben wir ererbt, was unterscheidet uns, worin sind wir uns ähnlich?

Mit welchen Gefühlen kehren Sie nun nach Zimbabwe zurück, ein Land, das zurzeit wegen der Landfrage erschüttert wird?
Ich bin sehr glücklich! Ich bin durch und durch Zimbabwer und denke nicht, dass ich andernorts leben könnte. Ich möchte gern zurück, will zurück und sehe zu, dass ich zurückkomme. Ich denke, als Schriftsteller, als Künstler kann man nicht getrennt von seinen Wurzeln leben, und ich finde es nicht richtig, als Künstler gleichsam auszuchecken. Ich denke, wir sollten bleiben und die Gefühle der Menschen formulieren, die nicht schreiben können, die ihre Gedanken nicht zu Papier bringen können. Ich denke, es ist die Aufgabe der Künstler, zu bleiben und die Ereignisse aufzuzeichnen und der Welt zu beschreiben, was vor sich geht.

Sie können vom Schreiben leben?
Ja. Ja! Ich glaube, dass Schriftsteller stolz darauf sein sollten – warum sollten wir nicht den Anspruch haben, davon leben zu können, warum sollten wir nicht fähig sein, uns dadurch zu ernähren? Ich denke, es sollten noch mehr Autoren vorankommen und sagen können: Ja, ich kann bequem von meinen Einkünften aus dem Schreiben leben. Denn es gibt so viele Möglichkeiten: Wir können für das Fernsehen arbeiten, für das Radio, für Zeitungen, wir können Vorträge halten – wir sollten fähig sein, alle diese Möglichkeiten auszuschöpfen, damit wir dadurch Zeit gewinnen, uns darauf konzentrieren zu können, kreativ zu arbeiten.

Was halten Sie von der gegenwärtigen Literaturszene Zimbabwes, einer der lebendigsten in Afrika?
Es ist wirklich sehr interessant, was da heute geschieht. Leute wie Yvonne Vera, Chenjerai Hove, Charles Mungoshi und auch ich – ich würde sagen, wir gehören in etwa der selben Generation an – verfolgen die selbe Richtung, greifen sehr ähnliche Themen auf, stellen uns sehr ähnliche Fragen. Unsere Bücher sind sich bereits ähnlich, weil sie von einem gemeinsamen Erziehungssystem geprägt sind, inspiriert, angeregt von der selben Lektüre, so dass ich denke, dass wir in der selben Tradition stehen.

Ich fühle mich sehr stark meinen Kollegen verbunden, und wir schaffen eine neue Art von Literatur in Zimbabwe zurzeit.

Ihr erstes Buch, „Dew in the Morning" wurde in den Rezensionen kritisiert – es sei nur eine Aneinanderreihung von Erzählungen der Landbevölkerung, ohne durchgehenden Erzählstrang. Wie reagierten Sie darauf?
Ich denke, dass diese Kritik die kindliche Erzählerfigur meint. Tatsächlich hat man eine bessere Kontrolle über das Material, wenn man ein erfahrenerer oder älterer Erzähler ist. Aber was man an dieser Erzählerhaltung vermisste, wurde durch Ehrlichkeit, Empfindung, einen vollkommen unverstellten, unzensierten Gesichtspunkt ausgeglichen. Eine kindliche Erzählerfigur neigt dazu, alles zu sagen und selbst nicht zu wissen, wie eine Geschichte zu erzählen ist – genau das ist es, was ich in „Dew in the Morning" nachvollziehen wollte.
Es ist aber interessant, dass Sie dieses Buch ansprechen, von dem die Leute sagen, dass es ja schon zwanzig Jahre alt ist. Aber es kam nun in der African Writers Series bei Heinemann heraus, und ich glaube, dass man bei Heinemann sah, dass etwas in dem Buch steckt, ein Thema, das für den Weltmarkt taugt. Die Leute brauchten offenbar zwanzig Jahre, um zu realisieren, was ich in „Dew in the Morning" machte – und ich bin mir sicher, wenn die Leute heute das Buch lesen, werden sie zunehmend zu schätzen wissen, was ich mit „Dew in the Morning" zu erzählen versuchte.

Schreiben Sie noch Kinderbücher?
Nein. Ich kam wegen meines Jobs zur Kinderliteratur, weil ich mit der Erstellung von Lehrplänen und der Vermittlung von Literatur, von Texten und mit Schulbüchern zu tun hatte. Da fragte ich mich, ob ich nicht auch für Kinder schreiben könnte. Erst schaute ich herab auf Kinderliteratur nach dem Motto: 'Da bin ich doch zu reif, zu gelehrt dafür'. Aber wenn man sich darauf einlässt, gibt es so viele Herausforderungen!

Ihr zweiter Roman „Farai's Girls" zeigt die Entwicklung der Persönlichkeit eines Jungen während des Befreiungskriegs in Zimbabwe. Damals hielt man Ihnen vor, angesichts des Krieges über das Erwachsenwerden zu schreiben, zu persönlich, zu subjektiv ...
... Jajajaja. Wenn man sich nach den Kritiken richtet, wenn man sie zu ernst nimmt, wird man sich als Autor nie, nie, niemals entwickeln. Kurz nachdem „Farai's Girl" herauskam, sagte ein Freund von mir, ein Literaturkritiker: Wir wissen zwar nicht, was du als nächstes schreiben wirst, aber mit dem Thema Pubertät verschwendest du nur Zeit.

Das Buch ist ein ernstzunehmender Versuch, einem jungen Menschen durch die Jahre der Adoleszenz zu folgen, durch das Denken dieser Phase – wer ist ein Freund, wie finde ich einen Freund, wie verhalte ich mich bei Problemen? Ich lasse mich nicht und von niemandem unter Druck setzen, sondern schreibe meine Bücher so, wie ich denke, dass ich sie am Besten schreibe und ich mich als Autor dabei entwickle. Als diese kritischen Stimmen aufkamen, da schrieb ich gerade an „Dornenernte", und als das Buch zwei Jahre später erschien, war es, wie ich denke, eines der wichtigsten Bücher über den Befreiungskrieg. Ich finde, man sollte Bücher nicht isoliert betrachten, nicht isoliert beurteilen. Man sollte die gesamte Produktion eines Autors berücksichtigen, bevor man urteilt, ob jemand dieses oder jenes getan oder nicht getan hat. Es macht keinen Sinn, Bücher isoliert zu sehen.

Ihre Bücher Nummer drei und vier, „Child of War" und „Dornenernte" sind beides Bücher über den Krieg. Eine Reihe anderer Romane aus Zimbabwe thematisieren ebenfalls den Krieg oder spielen vor dem Hintergrund des Krieges. Wann, glauben Sie, werden zimbabwische Autoren Bücher ohne Bezug zum Krieg schreiben können?

Natürlich können wir Liebe, Kultur, Tradition, Religion für sich sehen, all diese großen Themen der Literatur. Aber wir sollten diese Themen nicht von Politik, Krieg und Befreiung trennen, denn sie sind Teil unser Kultur. Oder anders gesagt: Wir sollten in den universellen Themen, wenn Sie so wollen, den Bezug zu unserer Geschichte finden, die wir geerbt haben, zu unserer Nation, die wir durch Politik und Krieg geworden sind – wir sollten uns davon nicht abkapseln. Es ist doch mit der europäischen, der britischen oder der amerikanischen Literatur das Selbe – auch sie ist geprägt vom Kolonialismus, vom Zweiten Weltkrieg, und da können fünfzig, sechzig Jahre vergehen, und dann erscheint wieder ein Buch über den Zweiten Weltkrieg. Ich glaube nicht, dass man derlei Themen vollkommen erschöpfen kann. Ich denke eher, dass man nicht nur das Kriegsgeschehen thematisieren, sondern fragen sollte, wie es den Menschen erging.

Andererseits haben Sie schon auch Recht: Es gäbe so viel mehr in Zimbabwe, worüber es sich zu schreiben lohnen würde. Ich glaube nicht, dass es ein Buch gibt, das wirklich zeigt, wer die Zimbabwer sind.

Paulina Chiziane

„Noch geht es erst einmal vor allem um Nahrung, um Sicherheit, um Wiederaufbau. Das Buch als solches hat da noch wenig Bedeutung, wie Kunst allgemein"

Paulina Chiziane kam 1955 in Mosambik zur Welt, arbeitete als Sekretärin, studierte Linguistik und war für das Rote Kreuz tätig.
In deutscher Übersetzung liegen die beiden Romane „Wind der Apokalypse" und „Liebeslied an den Wind" vor.

Ihr erster Roman „Wind der Apokalypse" ist ein Roman über den Bürgerkrieg in Mosambik. Waren es die schockierenden Eindrücke dieses Krieges, die Sie zum Schreiben veranlassten?
Nein, aber es ist nicht leicht, den Zeitpunkt zu bestimmen, an dem ich zu schreiben begann. Ich habe schon immer gern gelesen, vor allem Bücher im Stil des Magischen Realismus. Damals habe ich schon angefangen, zu schreiben, und ich schrieb in meine Schulhefte – in meine Mathematik- und Physikhefte, auf alles, was sich dafür eignete. Von daher ist es schwierig, den Beginn meines Schreibens mit dem Datum einer Buchpublikation anzusetzen – ich schreibe schon seit meiner Kindheit, aber wann war das, was ich schrieb, Literatur?
Mein Buch handelt von der Apokalypse. Wir können darin die vier Reiter der Apokalypse erkennen: Krieg, Hunger, Krankheit und Niederlage. Es gründet auf diesen vier Anzeichen der Apokalypse, die sich im Leben der Bauern während des Bürgerkriegs Tag für Tag ereignete. Es war schwer zu begreifen, dass sich diese Apokalypse nicht erst irgendwann ereignen wird, sondern sie sich im Leben der Bauern bereits tagtäglich ereignet hat: Krieg, Hunger, Krankheit und Niederlagen – persönliche Niederlagen, was Wünsche, Sehnsüchte und Freundschaften betrifft, was die Hoffnung auf Frieden angeht, auf Wohlstand, und was das Streben nach Glück betrifft.

Welche Chancen haben Ihre Romane denn, in Mosambik gelesen zu werden, angesichts eines wohl nicht sehr entwickelten Buchmarkts dort?
Nun wir leben erst seit dem Ende der Apartheid, seit Mitte der neunziger Jahre in Frieden, bis dahin war Krieg. Noch geht es erst einmal vor allem um Nahrung, um Sicherheit, um Wiederaufbau. Das Buch als solches hat da noch wenig Bedeutung, wie Kunst allgemein. Das gilt für die Arbeit der Maler, der Bildhauer, der Schriftsteller gleichermaßen. Für Maler ist es darüber hinaus auch nicht einfach, Arbeitsmaterialien zu erhalten – es ist eine schwierige Situation im Augenblick.

Ist es für Sie als Frau dann noch schwieriger, zu publizieren?
Um schreiben zu können, um mich dafür zurückziehen zu können, muss die familiäre Situation passen. Und selbst dann ist es nicht viel Zeit, die bleibt, um zu schreiben, um dann auch noch gut zu schreiben. Hinzu kommt, dass traditionellerweise nicht recht verstanden wird, begriffen wird, warum eine Frau schreiben will.

Wie beurteilen Sie die Chancen und Möglichkeiten, die Bedingungen eines Zusammenwachsens der Kulturen?

Ich denke, dass das nur positiv gesehen werden kann. Für uns aus dem südlichen Afrika hat die Mischung der Kulturen ohnehin von vornherein einen hohen Stellenwert. Ich denke, dass die Kultur meines Volks, der Bantu, längst schon Einflüsse nicht nur der Portugiesen in sich trägt, sondern auch zahlreicher anderer Kulturen. Für mich als Schriftstellerin aus dem Volk der Bantu heißt das, dass es für mich selbstverständlich ist, auf Portugiesisch zu schreiben und auch in Deutschland zu publizieren – und das ist, finde ich, eine fantastische Sache.

Lindsey Collen

„Ich denke mir ständig Romane aus"

Lindsey Collen kam 1948 in Südafrika zur Welt, studierte dort Jura und Literaturwissenschaften, lebte in London, New York und auf den Seychellen und ist seit 1975 in Mauritius ansässig. Sie engagiert sich in Gewerkschaften, Frauenbewegungen, Oppositionsparteien und Alphabetisierungsprojekten. Seit 1990 publiziert Collen Erzählungen, Gedichte und Romane und erhielt den Commonwealth Writers Prize für Afrika. Ihr Roman „Sita und die Gewalt" war in Mauritius auf Drängen von Hindu-Fundamentalisten zeitweilig verboten, da die vergewaltigte Hauptfigur den Namen einer Hindu-Göttin trägt.
Neben diesem Roman liegen auch die Bücher „Die Wellen von Mauritius" und „Lebenstanz" auf Deutsch vor.

Ihr erster Roman „Die Wellen von Mauritius" erschien, als sie bereits 42 Jahre alt waren. Hatten Sie bis dahin nicht geschrieben?
Ich habe mit fünf oder sechs Jahren angefangen, Gedichte und Geschichten zu schreiben, und gleichzeitig begann ich, sie zu vervielfältigen und zu verteilen. Meine Eltern hatten mir ein Spielzeug geschenkt, das John Bull Printing Set hieß und aus einem hölzernen Druckrahmen, kleinen Gummibuchstaben und einer einfachen Pinzette bestand. So setzte ich meine Gedichte und Bücher, druckte sie auf Papier und nähte die Bücher mit Nadel und Faden zusammen. Die Umschläge gestaltete ich mit Kartoffeldruck. Ungefähr im Alter von acht Jahren begann ich, Geschichten an die Kinderseiten von Zeitungen zu schicken, und ein paar wurden tatsächlich gedruckt. Ich bin also kein Neuling!
Ich denke mir ständig Romane aus.
In den Jahren meines frühen Erwachsenenlebens floss jedoch der größte Teil meiner kreativen Energien in meine politische Arbeit ein, und erst ab 1986, 1987, als ich auf die Vierzig zuging und die politischen Kämpfe auf Mauritius abflauten, hatte ich genug Freiraum, um einen Roman zu schreiben.
Ich verspürte ein starkes Bedürfnis, „Die Wellen von Mauritius" zu schreiben, nicht für die Menschheit allgemein, sondern für die 25 bis 50 Menschen, die ich wirklich liebe. Natürlich ist es gut, dass das Buch auch anderen Leuten gefallen hat. Und noch besser ist, dass sich manche in gewisser Weise durch das Lesen dieses Buchs „geheilt" gefühlt haben.

Sie schreiben nicht nur auf Englisch, sondern auch auf Kreolisch. Nach welchen Kriterien entscheiden Sie sich für welche dieser Sprachen?
Im Allgemeinen fällt es mir leichter, etwas, das so lang wie ein Roman ist, auf Englisch zu schreiben statt auf Kreolisch. Der Grund dafür ist, dass die kreolische Sprache als Schriftsprache noch nicht sehr etabliert ist, und dass ich meine Einbildungskraft nicht nur darauf verwenden muss, den Roman zu erfinden, sondern auch die Leserschaft – während es für einen englischen Text eine Leserschaft gibt, sowohl auf Mauritius, als auch in der übrigen Welt. Eine weitere Schwierigkeit besteht darin, dass es mir so vorkommt, als müsste ich beim Schreiben die literarische Sprache „erfinden", anstatt mit anderen Schriftstellern der Vergangenheit und der Gegenwart in einen Dialog zu treten.
Als ich „Misyon Garson" schrieb, meinen einzigen Roman in Kreolisch, wusste ich, dass er auf Kreolisch geschrieben werden musste, weil er so fest in dem Kopf des heranwachsenden Jungen verankert war, der diese Erfahrung durchmachte.
Trotzdem ist es problematisch, Romane, die überwiegend auf Mauritius

spielen, auf Englisch zu schreiben. Ich neige dazu, ein Englisch zu verwenden, das sich sehr eng an grammatikalische Strukturen hält, die unserem gemeinsamen menschlichen „grammatikalischen Potenzial" nahe stehen, das in allen Sprachen existiert. Doch das ist nicht einfach. Ich muss es generieren, anstatt es zitieren zu können, wie ich es zumindest in den Dialogen tun könnte, wenn sie auf Kreolisch wären.
Ich schreibe auf Kreolisch sehr viel Sachtexte, besonders Flugblätter und Texte, die auf Mauritius einem breiten Publikum zugänglich sind. Ich habe auch einige Gedichte übersetzt – darunter zwei von Brecht und eins von Schwitters, das wird die deutschen Leser interessieren –, und eine lange Kurzgeschichte, die „Le Morne" heißt. Ich habe auch Geschichten für Kinder sowie Mythen ins Kreolische übertragen.

Worum geht es in Ihrem Roman „Misyon Garson", den Sie eben erwähnten, und könnten Sie sich vorstellen, ihn ins Englische zu übersetzen?
In „Misyon Garson" gibt es zwei Hauptfiguren: einen Jungen, der für seine Mutter eine Besorgung machen soll. Es geht um drei oder vier Tage in ihrem Leben. Und es geht um ein Stück Marihuana.
Ich habe versucht, das Buch ins Englische zu übersetzen, und konnte es nicht. Aber ich arbeite gerade an einem weiteren neuen Roman, den ich auf Englisch schreibe und in dem es um einige Ideen aus „Misyon Garson" geht.

Wie beeinflussen die Mythen und literarischen Traditionen von Mauritius Ihre schriftstellerische Arbeit? Wie groß ist der Einfluss der Oratur auf Ihre Geschichten und Romane?
Mauritius ist voller Mythen und Geschichten. Sie alle werden geglaubt – wenn auch mit einem gewissen Abstand, einem gewissen Grad an Zweifel, vielleicht, weil die Geschichten aus so vielen verschiedenen Kulturen stammen und Elemente enthalten, die zueinander in Widerspruch stehen.
Ich würde sagen, dass meine Romane irgendwo auf halbem Wege zwischen den Traditionen geschriebener Literatur und den Traditionen mündlichen Erzählens stehen. Das ist ganz bewusst so, und ich finde, dass ich beiden Traditionen sehr viel verdanke. Ich wuchs mit mündlichen Erzählungen auf und wurde auf Mauritius, zusammen mit einer Freundin, zu einer Geschichtenerzählerin für die hiesige Frauenbewegung.

In Ihrem Roman „Sita und die Gewalt" vergleichen Sie Kolonialismus mit Vergewaltigung. Halten Sie an der Gültigkeit dieses Vergleichs fest?

Ja, ich finde, dass Kolonialismus eine Form der Vergewaltigung ist, und Vergewaltigung ist in gewisser Weise eine Form von Kolonialismus. Doch diese Vergleiche sind literarische Metaphern und politische Werkzeuge, sie geben keine Fakten wieder.

Wenn Sie sich an die Reaktionen auf Ihren Roman „Sita und die Gewalt" erinnern – denken Sie dann, dass die politische und religiöse Atmosphäre auf Mauritius inzwischen liberaler geworden ist?
Ich denke, dass der Kampf um die Freiheit des Ausdrucks Erfolge zu verbuchen hat, denn allmählich kehrte „Sita und die Gewalt" wieder in die Buchregale zurück. Diese Erfolge stellten sich nach sieben Jahren heftiger Diskussionen und politischen Drucks ein. Sie wurden von Schriftsteller- und Frauenverbänden sowie von politischen Gruppierungen errungen, die all die Menschen auf ihre Seite zogen, die zunächst „neutral" hatten bleiben wollen, als ich angegriffen, der Blasphemie bezichtigt und als Gefahr für die religiöse Moral bezeichnet wurde.

Sie wurden in der Republik Südafrika geboren, haben unter anderem in London und New York gelebt und leben nun auf Mauritius. Glauben Sie, dass Mauritius, das unter den Einflüssen Afrikas, Europas und Indiens steht, ein Modell für eine multikulturelle Gesellschaft sein könnte?
Ich glaube, dass Mauritius eine Insel ist, auf der man Studien über eine Gesellschaft machen kann, die noch im Begriff ist, sich zu bilden. Außerdem kann man hier seine eigene Kultur in gewissem Grad „relativieren". Es ist nicht leicht, auf Mauritius zu leben und selbstgefällig über die „Tatsache" zu reden, dass es nur einen Gott gibt, oder eine Dreieinigkeit, wenn klar ist, dass es so viele Götter gibt, dass man sie gar nicht zählen kann. Man kann aber auch nicht hier leben und verkünden, dass es so viele Götter gibt, wenn einige Leute an überhaupt keinen Gott glauben.
Und was für die eine Kultur heilig ist, kann für die andere das genaue Gegenteil sein.
Aber ich würde nie sagen, dass Mauritius ein Modell für eine multikulturelle Gesellschaft ist. Es ist eine Gesellschaft, die von Anbeginn an raschem Wandel unterworfen war. Sie ist voller Widersprüche und Konflikte. Die Reichen werden reicher und die Armen ärmer. Vorbildlich jedoch war bis jetzt die Fähigkeit der Menschen hier, sich zu organisieren und Widerstand zu leisten. Auf Mauritius haben sich die Menschen mehr als in anderen Ländern den Bedingungen des Weltwährungsfonds und der Weltbank entgegengestellt. Wir haben immer noch kostenlose medizinische Versorgung, kostenlose Schulbildung, subventionierte Lebens-

mittel und Renten für alle, und das trotz des Drucks, den die in Washington ansässigen Institutionen seit 20 Jahren ausüben.

Sie wirken bei einer Alphabetisierungskampagne mit. Welche Projekte betreuen Sie da?
Ich bringe Erwachsenen lesen und schreiben bei. Wir tun dies zum Teil, indem wir in großen Buchstaben aufschreiben, was die erwachsenen Schüler gerade sagen.
Ich arbeite auch bei der Veröffentlichung und dem Druck von Büchern in Kreolisch mit. Und ich unterstütze die Kampagne für die Förderung der kreolischen Sprache.

Wie ist die Situation der Literatur, des Buchmarkts in Mauritius?
Mauritius hat vier Hauptliteraturen, die sich eher unabhängig voneinander entwickelt haben: eine Hindi-Tradition, eine französische Tradition, eine englische Tradition und eine kreolische Tradition. Ich glaube, dass wir uns in letzter Zeit wesentlich stärker gegenseitig beeinflusst haben, als die Schriftsteller dies in der Vergangenheit taten.
Der Markt ist natürlich sehr klein, und das ist ein Problem. Angesichts dessen gelingt es uns jedoch, relativ viel zu drucken und zu veröffentlichen.

Was ist die Muvman Lakaz, und welche Politik vertritt die Lalit-Partei, der Sie angehören?
Muvman Lakaz ist die Bewegung der Obdachlosen; diese ist von der Lalit-Partei unabhängig, obwohl viele von uns auch bei Lalit sind. Muvman Lakaz unterstützt alle, die kein Haus haben und für ein Haus kämpfen wollen – und häufig feiern wir Siege.
Lalit ist eine Partei, die Gleichheit für Alle fordert, und einen friedlichen Planeten, auf dem es für Alle Gerechtigkeit und Freiheit gibt. Ein hoher Anspruch. Nicht nur das, sondern wir wollen auch von dem Punkt ausgehen, an dem wir uns befinden und nicht von jenem, an dem wir gerne wären. Das bedeutet, dass wir gleichzeitig für große Ziele, aber auch für ganz winzige kämpfen, und in unserem Kampf all die kleinen Kämpfe bündeln.

Boubacar Boris Diop

„Die beste Möglichkeit, um die Gegenwart zu verstehen, ist, sich ständig auf die Vergangenheit zu beziehen"

Boubacar Boris Diop wurde 1946 in Senegal geboren – er gab sich seinen zweiten Vornamen nach einer Romanfigur Jean-Paul Sartres. Diop studierte Literatur und Philosophie, unterrichtete als Gymnasiallehrer in Senegal und arbeitete als Literaturkritiker. Er schreibt Theaterstücke, Erzählungen, Romane und Essays und erhielt den Prix du Bureau Sénégalais du Droit d'Auteur, den Grand Prix de la République du Sénégal pour les Lettres und den Prix Tropiques. Diop war einer von zehn Teilnehmern am Literatur-Projekt „Rwanda: écrire par devoir de mémoire".

Alle Berichte in Ihrem Roman „Murambi“ über den Völkermord in Ruanda sind authentisch. Gleichwohl haben Sie einen Roman und keine Dokumentation verfasst. Warum?
Ich bezeichne „Murambi“ als „roman verité“, weil all das, worüber er berichtet, wahr ist. Aber es war mir wichtig, dass das Buch als Roman gelesen würde. Der Genozid ist das eine: Man tötet die Leute, sie haben keine Namen, kein Gesicht, keine Vergangenheit. Aber im Roman gibt man diesen Leuten ein bisschen Leben. Man gibt jeder Figur einen Namen, eine Identität, und die Personen werden zu realen Lebewesen. Ich glaube, es gibt nichts dergleichen wie einen Roman, um ein Porträt des Genozids liefern zu können. Ein Genozid ist der Versuch, etwas verschwinden zu lassen, während ein Roman der Versuch ist, etwas zu erschaffen.

Wie hat denn die Ruanda-Erfahrung Ihr Schreiben, Ihr persönliches Leben beeinflusst?
Sie hat alle Bereiche beeinflusst – meine vollständige Weltsicht. Ich habe erkannt, dass das menschliche Leben nicht den selben Wert hat – es hängt davon ab, ob man reich oder arm ist. Nun ich weiß längst, dass das Leben eines Armen weniger zählt als das Leben eines Reichen, das weiß jedermann. Aber ich wusste nicht, wie ausgeprägt dieser Unterschied ist. Ich wusste nicht, dass man am Ende des 20. Jahrhunderts in einem kleinen Land so viele Menschen töten kann in so kurzer Zeit, und dass das Gewissen der Welt angesichts dessen stumm bleibt.
Der Tod jedes anderen Lebewesens hätte eine tiefe Erschütterung ausgelöst, aber weil sich das in Afrika ereignete, ergab sich daraus nur „die Pflicht zur Wachsamkeit“. Eines Tages ging ich in einer kleinen Stadt in der Schweiz spazieren, sehr hübsch, mit einem sehr schönen See und Enten, die über das Wasser glitten, das war wirklich sehr schön – am Genfer See. Und ich dachte, wenn nun jemand käme und alle diese Enten töten würde, dann wäre das ein Ereignis, das die Schweiz mehr erschüttern würde als der Tod dieser einen Million Ruander. Wissen Sie, während des Völkermords hat man die Hunde der belgischen Korporäle evakuiert – man hat sie evakuiert, geschützt, gerettet. Aber man hat nicht das Selbe mit den Menschen gemacht!
Das Drama Ruandas liegt darin, ein armes afrikanisches Land zu sein. Da sich alles „dort unten“ vollzog, sagte jeder, das sei nicht so wichtig, das sei ein Land, das nicht zählt. Aber ich gehöre auch zu einem Land, das nicht zählt: Senegal – und wenn ich mein Leben schützen möchte oder das Leben meiner Kinder, dann muss ich sofort umdenken. Ich glaube, dass Europa aufhören muss, das Zentrum der Welt zu sein. Das ist das Fazit, das wir daraus ziehen müssen. Das ist klar, denn wenn das so weitergeht, sind wir verloren!

Ich habe noch eine andere Sache entdeckt, die für mich schon vergessen oder überwunden war, aber ich musste wahrhaben, dass der Rassismus nicht nur nicht tot ist, sondern dass er heute, wenn es um Schwarze geht, ganz offen zum Ausdruck gebracht werden kann. Das war eine sehr wichtige Entdeckung für mich.

Für Sie ist die Tragödie in Ruanda auch eine Folge des europäischen Kolonialismus. Inwiefern?
Die ersten Massaker in Ruanda haben 1959 begonnen nach dem Abzug der Belgier. Die Europäer sind in Ruanda 1894 angekommen. In der ganzen Geschichte Ruandas, einer alten Monarchie, haben die Massaker erst 1959 begonnen. Warum? Als die Belgier kamen, haben sie eine hierarchisierte Gesellschaft vorgefunden, sie haben beschlossen, zusammen mit den Tutsi zu regieren. Als die Tutsi die Unabhängigkeit forderten, haben die Belgier die erste ethnische Partei in der Politik Ruandas gegründet, die Partei der Hutu. Die Belgier haben Ruanda in die Unabhängigkeit entlassen und den regierenden Hutu gesagt, wenn jemals die Tutsi zurück an die Macht kämen, würden diese sie auslöschen. Da haben die Hutu angefangen, die Tutsi auszulöschen und zu jagen, und von 1959 bis 1994 gab es zehn größere Massaker.
Es waren die Belgier, die die ethnischen Personalausweise eingeführt haben. Die Hutu und die Tutsi lebten friedlich, mit gewissen Differenzen, aber friedlich bis zur Ankunft der Belgier. Die Belgier haben die einen gegen die anderen ausgespielt. Was man den Afrikanern vorwerfen könnte, wäre, dass sie sich so leicht haben manipulieren lassen. Aber die Kultur der Gewalt, dieser massiven Gewalt, kam von der belgischen Kolonisierung.

Ist Ihre Literatur eine Literatur des Widerstands? Sie haben schließlich mit „Le temps de Tamango" einen Roman über einen Sklavenaufstand geschrieben, mit „Les tambours de la mémoire" einen Roman über die Unruhen in der Casamance in Senegal, mit „Les traces de la meute" einen Roman gegen Bürokratie.
Das ist, wenn man so will, eine Rolle der Zeugenschaft, aber diese oppositionelle Rolle entspringt auch meinem Leben, meinem Lebensweg. Ich hatte ein sehr politisiertes Leben, ich nahm an politischen Bewegungen teil, und dann ist eine solche Perspektive während des Schreibens normal.
Aber ich bin überzeugt, dass sich nach dem Roman „Murambi" mein Schreiben ändern wird. Ich werde nicht mehr so schreiben können wie zuvor, denn ich kann mich nicht mehr nur um die Probleme Senegals kümmern, ich muss Afrika im Ganzen sehen. Man kann nicht das Pro-

blem eines afrikanischen Landes unabhängig von den anderen Ländern lösen – ich glaube, dass eine globale Lösung nötig ist.
Ich glaube, dass ich kein weiteres Buch über den Genozid schreiben werde, aber diese Vision der Welt, die mir der Genozid vermittelte, wird sich in den Roman einprägen, den ich nun schreiben werde. Das wird ein Buch, in dem weder das Wort Ruanda noch das Wort Genozid vorkommen werden, aber beide Worte werden in diesem Roman omnipräsent sein, wie sie es übrigens heute auch in meinem Leben sind.

Fühlen Sie sich als Autor mehr der Gegenwart oder der Erinnerung verpflichtet?
Vergangenheit ist wichtig. Aber was ich gelernt habe, als ich einen Autor wie Gabriel Gárcia Márquez las, ist, dass die Zeit nicht linear, sondern im Kreis verläuft. Die beste Möglichkeit, um die Gegenwart zu verstehen, ist, sich ständig auf die Vergangenheit zu beziehen.
Wir kennen unsere Geschichte nicht sehr gut, und ich spreche jetzt nicht von den alten Reichen, von der Sklaverei. Es dreht sich darum, dass jeder weiß, wo er herkommt und dass der Weg, der von seinen Vorfahren zu ihm führt, eine Matritze ist. Diese Matritze, die jeden von uns durch seine eigene Vergangenheit führt – das ist es, was fehlt. Es gibt einen Bruch zwischen den Generationen. Ich lebe in Afrika, und die Jungen und die Eltern haben nicht die Zeit, miteinander zu sprechen. Das ist, denke ich, ein Phänomen, dem wir mehr Aufmerksamkeit widmen sollten.
Die Menschen sterben, verschwinden, werden begraben, aber die gemeinsamen Bande werden vergessen, vergessen, vergessen, und man muss alles von vorn beginnen. Jede Generation in Afrika muss alles von Neuem beginnen – als hätten die anderen Generationen nie existiert.

Woran schreiben Sie gerade?
Im Augenblick schreibe ich über die Beziehungen zwischen einem Vater und seinem Sohn. Der Vater hat beschlossen, seinem Sohn zu schreiben, um ihm zu erklären, wer er gewesen ist. Er möchte, dass dieser Brief seinem Sohn nach seinem Tod übergeben wird. Die Geschichte des Romans ist die Geschichte dieses Briefs. Was der Vater sagen wird, was er dem Sohn nicht zu sagen wagt, aber was im Roman gesagt wird. Schließlich das, was der Vater dem Sohn hinterlassen will: „Schau, das sind die Fehler, die ich begangen habe, ich erzähle dir ohne Scham davon. Jetzt gehe und lebe dein Leben und mache es gegenüber deinem Sohn so wie ich."

Emmanuel B. Dongala

„So lange es Leben gibt, so lange gibt es Hoffnung“

Emmanuel Boundzeki Dongala wurde 1941 in der Volksrepublik Kongo geboren, studierte in den USA und in Frankreich und unterrichtete als Chemielehrer in Kongo.
In deutscher Sprache erschienen „Der Morgen vor der Hinrichtung“ und „Kinder von den Sternen“.

Sie sind durch Ihren Roman „Der Morgen vor der Hinrichtung" (Un fusil dans la main, un poème dans la poche) bekannt geworden. Glauben Sie immer noch, dass die afrikanische Literatur mit der politischen Entwicklung in Afrika verbunden ist?
Nein. Ich glaube nicht, dass die politische Entwicklung zwingend mit der Literatur verbunden ist. Es gab mal eine Zeit, da glaubten viele Menschen an ein marxistisches – oder hegelianisches – Schema, das die Kultur – also Kunst und Literatur – mechanisch an die ökonomische Produktionsweise einer Gesellschaft koppelte. Dieses Schema sah die Kultur als reine Superstruktur der echten Realität an, die wiederum von der ökonomischen Infrastruktur verkörpert wurde. Ich jedoch bin nicht dieser Ansicht. Es gibt im Gegenteil Ideen, die in der Atmosphäre einer Epoche schweben und die einen Schriftsteller inspirieren können. Viele dieser Ideen haben ihren Ursprung in der politischen und sozialen Realität des Augenblicks. Dies ist die Verbindung, die man zwischen der Literatur und der Politik herstellen kann, wenn man unbedingt eine Verbindung herstellen will.

Ihr Roman „Kinder von den Sternen" ist ein sehr melodischer Roman, dessen Stil sich an die gesprochene Sprache anlehnt. Welche Bedeutung hat die Oratur für Ihre literarische Arbeit?
Ich bin eigentlich mehr ein Erzähler, ein Geschichtenerzähler, als ein „Schriftsteller mit Ideen". Deshalb ist die Art, in der sie sprechen, in der sie reden, bei meinen Figuren wichtig.

In Kongo waren Sie Direktor eines Theaterensembles. Welche Art von Stücken hat Ihr Ensemble gespielt?
Mein Ensemble nannte sich „Le Theâtre de l'Éclair". Es hatte sich zum Ziel gesetzt, dem kongolesischen Publikum Stücke des internationalen zeitgenössischen Theaters zugänglich zu machen. Das war sehr ehrgeizig, aber ich glaube, dass uns das gelungen ist. Wir haben zum Beispiel neben Stücken afrikanischer und kongolesischer Schriftsteller auch Stücke von so verschiedenen Autoren wie Sartre und Mishima inszeniert.

1997 mussten Sie Kongo verlassen. Sehen Sie sich als politischen Flüchtling oder als jemanden, der im Exil lebt?
Nein, ich bin kein politischer Flüchtling, ich kann, wann immer ich will, in mein Land zurückkehren. Ein Schriftsteller im Exil? Vielleicht. Dann aber in zweierlei Hinsicht im Exil: Erstens, weil ich weit weg von meiner Heimat Afrika bin, und zweitens, weil ich in einem Land lebe, in dem nicht die Sprache gesprochen wird, in der ich schreibe.

Ihre beiden Romane „Le feu des origines“ und „Kinder von den Sternen“ sind eigentlich historische Gemälde. Verbinden Sie gerne die Geschichte mit der Gegenwart?
Ja, sehr gerne. Es bereitet mir Vergnügen, die Entwicklung meiner Figuren in bedeutenden historischen Momenten stattfinden zu lassen; trotzdem sind meine Bücher keine historischen Romane.

Wie wird ein Chemielehrer Schriftsteller? Wie kam es zu dieser seltenen Kombination von Naturwissenschaften und Literatur?
Es hört auf, wie ein Widerspruch auszusehen, wenn Sie sich klar machen, dass die Naturwissenschaften und die Literatur nichts anderes als zwei verschiedene Methoden sind, zu versuchen, die Welt zu verstehen. Sie ergänzen einander wunderbar. Es gibt andere Wege zur Erkenntnis, die mich dagegen nicht interessieren, zum Beispiel die Religion.

In Ihrem Roman „Kinder von den Sternen“ kritisieren Sie die junge Demokratie eines afrikanischen Staates. Wo haben die afrikanischen politischen Parteien versagt? Warum scheinen afrikanische Staaten unfähig zur Demokratie zu sein?
Ein Schriftsteller kann Ihnen Ihre zweite Frage nicht beantworten. Sie müssten Sie einem Politiker oder, noch besser, einem Bürger dieser Staaten stellen. Als Bürger habe ich eine Meinung zu diesem Problem, aber als Schriftsteller darf ich Ihnen nicht darauf antworten. Ein Schriftsteller sollte keinen verborgenen politischen Normenkatalog haben, den er dann dem Leser verkauft. Das wäre unehrlich; er würde das Vertrauen des Lesers missbrauchen. Andererseits ist es eine Tatsache: Die afrikanischen Politiker waren bisher unfähig, den Bürgern auch nur ein Mindestmaß von dem zu geben, was ein Staat seinen Bürgern geben soll.

Der Roman „Kinder von den Sternen“ ist ein sehr desillusionierender Roman; trotzdem ist er in einem humorvollen und auch sehr zärtlichen Ton geschrieben. Woher nehmen Sie die Kraft, in dieser Situation menschlich zu bleiben?
So lange es Leben gibt, so lange gibt es Hoffnung. Das ist mein Leitspruch.

In Ihren Romanen „Der Morgen vor der Hinrichtung“ und „Le feu des origines“ führen Sie die Begegnung der europäischen Welt mit der afrikanischen Welt vor. In beiden Büchern hat die afrikanische Welt versagt. Einmal zeigt sich das am Beispiel der gegenwärtigen Politik in Afrika, das andere Mal am Beispiel der afrikanischen Tradition. Wie beurteilen Sie zur Zeit die Begegnung der Kulturen?

Ich bin kein Historiker, aber soviel ich weiß, gibt es keine einzige Kultur, für die die Begegnung mit dem Westen glücklich verlief. Denken Sie nur an die Begegnung der Azteken mit den Konquistadoren oder an die der Aborigines mit den Australiern. Nur Japan ist gut damit fertiggeworden, aber auch bloß deshalb, weil Japan die Bedingungen für diese Begegnung selbst festgelegt hatte. Ich mache mir keine Illusionen. Senghor spricht von der universellen Zusammenkunft, „vom Geben und vom Empfangen". Ich habe eher den Eindruck, dass wir im Augenblick mitten in der größten universellen Betrügerei stecken, bei der diejenigen, die am meisten empfangen – gleichgültig, ob es um Erdöl, Minerale oder andere Rohstoffe geht – den Eindruck vermitteln, dass sie diejenigen sind, die den Armen am meisten helfen.

Kann man den Roman „Le feu des origines" auch als einen Roman über die Landflucht lesen?
Nicht als Roman über die Landflucht, sondern als Preislied auf die Schönheit der Natur, des großen tropischen Regenwalds und aller Geschöpfe, die in ihm leben.

In den Romanen „Le feu des origines" und „Kinder von den Sternen" verwenden Sie das Bild der Sterne. Erlaubt Ihnen die Astronomie, den notwendigen Abstand zum Alltag zu finden?
Wenn wir es müde geworden sind, unter der Last unserer kleinen alltäglichen Probleme am Boden herumzukriechen, sollten wir ab und an den Kopf heben, um diese kleinen leuchtenden Punkte zu sehen, die dort oben am Himmel funkeln. Sie rufen uns zu einem anderen Schicksal auf. Deshalb sind die Sterne unentbehrlich.

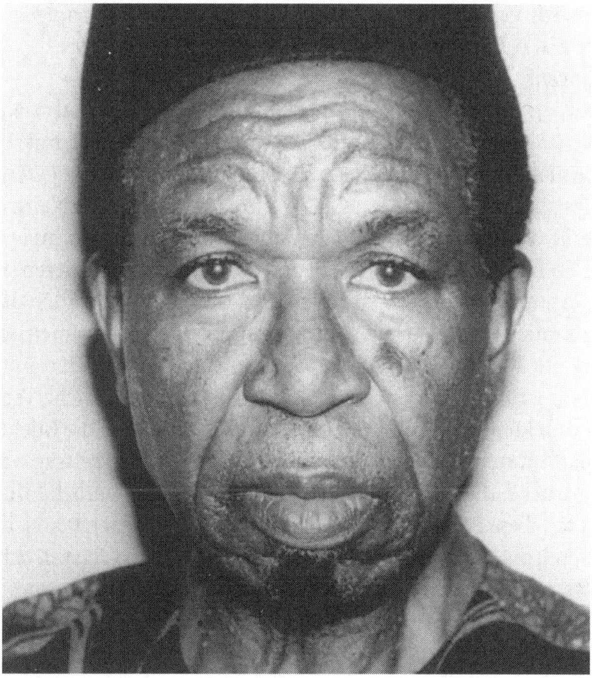

Cyprian Ekwensi

„Es kommt mir gerade so vor, als würde ein afrikanischer Autor, der nicht im Gefängnis war, nicht als Autor akzeptiert werden"

Cyprian Ekwensi, 1921 in Nigeria geboren, arbeitete nach seinem naturwissenschaftlichen Studium zwei Jahre als Förster und unterrichtete anschließend Biologie und Chemie. Zugleich schrieb er, auch für den Hörfunk, lehrreiche Kurzgeschichten und begründete mit diesen die literarische Tradition der Onitsha Market Literature. Anschließend studierte er Pharmazie in Lagos und London, blieb aber weiter für Presse und Radio tätig. Nach einer kurzen Zeit als Apotheker wurde Ekwensi Rundfunkredakteur und 1961 Direktor im nigerianischen Informationsministerium. 1967 leitete er das Informationsministerium Biafras, nach dem Krieg wirkte er als Verwaltungsrat für das Bibliothekswesen. Ab 1975 führte er einen Zeitungsverlag, bis er sich als freier Autor selbständig machte.
Ekwensi schrieb rund drei Dutzend Romane; davon liegen auf Deutsch vor: „Jagua Nana", „Der Wanderzauber", „Den Frieden überleben".

Sie haben als Verlagsleiter und Autor gleichermaßen Erfahrungen mit Presse und Buchwesen in Nigeria gemacht. Was sind Ihre Erfahrungen?
Den größten Einschnitt als Autor erlebte ich nach dem Biafra-Krieg, als die Währung und der Umtauschkurs geändert wurden. Damit wurde es für die ausländischen Gesellschaften unmöglich, mit ihren nigerianischen Niederlassungen Profit zu erzielen. Wenn diese Verlage die Nairas, die sie in Nigeria verdienten, in ihre Heimatwährung tauschten, machten sie Verlust. So hatten sie sich mit Verlegern vor Ort zu arrangieren, um Bücher in Lizenz produzieren zu lassen. Das bedeutete, dass auch die Autoren ihre Tantiemen in lokaler Währung gutgeschrieben bekamen, während sie zuvor mit ausländischer, harter Währung bezahlt worden waren. Diese Entwicklung führte aber auch zu Raubdrucken, denn manche Verleger in Nigeria drückten sich um Lizenzen und veröffentlichten die Bücher nigerianischer Autoren, die bei europäischen Verlagen unter Vertrag waren, als Schwarzdrucke; die verkauften sich gut, und sogar öffentliche Bibliotheken kauften diese Schwarzdrucke. Im Großen und Ganzen fand ich es sehr frustrierend, mit Verlegern vor Ort zusammenzuarbeiten. Ich versuchte über Jahre, das zu vermeiden und für ausländische Verlage zu arbeiten.

Wie steht es denn heutzutage um den Buchmarkt in Nigeria?
Vielleicht liegt es daran, dass einige Verleger zu viele Titel im Programm haben, denn viele Verleger versuchen nicht, ihren Buchverkauf zu forcieren, sie versuchen nicht, sie gut zu verkaufen. Großbritannien hat schon einen sehr schlechten Schnitt an verkauften Büchern; dort denkt man, dass der Leser das Buch finden muss. Amerikanische Verleger denken dagegen, dass das Buch den Leser suchen muss; sie haben alles mögliche: Bestsellerlisten, Büchertische in Buchhandlungen, Taschenbuchausgaben – sie versuchen, Bücher als Handelsware zu verkaufen und nicht nur als unantastbaren, heiligen Gegenstand, über den man nicht sprechen, sondern nur flüstern darf. Nigeria hat diesbezüglich seine eigene Form des Buchverkaufs erfunden: Wenn Sie ein Buch schreiben, dann wird es bei einer Buchpräsentation vorgestellt. Das ist eine großartige festliche Angelegenheit. Die Neuerscheinung wird von Festrednern gepriesen, gehuldigt, gelobt. Die Leute schenken dem Autor, dem Verleger Geld; sie kaufen Bücher zu einem besonderen Preis, zahlen bis zu 400 Euro für ein Exemplar, manchmal das Hundertfache des eigentlichen Preises, um dem Autor zu helfen. Viele Verleger ziehen aber daraus nur ihren Vorteil, ihren Gewinn, indem sie die Honorare senken.
Was sich gut verkauft, sind Biografien oder Autobiografien, Schul- und Sachbücher. Wenn Sie den nigerianischen Buchmarkt im Ganzen betrachten, ist er schon sehr lebendig.

Werden Bücher vor ihrer Veröffentlichung auch in Zeitungen gedruckt?
Das schon, aber die Zeitungen bezahlen dafür nicht. Sie betrachten es als Werbung für das Buch. Niemand käme in einem Zeitungsverlag auf den Gedanken, dass die Autoren damit helfen, die Zeitung zu verkaufen.

Welche Qualität hat die Literaturkritik in afrikanischen Medien?
Diese Kritiken kümmern mich nicht. Die Kritiken, die mich interessieren, sind Kritiken aus Amerika, wo man glaubt, alles über Schreiben in Afrika zu wissen, weil Schwarze unter ihnen leben. Dahinter steht aber eine Fehlorientierung, weil diese Leute die Mystik nicht verstehen, die unserem Verhalten zu Grunde liegt. Was ist afrikanische Literatur für sie? Afrikanische Literatur besteht für sie aus Menschen, die nachts ums Lagerfeuer tanzen, die jeden Satz mit einem Sprichwort würzen, die unter Strohdächern wohnen und die ganze Zeit Bananen essen – und es muss einen Dschungel geben. Aber das ist nicht afrikanische Literatur! Afrikanische Literatur ist die Psychologie des afrikanischen Gehirns, wie es sich in jeder Situation zeigt, sei es in Politik, in der Regierung oder sonstwo. Wenn Kritiker Stereotypen darüber in ihren Köpfen haben, was afrikanische Literatur sein soll, und mich darüber belehren wollen, was Literatur sein soll, dann kann ich nur lachen.

Sie schrieben Abenteuerromane, Großstadtromane, Populärliteratur, Jugendbücher. War es Ihnen wichtig, auch das nigerianische Englisch oder den Straßenslang literaturfähig zu machen?
Nein. Was ich versuche, ist, jedem Charakter im Dialog die Sprache zu geben, in der er sich in einer bestimmten Situation ausdrücken würde. Ich habe zum Beispiel in „Der Wanderzauber" keinen Slang verwendet. Ich bin ein sehr disziplinierter und technischer Schriftsteller, nüchtern-professionell in meiner Herangehensweise. Ich habe mehrere Jahre fürs Radio gearbeitet, fünf Zeitungen geleitet, 35 Bücher geschrieben, viele davon für Kinder. Meine Bücher wurden verfilmt; ich habe Drehbücher verfasst, Radiofeatures, ich habe für die BBC gearbeitet. Aber das Material, das ich zum Beispiel für „Jagua Nana" verwendete, habe ich in den Rivers States gesammelt, indem ich die traditionellen Chiefs dort interviewte, um den entsprechenden fiktionalen Teil zu gestalten. Es ist aber nicht richtig, zu sagen, ich schriebe Slang – wenn eine Figur in einem Buch von mir Slang spricht, dann deshalb, weil so jemand auch in Wirklichkeit Slang sprechen würde. Wenn dieser Jemand Anglistik-Professor wäre, würde er Queens-Englisch sprechen.

Sie veröffentlichten eine Sammlung traditioneller Erzählungen. Arbeiten Sie mit Elementen der Oratur auch in Ihren eigenen Werken?
Ja. Die meisten solcher Geschichten wurden mir von meiner Mutter erzählt, und ich brachte sie bloß zu Papier. Ich bearbeitete sie nicht, ich habe sie einfach der Reihe nach niedergeschrieben. Das war in frühen Tagen, als ich mich gern an sie erinnerte. Aber diese traditionellen Geschichten werden heute nicht mehr weitererzählt, außer im Radio; Familien erzählen diese Geschichten nicht mehr in dem Maße wie zu den Zeiten, als man bei Mondlicht unter Bäumen saß. Viele leben jetzt in der Stadt, die Urbanisierung hat sich durchgesetzt.

Wie denken Sie über das Sprachenproblem?
Dafür gibt es keine politische Lösung, sondern eine Lösungsfindung geht einher mit anderen Problemen und kann nicht isoliert gefunden werden. Ich weiß aber gar nicht, worauf sich eine Forderung nach einer einheitlichen afrikanischen Verkehrssprache beziehen soll. Es gibt eine nigerianische Sprache, die auf den drei Hauptsprachen in Nigeria beruht; ein Satz kann mit Haussa beginnen, mit Yoruba fortfahren und mit Igbo enden, oder umgekehrt. Es gibt auch das Sprachenkonstrukt Wazobia: „Wa“ bedeutet „kommen“ auf Yoruba, „zo“ bedeutet „kommen“ auf Haussa, und „bia“ bedeutet „kommen“ auf Igbo. So ist in dieser Sprache der Name Nigerias Wazobia. Eine Militärregierung wollte den Namen der Hauptstadt Abuja ändern, aber sie ist nach dem Volk Abuja benannt, und dann müsste man dieses ebenso umbenennen wie die Region. Ich weiß nicht, was derlei soll.

Zahlreiche Autoren verließen in den Jahren der Militärdiktaturen Nigeria. Dachten Sie jemals daran, Nigeria zu verlassen?
Nein. Ich bin einer dieser Autoren, die nicht glauben, dass man Regierungen bekämpfen muss, nur weil es Regierungen sind und ich ein Autor bin. Ich habe keinen Grund, die Regierung zu bekämpfen. Es kommt mir gerade so vor, als würde ein afrikanischer Autor, der nicht im Gefängnis war, nicht als Autor akzeptiert werden. Dickens war nie im Gefängnis, Tolstoi war nie im Gefängnis, Dostojewskij war nie im Gefängnis. Ich habe eine Reihe politischer Romane geschrieben, ich schrieb ein Buch für Aufbauschulen, in dem ein Armeeoffizier den König absetzt und sich selbst zum König erklärt. Ich schrieb einen Roman, der in Südafrika spielt, aber von den Entwicklungen dort bald überholt wurde. Das ist das Problem bei politischen Themen: Man muss schnell schreiben, schnell veröffentlichen, und selbst wenn das Buch früh auf dem Markt ist, aber sich die Situation dann verändert, ist das Buch inhaltlich veraltet. Daher fin-

de ich, dass politische Romane gewöhnlich versagen, wenn sie nicht langfristig angelegt sind wie „Onkel Toms Hütte“ von Harriet Beecher-Stowe. Aber der gewöhnliche Roman über gewöhnliche Menschen überdauert, vor allem der Charakterroman. Wenn Sie mich fragen würden, ob ich jemals im Gefängnis war, könnte ich stolz antworten, dass ich nie im Gefängnis war. Ich bin stolz, das sagen zu können, weil es meinen Beitrag als Schriftsteller nicht schmälert. Viele von uns nigerianischen Autoren wechseln, statt die Regierung direkt zu bekämpfen, in die Gattung der Parabel, zur Allegorie. Sie benutzen Tiere als Charaktere; wenn sie den Präsidenten treffen wollen, machen sie einen Frosch aus ihm, wenn sie Außenminister treffen wollen, machen sie eine Schlange daraus. Schlange und Frosch werden im selben Roman auftreten; niemand fragt nach ihren Namen oder dem Namen des Landes – das ist die Kunst eines professionellen Schriftstellers.

Wurden Ihre Bücher jemals zensiert?
Nein.

Wenn Sie an Autoren denken, die das Land verließen, finden Sie dann, dass das Exil den Stil dieser Autoren veränderte?
Ich habe verschiedene Theorien über Autoren im Exil. Je länger sie im Exil bleiben, desto isolierter sind sie von dem Material, das sie zu dem macht, was sie sind. Man ist afrikanischer Schriftsteller, weil man ein Schriftsteller ist, der in Afrika lebt. Wenn man in Europa lebt, wird das nicht Afrika sein, obwohl die Begegnung der Kulturen als Thema in Europa immer wichtiger wird. Aber die Schriftsteller, die im Exil leben, sind vor allen Dingen nicht dazu ausgerüstet, um konkret eine ganze Regierung zu bekämpfen, wie falsch diese Regierung auch immer sein mag – es sei denn, sie können sympathisierende Helfer gewinnen, die im Land bleiben und eine Armee bilden, aber ich weiß nicht, wie das gehen soll. Es gibt aber ohnehin verschiedene Formen des Exils: Das freiwillige Exil, in das sich amerikanische Autoren gern begeben haben, als sie nach Paris gingen. Hemingway ging hin, oder Henry Miller, der Menschen aus verschiedenen Schichten begegnen wollte. Das freiwillige Exil kann man jederzeit beenden, wenn man will. Die andere Form des Exils hängt von den Umständen zu Hause ab. Ob man ein Verbrechen beging, ein gesuchter Verbrecher ist und nicht gefasst werden will. Oder ob sich die Gesellschaft in einer Weise gewandelt hat, dass man in Widerspruch zu ihr steht und die politische Situation nicht ertragen kann. Diese Formen des Exils enden nur, wenn das Regime, das einen jagt, abgesetzt wird.

Buchi Emecheta

„Ich schreibe über Nigerianer zu Hause und in der Diaspora“

Buchi Emecheta ist die am meisten gelesene Autorin Afrikas. Die 1944 geborene Emecheta wurde früh verheiratet und folgte ihrem Mann nach Großbritannien, wo sie zu schreiben begann. Ihr Mann verbrannte indessen Emechetas erstes Manuskript.
Mittlerweile liegen knapp zwei Dutzend Romane von Emecheta vor, und in deutscher Sprache sind „Das Sklavenmädchen“, „Die Geschichte der Adah“, „Zwanzig Säcke Muschelgeld“, „Der Ringkampf“, „Gwendolen“ und „Kehinde“ erschienen.

Die Frauenfiguren in ihren Büchern sind gewöhnlich voller Kraft, haben Erfolg, bewältigen die schlimmsten Situationen. Setzt das nicht auch Leserinnen unter Druck, die weniger stark, weniger erfolgreich sind? Oder sind diese Figuren Modelle?
Es kann beides zutreffen. Zum einen können Leute eifersüchtig werden auf Frauen, die ihr Leben meistern, und zum anderen gibt es Leute, die sagen: Gut, wenn diese Frau das schafft, dann kann ich das auch – wenn diese Frau ein Buch schreibt, dann kann ich das auch. Das hängt von der jeweiligen Person ab. Nigerianische Frauen sind im Allgemeinen stärker als ihre europäischen Schwestern, weil sie schon von ihrer Kindheit an für sich selbst verantwortlich sind. Und wenn sie heiraten und der Mann seine Pflichten nicht erfüllt, dann wird nicht der Mann getadelt, sondern die Frau. Und es wird erwartet, dass sie zum Haushalt beiträgt. Wenn sie nur Kinder haben will, wird man sagen, sie sei faul. Das Heim allein genügt nicht. Selbst in Dörfern wird erwartet, dass Frauen zum Beispiel noch Holz verkaufen – das ist in unserer Kultur so üblich.

Männer werden in Ihren Büchern selten positiv dargestellt. Ist das eher Realismus oder Fiktion?
Die Männer sind sehr realistisch dargestellt, etwa in dem Buch „Kehinde", in dem der Mann ein Haus, eine Unterkunft sucht, bevor seine Familie nachkommt. Aber bevor seine Frau da ist, geht er schon eine Beziehung mit einer anderen Frau ein. Das kommt sehr häufig vor.

Würden Sie sich als Feministin bezeichnen?
Nein, ich bin Autorin, eine Frau aus Nigeria, die schreibt, und in den meisten meiner Bücher sind Frauen die Hauptfiguren – manchmal auch schlechte Frauen.

In „Kehinde" träumt die Frau, nachdem sie von London zurück nach Lagos kam, davon, doch wieder in London zu sein. Sie leben seit langem in London. Fühlen Sie sich eher als Nigerianerin oder als Britin?
Mein Traum ist es, mich zu fühlen wie die Frau in dem Buch: eher nigerianisch. Ich besuche Nigeria häufig. In England werde ich jedenfalls als nigerianische Autorin bezeichnet, die in Großbritannien lebt. Ich schreibe über die Nigerianer zu Hause und in der Diaspora. Aber wenn Sie im mittleren Lebensalter an einen Ort kommen und sich vorstellen, dort die nächsten 30 Jahre zu bleiben, dann ernüchtert das den Enthusiasmus.

Könnten Sie sich denn vorstellen, nach Nigeria zurückzukehren?
Ja, das kann ich mir wirklich vorstellen, auch wenn ich mir nicht vorstel-

len kann, wo ich mich dort niederlassen werde. Aber ich denke, dass ich eines Tages nach Nigeria zurückkehren werde.

Was empfinden Sie gegenüber dem Nigeria von heute?
Den Berichten zufolge, die wir außerhalb erhalten, gibt es dort eine hohe Arbeitslosigkeit. Die Verteilung des Wohlstands ist nicht sehr gerecht, aber das ist nicht nur in Nigeria so, dass der Reichtum nicht gleichermaßen verteilt ist. Die Jungen sind sehr ehrgeizig, zu Hause wächst ihnen das Gras über die Füße; viele wollen Nigeria verlassen, was man ihnen nicht vorwerfen kann, denn sie wollen nur, dass es ihnen besser geht.

Aminata Sow Fall

„Die materiellen Dinge allein reichen nicht aus, um die Identität und die Würde eines Menschen zu formen“

Die Senegalesin Aminata Sow Fall, Jahrgang 1941, studierte Literaturwissenschaften in Paris und unterrichtete anschließend als Gymnasiallehrerin. Sie war Präsidentin des senegalesischen Schriftstellerverbands und gründete 1987 das Centre Africain d'Animation et d'Échanges Culturels. Sow Fall erhielt den Grand Prix Littéraire de l'Afrique Noire und gilt als profilierteste Autorin Senegals.
In deutscher Sprache liegen ihre Romane „Der Streik der Bettler“, „Die wundersame Verwandlung des Bakar Diop“, „Der Sonnenpräsident“ und „Die Rückkehr der Trommeln“ vor.

Sie haben sich auf vielfache Weise um die Literatur ihres Landes verdient gemacht und auch den Verlag Edition Koudia gegründet. Mit Erfolg?
Es ist zumindest kein Reinfall, und ich weiß wohl, dass man immer besser arbeiten kann – zum Beispiel müsste man mehr Bücher verkaufen, man müsste die größtmögliche Zahl von Autoren verlegen. Aber der Markt ist zusammengebrochen. Als ich den Verlag gründete, tat ich es weniger unter wirtschaftlichen, sondern vielmehr unter idealistischen Gesichtspunkten: Um zu erreichen, dass die Leute die selbe Aufmerksamkeit aufbringen für Bücher und Verlage wie für das Essen. Ich wollte die Haltung verändern, dass es zum Überleben nur Essen braucht und materielle Dinge, und verdeutlichen, dass auch die Kreativität und die geistigen und intellektuellen Bedürfnisse sehr sehr wichtig sind. Meiner Meinung nach sogar wichtiger, denn die materiellen Dinge allein reichen nicht aus, um die Identität und die Würde eines Menschen zu formen.

Wie findet man denn seine Identität in diesen Zeiten der Vermischung der Kulturen?
Wenn jemand seine Kultur abstreift, in der Annahme, dadurch Vorteile zu erlangen, dann wird er sein ganzes Leben damit verbringen, sich zu suchen. Er wird sein Gleichgewicht weder in der Kultur finden können, die er verlor, noch in der Kultur, die er annimmt und die ihm meiner Ansicht nach nicht ersetzen kann, was er braucht.
Sicherlich liefert die Kenntnis anderer Kulturen auch Vorteile, aber diese Vorteile kann man nur erkennen, wenn man selbst im Gleichgewicht ist. Man muss sich darüber im Klaren sein, dass man nur man selbst sein kann, wenn man das, was man aus anderen Kulturen lernen kann, in seine eigene Kultur, in seine eigene Identität integriert. Eine andere Kultur sollte einen nicht überwältigen, so dass die eigene Kultur verarmt, sondern bereichern.

Welche Rolle spielt Oratur in Ihrem Werk, zum Beispiel in „Der Sonnenpräsident"?
Oratur ist allgegenwärtig in meinen Texten. Zuerst durch die Geschichten, die ich erzähle, dann durch die kulturellen Bezüge, die in der Oratur liegen – Sprichwörter, Bezüge auf übersinnliche Kräfte – sowie durch die Sprache. Ich unterrichte moderne Literatur, und wenn ich meine Romane schreibe und meine Personen erschaffe, dann lasse ich sie sprechen, wie Menschen aus den betreffenden Kreisen eben sprechen. Zum Beispiel im „Streik der Bettler": Ich verwende darin keine akademische Sprache, sondern ich lasse die Figuren so sprechen, wie Menschen aus diesem kulturellen Umfeld sprechen. Ich adaptiere das Niveau und die Struktu-

ren der jeweiligen Sprache, und so versuche ich auch, das Französische nach den Strukturen meiner Sprache anzunehmen.

Damit sind wir beim so genannten Sprachenproblem. Wie halten Sie es damit: Schreiben auf Französisch oder Wolof?
Sprache heißt immer: gesprochene Sprache. Ich hatte nie Probleme, auf Französisch zu schreiben, denn ich denke daran, dass das, was ich auf Französisch schreibe, in aller Welt gelesen werden kann. Für mich stellt das also kein größeres Problem dar, aber es gibt auch geringere Probleme. Manchmal gibt es für bestimmte Dinge, die man in einer Sprache ausdrücken will, die nicht die Muttersprache ist, keine Worte! Ich versuche dann, Mittel zu finden, um dieses Hindernis zu überspringen, aber es kann durchaus sein, dass mein französisches Pendant diejenigen nicht zufrieden stellt, die den entsprechenden Begriff meiner Sprache kennen.

Welche Rolle spielen Ihrer Meinung nach Frauen bei der Demokratisierung in Afrika?
Ich bin nicht politisch engagiert, habe nie Politik gemacht, habe in keiner Partei Politik gemacht, weil ich denke, dass ich persönlich keine Kompetenz habe in diesem Bereich. Ich versuche, auf meine Weise für mein Land und auch für mich zu arbeiten, quer durch Kultur und Kulturen. Die Frauen spielen dabei eine bedeutende Rolle – auch in den politischen Parteien; Frauen sind omnipräsent, auch da, wo Politik gemacht wird. Wenn Frauen sich engagieren, bringen sie Energie und Engagement mit. Nun fehlt aber noch, dass sie selbst auch gewählt werden, dass sie politische Schlüsselpositionen erhalten, in denen sie noch eine Minderheit darstellen, was nicht gerechtfertigt ist. Dafür kämpfen sie zur Zeit in den verschiedenen politischen Parteien, um bessere Funktionen zu erlangen.

Nuruddin Farah
„Literatur ist ein moralischer Grundstein für Gesellschaften"

Nuruddin Farah, in Somalia 1945 zur Welt gekommen, ist ein Weltbürger, der in Indien Literatur und Philosophie studierte, in Italien und vielen afrikanischen Ländern lebte, in den USA und Deutschland unterrichtete und derzeit in Südafrika zu Hause ist.
Farah bekam zahlreiche Literaturpreise, darunter den Neustadt Literaturpreis, und fast sein ganzes Werk liegt in deutscher Übersetzung vor: „Aus einer gekrümmten Rippe", „Wie eine nackte Nadel", „Bruder Zwilling", „Tochter Frau", „Vater Mensch", „Maps", „Duniyas Gaben", „Geheimnisse".

Ihr jüngster Roman „Geheimnisse" schließt eine Trilogie ab. Worum geht es?

Der Roman „Maps" ist der erste Teil dieser Trilogie. „Duniyas Gaben" stellt den mittleren Teil dar, „Geheimnisse" den dritten Teil. Wenn ich Trilogie sage, dann heißt das nicht, dass alle Charaktere überall vorkommen, aber diese drei Romane teilen eine Reihe Gemeinsamkeiten: Erstens sprachlicher Art und zweitens wird beispielsweise in jedem der Romane auf irgendeine Art und Weise ein männliches Baby gefunden, wobei die Geschichte natürlich einen jeweils anderen Verlauf nimmt.
In „Maps" ist Somalia in den Befreiungskrieg um Ogaden verwickelt: Somalia, die Somalier, fallen in Äthiopien ein und werden geschlagen; sie kehren besiegt nach Somalia, Mogadischu, zurück. Somalia verliert aber nicht nur den Krieg, sondern diese Niederlage verursacht wirtschaftlichen Niedergang, und unter diesem Debakel leidet das Land in weitaus größerem Maße. Daraus erwächst eine kritische Situation, weil Hunger, Unterernährung und wirtschaftliches Missmanagement deutlicher in den Vordergrund treten. Daraus resultiert die Abhängigkeit Somalias von Hilfe aus dem Ausland, worum es in meinen Roman „Duniyas Gaben" geht. Die Frage ist, wie Sie wissen: Ist Hilfe aus dem Ausland ein Geschenk? Wer bittet darum, wer profitiert davon? „Geheimnisse" schließlich handelt vom Kollaps Somalias in Anarchie. Der Roman setzt etwa zwei Wochen vor dem entscheidenden Zusammenbruch Somalias ein und ist in dieser angespannten Situation ein Rückblick auf die Geschichte. Eine der Hauptfiguren ist ein 84-jähriger Mann, der verschiedene Epochen der somalischen Geschichte miterlebte; sein Enkel steht für die Gegenwart.
Die drei Schlaglichter der drei Romane sind also: Eine Explosion im Ausland – der Krieg; ein Debakel – die Niederlage; der Rückzug – eine Implosion. Das andere Verbindende in diesen drei Büchern ist die Idee des Verwaistseins. Siad Barre, der als Diktator dieses hässliche Image von Somalia schuf, bezeichnete sich selbst als „Vater der Nation". Aber in dieser Trilogie wird die Nation zum Waisen. Dem Diktator als „Vater" gelingt es nicht, seine Nation zu ernähren, ihm gelingt es nicht, seine Nation auf den richtigen Weg zu führen. Deshalb gibt es in dem ersten Roman „Maps" ein Waisenkind, ein Kind, dessen Eltern nicht bekannt sind; im zweiten Teil über Lebensmittelhilfe, „Duniyas Gaben", wird ein männlicher Säugling in einem Korb gefunden, und in dem dritten Buch „Geheimnisse" geht es um die Frage der Vaterschaft.

Sie erwähnten bereits Ihren Roman „Duniyas Gaben", in dem sie die psychologischen Folgen der humanitären Hilfe thematisieren. Wie habe ich mir derlei Folgen denn vorzustellen?

Es gibt ein Buch eines französischen Philosophen namens Marcel Mauss mit dem Titel „Geschenke". Die Idee dabei ist, erstens das Wesen eines Geschenks unter die Lupe zu nehmen: Von wem kommt ein Geschenk, wem wird ein Geschenk gegeben? Zweitens herauszufinden, wie der Austausch erfolgt: Wenn Menschen, die ein Geschenk austauschen, nicht gleich, ebenbürtig sind, dann hat das Geschenk verschiedene Bedeutungen. Wenn amerikanische oder europäische Regierungen sagen, dass sie Afrika ein Geschenk machen wollen in Gestalt von Hilfe aus dem Ausland, dann geht damit gewöhnlich zweierlei einher: Die Afrikaner sind nicht in der Position, in der sie bestimmen können, was sie erhalten; und die Hilfe aus dem Ausland zementiert und schafft Abhängigkeit. Wenn Leute, die es gewohnt waren, selbst für ihre Nahrung zu sorgen – selbst mit noch so simplen Methoden –, nach einer Hungerperiode amerikanischen Langkornreis und Weizen und Kekse erhalten, Dinge, die man sich sonst nie leisten konnte, dann untergräbt das ihre Achtung vor sich selbst, lässt sie psychologisch gesehen sinken. Man muss den Leuten etwas Ähnliches geben im Vergleich zu dem, was sie selbst anbauen, so dass eine Kontinuität in ihrem Leben erhalten bleibt. Wer feinen Langkornreis geschenkt bekommt, wird keinen eigenen, vielleicht weniger schmackhaften, mehr essen wollen.

Ein Beispiel dafür, wie mit Ernährung Politik gemacht wird, wie Bedürfnisse erzeugt werden: Als in Somalia Dokumentarfilme gezeigt wurden – erst durch die Italiener und dann durch die Briten –, zeigten die Italiener ihre faschistische Propaganda, indem sie jedem, der zu den Dokumentarfilmen kam, ein Glas Milch und etwas Brot gaben. Die Leute kamen sich den Film anschauen, nicht etwa, weil sie sich für ihn interessierten, sondern weil sie sich für Brot und Milch interessierten. Sechs Monate später wurde das Brot gestrichen; weitere sechs Monate später wurde auch die Milch gestrichen. Eineinhalb Jahre später mussten die Leute, die zu den Filmen kamen, Eintritt bezahlen.

Mein Buch leuchtet aber auch den persönlichen Bereich von Geschenken aus, etwa zwischen somalischen Familien. Wenn zwei Familien streiten und dabei jemand verletzt wird, dann verheiraten sie sich untereinander, so dass über die Heirat eine Familienbeziehung, eine gute Beziehung zwischen den beiden Familien geschaffen wird.

Weil wir gerade bei dem Thema Abhängigkeit sind: Wie könnten sich afrikanische Staaten selbst helfen, ohne abhängig zu werden von Hilfe aus dem Ausland? Wie könnte es ihnen gelingen, diese Hilfe zu steuern?

Das wird sehr schwierig, denn es gibt eine Industrie von Nicht-Regierungsorganisationen, die in manchen afrikanischen Ländern in der Tat einflussreicher sind als die Regierungen. Menschen fliegen mit ihren Brief-

taschen zu den – korrupten – Regierungen und versprechen Lebensmittelhilfe, wenn diese etwas für das Volk tun. Aber wenn das Oberhaupt irgendeiner afrikanischen Regierung sein Land nicht managen kann, dann sollte diese Regierung nicht weiter damit betreut werden, die Geschicke des Landes zu leiten, und keine ausländische Regierung sollte eine solche Regierung unterstützen! Ich kann es akzeptieren, wenn es darum geht, ein oder zwei schwierige Jahre zu überbrücken, aber dann ist Schluss! Das ist die moralische Verantwortung der internationalen Gemeinschaft, die moralische und politische Verantwortung, nicht einfach die Hungrigen für immer zu füttern. Wenn man einen jungen Menschen in einem Haus hat, füttert man den auch nicht ewig durch, sondern weiß, dass dieser eines Tages das Haus verlassen wird.
Zudem wird die Mehrheit der Nahrungsmittelhilfe doch oft insofern beschafft, als zum Beispiel die USA eine Überproduktion etwa an Reis aufkaufen und woanders abladen. Es geht da um Preisstabilität, aber nicht um Hilfe. Das ist unmoralisch! Unmoralisch auch, weil die Afrikaner dann beginnen, Hilfe zu erwarten – und damit verlieren sie ihre Selbstachtung. Im Koran heißt es: Die Hand, die oben ist, ist derjenigen vorzuziehen, die unten ist – die gebende Hand steht einem besser zu Gesicht als eine Hand, die sich beschenken lässt!

In Ihren Romanen, beginnend mit „Aus einer gekrümmten Rippe", spielen Frauen eine sehr bedeutende Rolle. Wie hoch schätzen Sie den Anteil, den Einfluss der Frauen im Demokratisierungsprozess afrikanischer Staaten?
Lassen Sie mich besonders auf Somalia eingehen und auf meine nächste Familie. Bevor der Bürgerkrieg in Somalia ausbrach – ich habe vier Brüder und fünf Schwestern –, machten meine Brüder und Schwestern mehr oder weniger das Selbe. Aber erst in schwierigen Zeiten stellt man fest, wer gut arbeitet und wer nicht, und als der Krieg begann, brachen meine Brüder und mit ihnen drei Viertel der Männer in Somalia zusammen, hielten ihre Köpfe zwischen den Händen und wussten nicht mehr, was sie tun sollten. Traditionell und historisch gesehen sind sie von der Vorzugsbehandlung verdorben worden: Männer gingen zur Schule, bekamen die besten Jobs. Als die Dinge sich zum Schlechten wandten und manche Männer natürlich nicht in den Krieg ziehen und kämpfen wollten, wussten diese Männer nicht mehr, was sie tun sollten. Frauen haben sich im Bürgerkrieg als die stärksten Persönlichkeiten herausgestellt. Jede Familie, die nur eine Tochter hatte, überlebte, kam durch. Diejenigen Familien mit einer Tochter hatten weit bessere Chancen, durch den Bürgerkrieg zu kommen. Wenn sie nur fünf Jungen und kein Mädchen hatten, überlebten diese Familien manchmal nicht.

Ich interessiere mich deshalb für die Situation der Frauen, weil Frauen stärker als Männer sind. Wir sollten die Energie, die wir haben, nicht an nutzlose Männer verschwenden, sondern für Frauen nutzen, die uns von der Kraft profitieren lassen, die wir in sie investieren. Sind sie fähig, zur Demokratie beizutragen? Zumindest in Somalia sind sie dazu fähiger als die meisten Männer! Die somalischen Familienverhältnisse drehen sich um die Männer, aber Frauen fühlen sich durch eine Clanzugehörigkeit nicht so sehr gebunden wie Männer – und daher neigen Frauen in Somalia eher dazu, vernünftig vorzugehen. Wieder ein Beispiel: Meine Mutter handelte deutlich überlegter, wenn gesunder Menschenverstand gefragt war oder wenn es Schwierigkeiten gab, als mein Vater, der stets seine Wut ausleben, etwas beweisen wollte. Meine Mutter reagierte eher nach dem Motto: Komm, setz' dich und wir denken nach, wie eine Auseinandersetzung vermieden werden kann und wir trotzdem erreichen, dass die Dinge zu unseren Gunsten verlaufen. Das aber ist demokratisches Verhalten, auch wenn ich nun sehr verallgemeinere. Der zu Grunde liegende Begriff ist Toleranz. Erdulde die andere Person, selbst wenn du nicht mit ihr übereinstimmst, aber ihr beide habt einen berechtigten Standpunkt. Mehr und mehr Frauen in Somalia haben diesen Sinn für Toleranz – im Gegensatz zu den Männern. Frauen sind ehrlicher, betrügen weniger, während einem Männer eher ein Messer in den Nacken rammen, um Kanzler oder Universitätsprofessor oder sonst etwas zu werden. Deshalb denke ich, es ist das Beste, was wir tun können: In Frauen zu investieren statt in Männer.

Ihr zweiter Roman „Tolow Wa Talee Ma", ein Fortsetzungsroman, wurde 1973 in der Zeitung Somali News nur unvollständig abgedruckt. Warum?

In meinem Roman ging es um die jungen Menschen in Mogadischu, um die Krise, die entstand, als die Menschen in die Stadt strömten und arbeitslos blieben. Es ging um diesen Wandel, die Landflucht – zu jener Zeit setzte viel Neues ein, ohne dass es dafür eine Vorbereitung gab. Ich wollte damals die Leute warnen vor dem kommenden Desaster. Ich argumentierte, dass wir die Menschen in die Lage versetzen sollten, in ihren Kleinstädten in der ländlichen Umgebung zu bleiben, anstatt sie alle zu ermutigen, in die Großstadt zu ziehen, also nach Mogadischu.

Ich schrieb den Roman in Fortsetzungen; er erschien, glaube ich, immer mittwochs, und am Freitag schrieb ich ihn weiter, und manchmal hatte ich nur zwei Abschnitte fertig. Die Veröffentlichung wurde eingestellt, weil jemand ein oder zwei Kapitel nicht besonders mochte. Diese Zeitungen wurden aus dem Verkehr gezogen. Der Roman, dessen Titel nicht übersetzt werden kann, weil ich ihn sonst gleich auf Englisch geschrieben hätte, wurde daher nie fertig, aber vielleicht werde ich ihn eines Tages vollenden.

In Ihren Romanen verwenden Sie Elemente der Oratur. Wie groß ist der Einfluss der Oratur auf Ihr Werk?
Oratur ist ein Meilenstein in meinem Werk, ein Wegweiser zu der Art, in der ich denke. Wenn ich gefragt werde, ganz allgemein zwischen europäischer und afrikanischer Literatur zu unterscheiden, dann würde ich sagen, dass es die Sprichworte, Allegorien und Legenden sind, wie sie früher auch in der europäischen Literatur üblich waren und die aus der oralen Literatur kommen und Ihnen helfen, etwas ganz Bestimmtes auszudrücken. Wenn Sie einen Standpunkt verdeutlichen wollen, ziehen Sie ein Sprichwort aus der Tasche oder Sie erinnern an ein Märchen. Auf der Bühne sind Sprichworte besonders wichtig, denn mit ihnen kann man Szenen verdeutlichen und sogar beenden. Es ist eine Art, eine Konversation zu beenden. Es wird für mich schwierig, wenn ich Charaktere beschreibe, die einen solchen Schatz an Sprichworten nicht haben können; sie wirken dann leicht banal. So, als würde ein Kirchgänger keinen Hut tragen – er würde sich nackt fühlen.

Kann man von einer Lesekultur in Afrika sprechen?
Es gibt keine besonders entwickelte Lesekultur. Das liegt daran, dass sogar die Menschen, die lesen und schreiben können, wegen der wirtschaftlichen Schwierigkeiten immer weniger lesen. Wenn jemand sich entscheiden muss, entweder ein Buch oder eine Mahlzeit zu kaufen, dann ist es nur vernünftig, sich für die Mahlzeit zu entscheiden. In vier, fünf Jahren, wenn sich die Dinge besser entwickeln sollten, dann kann man sich ein Buch kaufen. Es ist eine Frage zwischen Leben oder Tod. Aber die erhältlichen Bücher zirkulieren, werden herumgereicht. Man weiß, wer welches Buch hat, und gewöhnlich leiht man sich die Bücher gegenseitig aus, und so kommen auch zu mir Leute, die sich ein Buch ausleihen wollen, weil sie es sich zu kaufen nicht leisten können. Dann mache ich auch kein großes Aufsehen, wenn sie sich ein Buch von mir kopieren, denn die Situation ist wirklich sehr schlecht für die Leute.

Sie haben noch eine weitere, frühere Romantrilogie geschrieben: „Bruder Zwilling", „Tochter Frau" und „Vater Mensch". Es ist eine Trilogie über Diktaturen in Afrika – welche Facetten beleuchten sie damit?
„Bruder Zwilling" konzentriert sich auf die ersten Jahre der Diktatur in Somalia, auf die Jahre 1971 bis 1975. Das zentrale Thema dieses Romans wie der ganzen Trilogie ist die Situation einer Familie unter einer Dikta-

tur. Wie sehr trägt die Struktur der Familie, so, wie wir sie aus Somalia kennen, zum Machterhalt einer diktatorischen Autorität bei? Wie viel trägt der Vater zur Errichtung dieser hässlichen Realität bei? Auch in „Tochter Frau" wird diese Frage aufgeworfen, aber von einem anderen Standpunkt aus. Darin geht es um die Position der Frauen in einer Diktatur, ihre Komplizenschaft. Wie verhält sich etwa die Frau eines Mannes, der in einem diktatorischen Regime Minister wird? Wie schlecht werden Frauen in dieser diktatorischen Gesellschaft und unter einer autoritären Regierung behandelt? In „Vater Mensch" dagegen wird danach gefragt, ob man unter Bezug auf die Hauptpunkte des islamischen Glaubens Gewalt rechtfertigen kann. Kann man einen Diktator töten? Begegnet man Gewalt mit Gewalt?

Kann Literatur grundsätzlich zur Bildung einer Nation beitragen?
Ja. Ich könnte mir Deutschland nicht ohne Goethe oder Günter Grass vorstellen. Ich könnte mir das heutige Deutschland nicht ohne Hans Magnus Enzensberger vorstellen. Die Frage ist, ob uns die Intellektuellen zeigen, wohin wir gehen. Sie helfen auch in Perioden des Wandels. Aber man wird mehr als nur einen Schriftsteller brauchen und vielerlei verschiedene Standpunkte und Aspekte. Sie alle zusammengenommen formen die Geschichte, die sich vollzieht und vollzog. Jemand, der literarisch schreibt, also etwa ein Romanautor, der erlaubt vielfältigen Ideen und Gedankenspielen, durch ihn hindurch in sein Werk zu fließen. Das unterscheidet ihn von Journalisten, die die Dinge so niederschreiben müssen, wie sie geschahen. Romanautoren arbeiten langfristiger und hoffen, dass das, was sie schreiben, auch langfristig lesbar bleibt. Man nimmt Distanz und kann etwas aus verschiedenen Perspektiven betrachten – das ist das Gute an Literatur, und entsprechend hoffe ich, dass meine Arbeit lange lesbar bleibt. So wird Literatur zu einem Führer durch die Geschichte. Literatur ist ein moralischer Grundstein für Gesellschaften. In Somalia ist es aber eher die Poesie in ihrem alten oralen Gewand, die wichtig ist und noch wichtiger wird.

Sie haben weltweit in zahlreichen Ländern gelebt. Was halten Sie von der Vermischung der Kulturen?
Ich mag einen Spruch des Propheten Mohammed über die beste Art zu lernen: reisen. Aber reisen mit einem offenen Sinn, mit einem Blick, zu lernen, mit einem Blick, Erfahrungen zu teilen. Es ist ein Erlebnis, mit dem Zug zu fahren, es ist ein Erlebnis, Geschichten anderer Menschen zu hören. Ich lerne sehr viel auf meinen Reisen. Es ist eine sehr bereichernde Erfahrung, wenn jemand aufgeschlossen ist. Es gibt Leute, die ihre Sinne verschließen und auf Reisen gehen: typischerweise der Tourist, der nach

Kenia fährt, um Tiere zu sehen oder Fotos zu machen; dieser Tourist wird, weil seine Sinne versperrt sind, überhaupt nichts sehen oder wahrnehmen. Ich war immer daran interessiert, in verschiedenen afrikanischen Ländern zu leben, aber ich hatte auch immer die Gelegenheit, in einigen europäischen Ländern zu leben einschließlich Deutschland – was aber auch wütend machende Augenblicke mit sich bringt. Ich denke, dass die Leute hier davon profitieren würden, offener gegenüber den Leuten zu sein, die in ihrer Mitte leben, den Türken, den Algeriern und den Afrikanern, und dass sie daran denken sollten, wie viele Millionen Menschen dieses Land verließen in den vergangenen 60 Jahren. Wenn man diese konstanten Bewegungen nicht zulässt, wenn man darauf bestehen würde, dass die Leute dort bleiben oder dorthin zurückkehren sollen, wo ihre Großeltern geboren wurden, wenn dann auch jeder Deutsche, wo immer er gerade sein mag, nach Deutschland zurückkehren müsste, dann gäbe es keinen Raum für diese Menschen.

Zurück nach Somalia und zum internationalen Engagement – humanitärer und militärischer Art. Was halten Sie von dem Militäreinsatz der USA und Deutschlands in Somalia vor einigen Jahren?
Es war ein Desaster und eine Folge daraus, dass die Beziehung zwischen Somali und Amerikanern und die Beziehung zwischen Somali und Deutschen nie zuvor funktionierte. Man kann nicht einfach Leute mit Waffen in ein Land schicken und erwarten, dass sie sich dort besser verhalten als es für die bisherige Beziehung üblich ist. Was würden deutsche Polizisten machen, die um Mitternacht einem Schwarzen begegnen, der allein unterwegs ist? Sie werden ihn nicht gerade gut behandeln, ihm mit einer rassistischen Haltung begegnen. Wenn die deutsche Armee oder ein amerikanischer Offizier nach Somalia geschickt wird, werden diese Soldaten in Somalia keine andere Einstellung haben als diese Polizisten. Außerdem: Eine humanitäre Hilfe von Seiten der UN-Mission gab es nicht. Es haben nur ein paar Leute Geld gemacht im Sinne der erwähnten „Geschenke", aber derlei ist ein Gift.

Ist es richtig, dass Sie gerade wieder an einer neuen Trilogie schreiben?
Ja, die neue Trilogie – ich hoffe, dass es eine Trilogie wird – spielt in ihrem ersten Teil zur Zeit des Bürgerkriegs zwischen 1992 und 1994 und schildert das Kommen und Gehen der Amerikaner. Ich hoffe, ich finde auch für die danach folgenden Perioden, die folgenden zwei Bücher, die nötige Inspiration.

Axel Gauvin

„Eine Liebesgeschichte zwischen mir und meinem Volk"

Der französische Romancier, Poet und Chansonnier Axel Gauvin lebt auf seiner Heimatinsel La Réunion. Er wurde 1944 geboren, studierte Biologie und Geologie in Paris und plädierte für eine Autonomie La Réunions. Er arbeitet dort als Gymnasiallehrer und engagiert sich für die kreolische Kultur. Gauvin erhielt den Guck-mal-Preis, die Blaue Brillenschlange und den Literaturpreis von Radio France Outre-Mer.
In deutscher Sprache liegen seine Romane „Kindheitshunger" und „Wenn du aufwachst bin ich da" vor.

Heutzutage ist Globalisierung das große Thema, aber zugleich spricht man über den Krieg der Kulturen und über die Begegnung, die Vermischung der Kulturen. Was halten Sie von dieser Diskussion?
Für mich ist das eine fundamentale Frage. In meinen Augen gibt es nur eine menschliche Gattung, und – ohne bizarr klingen zu wollen – es gibt in meinen Augen nur eine Art menschlicher Kultur, wenngleich in verschiedenen Erscheinungsformen. Das Wesentliche der Gefühle drückt sich immer in der selben Weise aus. Natürlich gibt es Unterschiede zwischen den Kulturen, etwa was die Art der Landwirtschaft oder den Grad der Industrialisierung betrifft, aber die gemeinsamen Berührungspunkte in den Köpfen der Menschen überwiegen, und deshalb spreche ich, was vielleicht bizarr klingt, von einer einheitlichen Kultur in ihrer Vielfalt. Man muss sich zum ersten eingestehen, dass die Anderen uns ähneln; man muss zweitens zugestehen, dass wir in einer einzigen Welt leben und dass wir alle zur Gattung Mensch zählen. Man sollte die Besonderheiten dieser Gattung schätzen und sich dafür einsetzen, dass die Originalität der verschiedenen Kulturen weiterbesteht.

Wie ist das auf La Réunion? Fühlt man sich dort als Franzose oder speziell als Réunionnais?
Nun, ich kann nicht für die Mehrheit der Bevölkerung sprechen. Ich denke, dass es im Großen und Ganzen gesehen Leute gibt, die sich zuerst als französisch empfinden, dass es welche gibt, die sich als réunionnais und französisch sehen, und dass es welche gibt, die sich allein als réunionnais betrachten. Was mich betrifft, so verstehe ich mich als Weltbürger und als Bürger in der Vielfalt La Réunions. Ich bin französischer Nationalität, und selbst wenn es andere Nationalitäten gibt, die vielleicht noch freiheitlicher sein mögen, so würde ich mich nicht darum prügeln, meine Nationalität zu tauschen. Zusätzlich sollte man nicht vergessen, dass es Menschen gibt, die dafür kämpfen, diese Nationalität zu erhalten, die in ihrer Heimat unterdrückt sind und ihr Leben riskieren, um die französische Staatsangehörigkeit zu erhalten. Und so wiederhole ich: Ich bin französischer Staatsbürger, der in der Vielfalt La Réunions lebt.

Sie schreiben auch in der auf La Réunion gesprochenen Sprache, auf Kreol. Enthalten Ihre literarischen Arbeiten Beispiele dieser oralen Kultur?
Zunächst einmal: Ich schreibe in zwei verschiedenen Sprachen. Einmal in meiner Muttersprache, meiner ersten Sprache, und das ist das Kreol – das kann manchmal Vorteile haben. Dann schreibe ich auch auf Französisch, manchmal direkt auf Französisch, manchmal aber auch als Über-

setzung aus dem Kreol. In bestimmten Fällen, zum Beispiel bei Theaterstücken oder Liedern, ist mein Schreiben von Oratur geprägt. Wenn ich auf Französisch, wenn ich also Romane schreibe, dann kann man erst dann von Oratur sprechen, sobald die Romanfiguren denken.
Was einen Roman auf Kreol angeht, so haben wir hier eine Sprache, die vom Volk nicht geschrieben wird. Der erste Anspruch auf Anerkennung des Kreol als eigenständige Sprache datiert aus dem Jahr 1960, die erste Orthografie, der erste Versuch einer verbindlichen Rechtschreibung aus dem Jahr 1977. Das ist noch nicht lange her, und es bleiben noch einige Probleme zu lösen, bis aus dem Kreol eine Sprache der Literatur, des Schreibens wird. Auch wenn man Romane auf Kreol schreibt, wird diese Sprache noch geprägt sein von der Oratur. Wir überlegen noch, wie diese Probleme gelöst werden können, wie aus der Sprache einer oralen Literatur, der Oratur, die Sprache der geschriebenen Literatur, der Écriture, werden kann.

Sie sprachen eben von Vorteilen, auf Kreol zu schreiben. Worin liegen die?
Da gibt es für mich mehrere Vorteile, Kreol zu schreiben. Kreol ist meine Erstsprache. In dieser Sprache hat sich mein Geist geformt, habe ich die Begriffe der Realität, der Zeit, des Raums entdeckt, und auch die menschlichen Beziehungen sind in dieser Sprache entstanden. Wenn ich nicht auf Kreol schreibe, muss ich gewisse Schwierigkeiten des Ausdrucks lösen, und wenn ich auf Kreol schreibe, kann ich mich vollständiger einbringen, kann ich mir selbst auf den Grund gehen. Nun habe ich Kreol nicht in der Schule gelernt, habe es nicht durch Lektüre erworben – das ist wiederum ein Nachteil.
Auf der einen Seite glaube ich also, dass ich auf Kreol im Ausdruck meiner Gefühle weiter gehen kann, doch andererseits bringt das auch Schwierigkeiten mit sich: Es gibt in kreolischer Sprache kein Nachschlagewerk für Synonyme, es gibt keine Lexika; mir fehlt also das Werkzeug. Werkzeug, das mir aber in französischer Sprache zur Verfügung steht. Die Schwierigkeiten kann man im Allgemeinen lösen, und von den Vorteilen versuche ich soweit wie möglich zu profitieren. Das soll mich aber nicht daran hindern, weiter auch auf Französisch zu schreiben und das, was ich auf Kreol schreibe, ins Französische zu übersetzen. Es ist ja offensichtlich, dass ich bikulturell bin. Ich habe auch gelernt, die Wirklichkeit mit der französischen Sprache zu betrachten.

Ist die Literatur La Réunions als Bestandteil der französischen Literatur zu sehen oder stellt sie eine eigene Gattung, eine eigene Literatur dar?

Dazu muss man die verschiedenen Epochen der literarischen Produktion unterscheiden. Wir haben auf La Réunion eine Literatur, die sehr alt ist – verglichen mit der Zeit seit der Bevölkerung der Insel. Unsere Literatur datiert aus dem 18. Jahrhundert. Wer damals schrieb, schrieb allein auf Französisch und hatte einen Teil seines Lebens in Frankreich verbracht. Was diese Autoren schrieben, bezeichnen wir natürlich gern als Literatur La Réunions, aber es ist insgesamt auch ein Teil der französischen Literatur – wenngleich mit besonderen Akzenten. Der größte und bekannteste Poet von La Réunion, Charles Marie Le-Conte de Lisle, war Gründer einer Schule von Literatur französischer Prägung. Wenn man nun Kritiken liest, überwiegend negative Kritiken aus dieser Epoche, dann nimmt man wahr, dass man ihm einen indischen Einfluss, einen bizarren Tonfall vorwarf. Die Sprache, die diese alten Autoren nutzten, die Themen, die sie entwickelten, waren also zwar französisch, aber sie schrieben irgendwie anders.
Seit etwa 1950 hat die Literatur La Réunions eine andere Koloratur. Nein, dieses Wort Koloratur ist zu schwach, denn diese Literatur stellte einen Wendepunkt dar. Heute nämlich, da man auf Französisch und auf Kreol schreibt, spricht man von einer „littérature réunionnaise". Selbst diejenigen, die auf Französisch schreiben, wissen, dass sie Réunionnais sind.
Im Gegensatz zu anderen Ländern vergewissert sich der Großteil unserer Schriftsteller immer dessen, was sie sind. Das ist keine Suche nach Identität, auch ich bin nicht auf der Suche nach Identität. Wir sind extrem glücklich zu wissen, wer wir sind! Unser Problem besteht eher darin, in unserer Identität von anderen anerkannt zu werden.

Aber wenn man die gegenwärtige Literatur La Réunions betrachtet, dann geht es doch oftmals um Identität!?
Schon, Identität ist ein immer wiederkehrendes Thema – aber keine Identität, die es zu suchen gilt. Es ist keine Frage des Suchens, sondern des Manifestierens, eine Bekräftigung der Identität. Eine Bestätigung der Besonderheiten La Réunions, der Kultur, der Geschichte La Réunions. Sehr viele Schriftsteller hier behandeln auch soziale Themen. Inzwischen finden sich in der Literatur La Réunions alle großen Themen der Literatur: Tod, Liebe, Freundschaft.

Sie haben das Buch „Du creole opprimé au creole liberé" geschrieben und gelten als international prominentester Vertreter der kreolischen Kultur La Réunions. Was ist Ihr Ziel dabei?
„Du creole opprimé au creole liberé" ist ein Buch zur Verteidigung der Sprache La Réunions. Ich bin zwar kein Linguist, aber ich habe mich dennoch in diesem linguistischen Bereich versucht und angestrebt, in

einfachen Worten festzustellen, dass das Kreol nach den Regeln der Linguisten eine eigene Sprache darstellt. Dafür habe ich Beispiele angeführt und verglichen und analysiert, und so wurde daraus ein sozio-linguistischer Text. Ich habe versucht, nachzuweisen, dass eine sehr große Mehrheit der Réunionnais Kreol spricht. Dabei ging es mir darum, die Annahme zu widerlegen, dass Kreol nur in familiären Kreisen oder bei persönlichen Themen gesprochen würde, wodurch die Sprache marginalisiert wurde. Diese Auffassung aber ist anti-demokratisch und widerspricht den Grundlagen der Pädagogik. Ich habe einen allgemeinen Rahmen umrissen, um dem Kreol einen neuen Status geben zu können, der auf dem Prinzip der Zweisprachigkeit beruht, der Zweisprachigkeit von Französisch und Kreol auf La Réunion.
Ich kann nun mit Genugtuung sagen, dass dem linguistischen Teil von Linguisten nicht widersprochen wurde. Natürlich wurde mein Wortschatz kritisiert und dass meine Herangehensweise nicht wissenschaftlich sei, aber grundlegende Irrtümer wurden nicht festgestellt.

Stimmt es, dass ein Verleger einmal eines ihrer Manuskripte ablehnte, weil es zu viele kreolische Wendungen enthielt?
Das liegt sehr lange zurück, sehr, sehr lange, war Ende der Siebziger. Ich habe keine Probleme damit. Nun, ein Verleger muss wissen, an wen er sich wendet. Wenn ich mich allein an ein Pariser Publikum wenden möchte, kann ich dabei nicht das Publikum La Réunions im Blick haben. Insofern hatte der Verleger Recht, denn der Text war für einen nicht-kreolischen Leser teilweise unverständlich. Der Verleger stellte mich damit vor ein Problem mit einer interessanten Zielsetzung: In einer nicht-réunionesischen Sprache die Wirklichkeit und Visionen La Réunions auszudrücken. Und das kann ich mittlerweile auf Französisch – ein bisschen dank ihm. Ich möchte, dass der französische Text einen Teil der Kultur La Réunions in sich trägt, einen Teil unserer Vision der Dinge.

Die Literatur der Peripherie, und als solche wird hier in Europa die Literatur etwa aus La Réunion betrachtet, gewinnt zunehmend an Einfluss. In Großbritannien etwa stammen einige der wesentlichsten Werke der Gegenwartsliteratur von dort lebenden Autoren aus Indien, damit meine ich Salman Rushdie, oder aus Afrika – wie Ben Okri. Glauben Sie, dass das eine anhaltende Entwicklung ist oder dass es sich dabei nur um ein kurzzeitiges Phänomen handelt?
Ich glaube, das ist ein Phänomen, das sich verstärken wird. Ich bin davon überzeugt, wenn ich an La Réunion denke, das Land und die Literatur, die ich am besten kenne, aber auch an die Literatur Madagaskars oder

Mauritius' oder Chinas, dass wir einer Entwicklung dieser Literaturen entgegengehen – vielleicht etwas abseits der großen Kreuzungen der Literaturströme, aber ich glaube, dass sich die Qualität dieser Literaturen noch weiter verbessern wird.

In Ihren Büchern schreiben Sie von der Härte, aber auch von der Schönheit des Lebens. Ihre Hauptfiguren – etwa in „Wenn du aufwachst bin ich da" oder in dem Roman „Cravate et fils" – lernen oftmals zu leben und damit auch zu lieben. Sind Ihre Romane eine Art Liebesliteratur?

Was „Wenn du aufwachst bin ich da" betrifft oder den Roman davor, „Kindheitshunger", so sind das für mich wahrhafte Liebesromane. Wenn ich Liebesromane sage, dann meine ich das in verschiedenen Bedeutungen. In „Wenn du aufwachst bin ich da" ist das die Liebe zwischen der Großmutter und dem Jungen sowie zum Großvater. Neben dieser Liebesgeschichte ist das Buch auch eine Liebesgeschichte zwischen mir und meinem Volk. Und wenn ich „mein Volk" sage, dann meine ich die Leute ganz im Allgemeinen. Natürlich versteht es sich von selbst, dass ich nicht davon ausgehe, dass alle Menschen gut und höflich sind! Vielleicht findet sich auch deshalb Gewalt in meinen Texten, weil ich den Gedanken nicht akzeptieren kann, dass man die Anderen unterdrückt, dass man sie leiden lässt. Und deshalb sind diese beiden Aspekte in meinem Werk vertreten: die Brutalität und die Liebe. Wen man jemanden liebt – und damit sage ich jetzt eine Banalität –, dann kann man nicht akzeptieren, dass man diesem Böses antut, und es ist nötig, sich diesem Bösen mit allen Mitteln entgegenzustellen.

Es geht in Ihren Romanen ja nicht nur um Liebe, sondern auch um Hunger – wie in „Kindheitshunger" oder in „Quartier trois lettres". Ist das Leben auf La Réunion so hart?

Mein Hauptinteresse galt schon immer und gilt nach wie vor sozialen Themen. Spätestens seit meinem 25. Lebensjahr habe ich einen klaren politischen Standpunkt, und das auch aus sozialen und kulturellen Gründen. Ich habe immer versucht, diesem Ansatzpunkt nachzugehen, der für die wirklich Privilegierten nie ein Ansatzpunkt sein kann. Ich denke, dass mein Herz auf Seiten der Menschen ist, die Probleme haben, ihr Überleben zu sichern – obwohl ich selbstverständlich im Vergleich zu ihnen privilegiert bin. Aber ich gehöre noch zu diesen Menschen, und das sind keine Menschen, die jammern und sich nur beschweren, sondern Menschen, die lachen können. Deshalb versuche ich auch in meinen Romanen, die Umstände humorvoll und nicht nur dramatisch zu sehen, obwohl sie vielleicht schwierig sein mögen.

Auf La Réunion gibt es eine erhebliche Anzahl von Problemen, aber ich glaube nicht, dass es eine übergroße Zahl von Menschen gibt, die hier Hunger leiden, doch es gibt sicherlich viele Menschen, die unterhalb der Armutsgrenze leben. Aber meiner Meinung nach ist es noch schwerwiegender, dass diese Leute im Allgemeinen abhängig sind von Hilfe, von Beihilfe. Was ich mir wirklich wünschte, wäre eine echte Entwicklung dieser Insel, so dass die Zahl jener Menschen sinkt, denen dieses Schicksal des Hilfeempfängers auferlegt wurde und die zum Großteil ihr Einkommen durch Arbeit zu verdienen wünschen.

In ihrem Roman „Quartiers trois lettres" schreiben Sie schließlich auch über Arbeitslosigkeit ...

... Das ist ein äußerst schwerwiegendes Problem. Ich habe zwar nicht die Daten im Kopf, und sie sind zudem umstritten, denn wie immer, wenn Zahlen vorgelegt werden, gibt es jemanden, der sagt, sie seien falsch, aber das Problem der Arbeitslosigkeit auf La Réunion ist äußerst wichtig. Es ist viel, viel wichtiger als in den meisten entwickelten Ländern, weitaus wichtiger als in Europa, in Deutschland oder in Frankreich zum Beispiel. Hier hat man sicherlich eine mehrfache Prozentzahl an Arbeitslosen wie in Deutschland oder anderen entwickelten europäischen Ländern.

Ihre Protagonisten sind oftmals sehr jung. Wie kommt es, dass Sie die Welt so gern aus den Augen junger Menschen sehen?

Nicht alle meine Hauptfiguren sind jung. Genau genommen ist das nur in meinen beiden ersten Büchern so, dass sie sehr jung sind. Aber je mehr ich mich als Schriftsteller entwickle, desto unterschiedlicher ist das Alter der Figuren. In „Wenn du aufwachst bin ich da" sind die beiden Hauptfiguren bereits älter, obzwar die restlichen Figuren sehr jung sind. Ich richte mein Augenmerk gern auf die Jugend, denn Jugend ist ein schwieriges Alter, ein Alter, in dem man – auch sich – viele Fragen stellt, ein Alter, das die Aufmerksamkeit der Erwachsenen verdient, und das es verdient, verstanden zu werden. Wenn ich „verstehen" sage, dann meine ich damit auch Toleranz. Die Jugendlichen haben ihre Fehler, ihre Unausgeglichenheit, aber ich denke, man sollte sie nicht verurteilen, sondern lieben. Damit meine ich wiederum nicht, all ihre Schwächen gutzuheißen, sondern damit meine ich, dass es an uns, den Erwachsenen liegt, den Jugendlichen die Voraussetzungen zu geben, sich entwickeln zu können. Ja, Jugend genießt einen Vorrang in meinen Überlegungen.

Es stimmt sicherlich auch, dass die beiden ersten Romane die Erinnerungen eines Autors an seine Kindheit enthalten. Aber ich denke, dass ich dieses Stadium inzwischen hinter mir gelassen habe, in dem man seine Erinnerungen anhand einer Hauptfigur niederschreibt. Mein Blick ist mittlerweile derjenige eines Erwachsenen auf Jugendliche, denen man Verständnis entgegenbringen sollte.

Wie kam es zu der Figur des Deutschen, von Hans, in dem Buch „Cravate et fils"?
Das rührt von der Bekanntschaft mit einer Person, einem Deutschen her, der auf seine Weise sehr sympathisch war. Ich weiß nicht, ob es mir gelungen ist, der Komplexität seiner Persönlichkeit Ausdruck zu geben. Er war äußerst, äußerst sympathisch. Er war ein alter Briefträger in Rente, der einem viel geholfen hat. Er reparierte dieses und jenes, und seine Ankunft in La Réunion glich einer Flucht aus Deutschland, vor einer sehr persönlichen, ergreifenden Angelegenheit.

Sie unterrichten Biologie und Chemie, und im Allgemeinen sieht man einen Gegensatz zwischen Natur- und Geisteswissenschaften. Wie kommt es zu der Einheit dieser beiden „Gegensätze" in Ihrer Person?
Ich bin immer davon ausgegangen, dass dieser Gegensatz zwischen intellektuell und manuell künstlich ist. Ich bin vollständig gegen eine solche Unterscheidung. Die besten Intellektuellen sind solche, die ihre Ideen gut mit ihren Händen umzusetzen wissen. Ich war der literarischen Welt schon immer sehr nahe, ich liebte stets die Literatur, aber ich liebte auch die Naturwissenschaften, ich liebte es, mit den Händen zu arbeiten, und ich glaube nicht, dass das inkompatibel ist. Ich glaube, dass in der literarischen Arbeit eine gewisse Strenge, Konstruktion notwendig ist. Selbst in den verrücktesten Texten liegt ein Muster der Verrücktheit, selbst wenn das dem Leser nicht auffällt. Aber der Autor, der Schriftsteller muss wissen, wohin er seine Leser führt. Er braucht eine strenge, gegliederte, präzise Arbeitsweise, wie das auch in den Naturwissenschaften erforderlich ist. Ich glaube überhaupt nicht an Spontanität in der Literatur. Also findet man auf eine gewisse Weise den Wissenschaftler in meiner Literatur. Ich vergleiche meine Arbeit in bestimmter Hinsicht manchmal mit der Arbeit eines Fotografen. Dieser macht sehr klare Aufnahmen der Wirklichkeit, aber er bearbeitet diese Aufnahmen, bringt sie auf den Punkt. Das ist es, was ich mit meiner Arbeit ebenfalls machen will: Zuerst streng, präzise, nüchtern sein, um dann Elemente des Traums einzuführen und die Klarheit zu verwischen.

Jean-Pierre Daogo Guingané

„Es ist nötig, dass sich die Erzählweise ändert“

Jean-Pierre Daogo Guingané leitet als Dekan die Geisteswissenschaftliche Fakultät der Universität Ouagadougou, Burkina Faso. Der Theaterautor, Regisseur und Schauspieler Guingané, Direktor des 1975 gegründeten Théâtre de la Fraternité, erhielt für seine Bühnenarbeiten mehrfach den Großen Preis der Nationalen Woche der Kultur Burkina Faso.

Wie hoch ist denn der Anteil der Analphabeten unter der erwachsenen Bevölkerung Burkina Fasos?
Das ist ein sehr wichtiger Aspekt für meine Arbeit. Ich glaube, dass ungefähr zehn Prozent der Burkinabé Französisch sprechen und schreiben können.

Das heißt, dass die Literatur Burkina Fasos nur einer Minderheit zugänglich ist. Bedeutet das zugleich, dass die Themen der Literatur nur die Belange dieser Minderheit widerspiegeln?
Nein, Vorsicht, da muss ich gleich ergänzen, dass das nicht den Wert der Literatur schmälert. Selbst wenn sich die Literatur nur an zehn Prozent der Bevölkerung richtet, sind diese zehn Prozent in der Regel die Leute, die das Land leiten, die das Schicksal des Landes bestimmen. Ich weiß nicht, ob das gut oder schlecht ist, aber als Theaterautor sage ich mir: Weil diese Menschen die Entscheidungen treffen, ist es nötig, deren Bewusstsein zu verändern, ist es wichtig, deren Denkweise zu beeinflussen. Wenn das gelingt, wirkt sich das auch auf die Mehrheit der Bevölkerung aus.

Sie selbst verfassen auch Theaterstücke, die sich gezielt an Menschen ohne Schulbildung richten. Wie geht das?
Wir nennen das „Théâtre d'intervention sociale". Ich arbeite in drei Gattungen des Theaters: erstens Autorentheater, zum dem mein Stück „Le cri de l'espoir" gehört; zweitens Théâtre d'intervention sociale, dessen Ziel es ist, die Bevölkerung für bestimmte Probleme zu sensibilisieren und eine Verbesserung der Lebensbedingungen zu erreichen, indem man eine Veränderung im Zusammenleben bewirkt. Zum Beispiel versuche ich, mit meinem Stück „Papa, oublie-moi" Eltern zu sagen, was nicht gut ist für das Kind, nicht gut für sie selbst, nicht gut für die Familie. Das will ich mit den Mitteln dieser Theatergattung zeigen. Ich hoffe, dass sich ein Vater, der das Stück gesehen hat, daran erinnert und von seinem autoritären Verhalten Abstand nimmt. Wenn mir das gelingt, dann habe ich gewonnen. Man kann das auch als „Théâtre débat" bezeichnen – da spielen wir ungefähr 45 Minuten bis zu einer Stunde, und danach diskutieren wir mit dem Publikum – in der Regel mindestens zwei Stunden. Das ist sehr wichtig, und diese Stücke sind auch so geschrieben, dass sie Reaktionen hervorrufen. Es ist nötig, dass sich die Leute in der Diskussion darüber klar werden, welche Position sie vertreten, wie sie urteilen, welche Figuren sie mögen und welche nicht – darüber sprechen wir dann. Es sind die Zuschauer, die dann eine Lösung ausdiskutieren.
Drittens bin ich noch im Bereich Marionettentheater tätig. All das klappt sehr gut, denn mir steht als Autor vieles offen, da ich selbst eine Theater-

gruppe leite, die älteste Theatergruppe Burkina Fasos. So wird all das, was ich schreibe, auch gespielt. Das geht nicht jedem Autor so.

Werden die Stücke des Théâtre d'intervention sociale auf Französisch aufgeführt oder in den Landessprachen?
Diese Stücke werden sowohl auf Französisch als auch in den Landessprachen gegeben. Das hängt davon ab, wo wir spielen. Wir lassen dem Publikum die Wahl der Sprache.

Gibt es auch in den Landessprachen verfasste Literatur?
Diese Sprachen werden nicht geschrieben, nicht übersetzt – sie sind allein im Gedächtnis. Erst seit ein paar Jahren ist man dabei, diese Sprachen zu unterrichten. Es gibt einige wenige Autoren, die ein bisschen auf Moré, der Sprache der Mossi, schreiben, aber bei einem der Schriftstellertreffen Anfang der neunziger Jahre wurde beschlossen, damit aufzuhören. Wer sollte das lesen? Die Leute, die auf Moré lesen und schreiben können, sind nicht zahlreich, und es fehlen Leser. Man müsste es ins Französische übersetzen. Außerdem: Wer lesen kann, kann auch Französisch lesen.

Welchen Einfluss hat die Oratur Burkina Fasos auf die Literatur des Landes?
Wir setzen die Tradition der Oratur schreibend fort. Wenngleich 90 Prozent der Bevölkerung nicht lesen können, glaube ich nicht an die Kraft mündlich überlieferter Literatur. Wer hat denn Zeit, Erzählern zuzuhören? Haben Sie die Zeit, Leute zu versammeln und ihnen Geschichten zu erzählen? Außerdem gibt es Radio, Fernsehen! Es ist nötig, dass sich die Erzählweise ändert. Ich ändere die Erzählungen für das Theater – ich ziehe die Lehren, die Philosophie, aus den Erzählungen und lasse sie in Theaterstücke einfließen.
Zu meinem Stück „La savane en transe" haben mich zwei Erzählungen inspiriert. Es beschreibt eine Diktatur. In der einen Erzählung geht es um einen König, der Männer tötet – es ist eher ein Märchen, aber in der Oratur macht man ja keinen Unterschied zwischen Erzählungen für Erwachsene oder für Kinder. In Europa ist Kinderliteratur ein Thema – hier gibt es sie nicht. Ich glaube nicht, dass ein Kind dümmer ist als ein Erwachsener; bei uns geht man davon aus: Wenn du alt bist, verstehst du so viel, wie du verstehen kannst, und wenn du klein bist, verstehst du auch so viel, wie du verstehen kannst – von der selben Geschichte. Kinder werden in diesem Stück also einen bösen Onkel sehen – und wenn ihn dann die mit Masken getarnten Männer töten, jubeln die Kinder und sind zufrieden. Ein Vierzigjähriger, der dieses Stück sieht, weiß dagegen, dass es um einen Diktator geht.

Die zweite Erzählung handelt von einem bösen König, der ewig und allein regieren will – aber er ist von der Weisheit der Alten abhängig. Was macht er? Er trichtert den jungen Leuten ein, dass die Alten gefährlich seien, weil sie ihnen die Macht nicht überlassen wollen. Die Jungen sind begeistert und feiern ihn als König der Jugend. Nachdem er sie derart getäuscht hat, verlangt er von ihnen, ihre Eltern zu töten. Nur einer dieser Jungen tötet seine Eltern nicht, sondern versteckt sie.
Nun stellt der König die Jungen auf die Probe und sagt ihnen: „Ihr müsst mir bis morgen ein Haus in der Luft bauen. Wer das nicht schafft, dem wird der Kopf abgeschlagen." Die Jungen sind verzweifelt, doch der eine geht ins Versteck seiner Eltern und fragt den Vater.
Als am nächsten Tag der erste Jugendliche anfängt, zu bekennen, dass er nicht weiß, wie man ein Haus in der Luft baut, wird ihm schon der Kopf abgeschlagen. Dann kommt der zweite – Kopf ab, und so weiter. Schließlich kommt die Reihe an den einen, und der sagt: „Ich kann dir gerne das Haus bauen, es ist sogar schon fertig. Klettere nur in die Luft, um es dort befestigen zu können – ich hole es dann." Darauf sagt der König: „Wie soll ich in die Luft klettern? Ich bin doch kein Vogel!" Der junge Mann: „Wenn du nicht in die Luft klettern kannst, was willst du dann mit einem Haus in der Luft? Dann brauche ich es ja nicht zu holen!"
Da ärgert sich der König und ahnt, dass der junge Mann die Lösung der Aufgabe nur von dessen Vater hatte erfahren können, und er will den jungen Mann enthaupten lassen.
Beide Erzählungen zusammen finden sich in meinem Stück wieder, und an der Stelle, an der der König den jungen Mann köpfen lassen will, greifen im Stück die anderen Figuren ein. Nun habe ich damit einen überlieferten Stoff aktualisiert und dramatisiert, ich habe ein modernes afrikanisches Thema – und da werden die Leute den Fernseher verlassen, um sich mein Stück anzuschauen, weil ich ein Problem der Gegenwart behandle.

Was sind die vorrangigen Themen der Literatur Burkina Fasos?
Das Leben in der Großstadt, Landflucht, Arbeitslosigkeit, Situation der Frauen, Politik ...

Ist es richtig, dass die Literatur Burkina Fasos mit Gedichten begann?
Ja, sie setzte mit Gedichten ein, weil das die individuellste Ausdrucksform ist.

Welchen Stellenwert nimmt die Literatur Burkina Fasos innerhalb der frankophonen Literatur ein?

Das beginnt erst langsam, die Literatur hier steht noch sehr für sich.

Wie steht es um das Verlagswesen in Burkina Faso, und gibt es Literaturpreise, Stipendien? Viele Autoren verdienen sich als Journalisten das Geld oder unterrichten wie Sie an der Universität.
Es gibt im Rahmen der Nationalen Woche der Kultur, die seit 1983 jährlich veranstaltet wird, einen Literaturwettbewerb, bei dem die besten Werke – Erzählung, Roman, Theater – prämiert werden. Aber was die Verlage hier zu Lande betrifft, so sehen die Autoren kein Geld. Ich habe daher eines meiner Bücher in Abidjan herausgebracht – aber dieses Buch kann sich wegen des hohen Preises kein Mensch leisten. Ich lasse seither meine Stücke selbst drucken, wenn ich das Geld dafür habe.

Abdulrazak Gurnah

„Was bedeutet Fremdheit?“

Der 1948 auf Sansibar geborene Schriftsteller Abdulrazak Gurnah verließ mit zwanzig Jahren seine Heimat, studierte in London und lehrt heute afrikanische und karibische Literatur in Großbritannien.

Sein auch in deutscher Sprache veröffentlichter Roman „Das verlorene Paradies“ wurde für den Booker-Preis nominiert; außerdem erschienen von Gurnah auf Deutsch: „Donnernde Stille“ und „Ferne Gestade“.

Ihr großes Thema ist die Migration. Handelt auch Ihr jüngster Roman „Ferne Gestade" davon?

Ich will Ihnen sagen, wie ich dazu kam, dieses Buch zu schreiben, was meine Ideen dafür waren. Zum einen wollte ich über Geschichte und Erinnerung schreiben – was behalten die Menschen in Erinnerung? Das Buch hat daher auch zwei Erzähler, zwei Sprecher. Einer davon lebt seit seiner Jugend, seit er 18, 19 Jahre alt ist, in England, schon seit rund 30 Jahren. Der andere ist ein Mann Mitte sechzig, ein alter Mann, der als Flüchtling ankommt, als jemand, der Asyl sucht. Ich wollte zwei Leute aus der selben Gegend haben, vielleicht sogar mit Geschichten, die zusammenhängen. Und ich wollte sehen, worüber diese beiden nun sprechen, woran sie sich erinnern, wie sie über ihre gemeinsame Heimat sprechen und darüber, Ausländer, Fremde zu sein.

Als ich den Roman schrieb, gab es in England viele Leute aus Tschechien und der Slowakei – Roma. Ich ging zu diesen Leuten, wegen einer Radiosendung, und was mich überraschte, war die Art, in der sich die Dinge wiederholen. Die Leute, die in den Dreißigern, in den Fünfzigern, in den Sechzigern kamen – sie kamen mit den immer gleichen Geschichten. Das war einer der beiden Impulse: Darüber zu schreiben, was es bedeutet, Fremder zu sein, wie man darüber spricht, wo man herkommt, wie man verschiedene Geschichten dieser Art vergleicht.

Der andere Impuls für diesen Roman entstand, als ich, um darüber nachzudenken, was und wie ich schreiben könnte, nach Sansibar, nach Tansania zurückkehrte. Als ich dort einer Unterhaltung zwischen meiner Mutter und meinen Schwestern zuhörte, sprachen sie mit Vergnügen von einem Mann, der sich Sorgen machte, dass seine beiden Töchter von einem Cousin enterbt werden könnten. Dieses Gespräch zu hören, gab mir eine Vorstellung für den anderen Teil dieses Romans, der davon handelt, was wem gehört, wie Familien, wenn Wohlstand, gar nicht mal Reichtum, nur ein bisschen Wohlstand, ins Spiel kommt, unmenschlich zueinander werden, sich in Feinde verwandeln, während sie sich sonst, unter normalen Umständen, zugetan sind und sich gegenseitig unterstützen.

Das sind also die beiden Hauptthemen des Buches: So viele von uns sind Fremde, wo auch immer wir uns befinden, und wie auch immer wir von unserer Fremdheit, unserer Entfremdung sprechen. Und es ging mir darum zu zeigen, dass einem Fremdheit auch zu Hause widerfahren kann, dass Geld dazu führen kann, dass man Flüchtling wird zu Hause.

Sie haben noch einen weiteren Roman geschrieben, nachdem Sie einmal in Tansania waren, nämlich „Das verlorene Paradies" – ebenfalls ein historischer Roman. Welche Bedeutung hat Geschichte für Ihr literarisches Arbeiten?

Ich denke, dass die Gegenwart mit der Vergangenheit zusammenhängt. „Das verlorene Paradies“ war der erste Roman von mir, der zu einer Zeit spielt, in der ich nicht lebte. Es spielt zur Zeit der Kindheit meines Vaters. Geschichte ist sehr wichtig, denn wir verstehen nichts, wenn wir nicht die Dummheiten kennen, die sich vor unserer Zeit ereigneten – wir verstehen dann nicht, was wir tun. Sehr häufig wiederholt sich Geschichte ganz exakt, weil wir dem keine Beachtung schenkten, was sich vor uns ereignete. Geschichte ist sehr wichtig in einem konzeptionellen und in einem metaphorischen Sinn.

Außerdem fand ich es sehr interessant, einen historischen Roman zu schreiben, einen Roman, in dem man sich eine andere Zeit vorstellen muss, zu der man keinen Zugang hat, nicht einmal durch Archive, weil die Geschichten in den Archiven üblicherweise eher die Geschichten der Eroberer, der Sieger sind als die Geschichten der Besiegten. Natürlich habe ich diesen Roman nicht ohne Informationen geschrieben, aber es gab Lücken in diesen Unterlagen, das war sehr interessant.

Geschichte ist sehr wichtig, gerade für das Nachdenken über Kolonialismus, über seine Folgen. Nicht nur wegen der Art, mit der Europa oder der Westen Leute empfängt, die aus kolonisierten Regionen kommen, sondern auch, weil der Kolonialismus der Welt, in der wir jetzt leben, die Gestalt gab. Wenn man hört, wie über den Mittleren Osten oder über den Islam gesprochen wird, dann ist der Kolonialismus immer noch gegenwärtig in der Art, wie man über andere Menschen, über andere Kulturen denkt. Diese Art zu denken wird dominant mit der Vorrangstellung, die Europa und die westliche Welt einnehmen, und das kann man als kolonialistisch empfinden.

Können Sie dafür Beispiele nennen?

Die Welt wird eingeteilt in ein „Wir“ und ein „Jene“. Der Kolonialist sagt: Wir haben jene kolonisiert. Aber niemand sagt: Wir haben Norwegen kolonisiert. Was nicht bedeutet, dass Norwegen nicht auch kolonisiert wurde. Aber man ging nicht los, um konkret Norwegen zu kolonisieren, man kolonisiert „jene“, und diese Art zu denken, und das ist das Wichtige, blieb erhalten. Sie teilt die Welt in „uns“, die Zufriedenen, die Organisierten und Zivilisierten, und in „jene“, die vertrieben wurden – und die, wie wir annehmen, nicht nur vertrieben wurden, sondern auch gefährlich sind. Diese Art zu denken ist etwas, was vom Kolonialismus blieb – was nicht heißen soll, dass der Kolonialismus nun wieder auflebt, sondern dass mit dem Kolonialismus nie vollständig Schluss gemacht wurde – weder in den Köpfen, noch in den Banken noch in den Staatskanzleien der westlichen Regierungen.

Die Hauptfiguren Ihrer Romane sind gewöhnlich Helden aus der Unterschicht. Kann man daraus ableiten, dass Sie Minderheiten oder Benachteiligten eine Stimme geben wollen?
Ja, natürlich. Ich meine, das ist es, was schreiben interessant macht und was, wie ich meine, die meisten Autoren zu tun versuchen: Man versucht, etwas Ungesagtes, etwas noch nie Gehörtes zu finden. Diese Vorstellung sozialer Schichten ist aber, vom Standpunkt meines Schreibens aus, nicht so rigide wie in sozial klarer gegliederten Kulturen, wie ich sie in Europa erlebe. Ich glaube, dass es sogar in den USA oder in Lateinamerika – zumindest historisch gesehen – nicht so streng zugeht wie in Europa. Also ist es vielleicht gar nicht so zutreffend, zu sagen, ich schriebe über Leute aus der Unterschicht. Ich schreibe über kleine Leute – selbst wenn sie aus privilegierten Kreisen kommen, ja, ich schreibe gern über die kleinen Leute.

In Ihren historischen Romanen finden sich stets Szenen der Päderastie, der Homosexualität. Beruht derlei auf Fiktion oder auf Recherche?
Nicht so sehr auf Recherche als auf der Wahrnehmung einer Dimension einer Kultur, aus der ich komme. Aber es ist oft so mit derlei Themen – als Ibsen über die Behandlung, die Misshandlung der Frauen in Norwegen schrieb, in der norwegischen Bourgeoisie, wurde das als eine Art Übertreibung angesehen. Die Wahrheit aber war, dass das auch für andere Regionen Europas zutraf, nicht nur für Norwegen. Ibsen recherchierte das nicht, er erfand es nicht und malte es sich nicht aus – er schrieb über Dinge, die er selbst kannte. Das zu akzeptieren, mag für manche Leute manchmal sehr schmerzhaft sein, besonders, wenn sie aus der beschriebenen Kultur stammen, aber es entspricht der Erfahrung dieser Kultur. Vielleicht habe ich Unrecht mit meiner Empfindung, aber das glaube ich nicht, ich glaube, diese Erfahrung trifft zu, und zwar nicht nur für die Kultur Ostafrikas, sondern auch für viele andere Gesellschaften, die dafür in einem gewissen Sinn strukturiert sind, weil es eine strikte Trennung zwischen Männern und Frauen gibt. Je mehr man darüber liest, desto zutreffender scheint diese These für alle vergleichbaren Kulturen zu sein, nicht nur für islamische Kulturen, sondern auch für südpazifische Kulturen, in denen es bis zu einem bestimmten Alter eine starke Trennung zwischen jungen Männern und Frauen gibt. Aber es ist schwierig, über solche Dinge etwas zu lesen zu finden.

„Ferne Gestade“ zitiert „Mr. Bartleby“ von Herman Melville. Wie sehr hat dieser Autor Sie beeinflusst oder inspiriert?
Ich habe Herman Melvilles Arbeiten immer sehr geschätzt, gerade „Moby

Dick", und ich liebe und bewundere sein Werk. Hier benutze ich eine Geschichte, diejenige von Bartleby, denn Bartleby ist ein Mann, der sich zu sprechen weigert. Er ist jemand, der andere Leute verängstigt, während er selbstzufrieden und von sich eingenommen wirkt, aber eigentlich selbst verängstigt ist. Was mich an dieser Geschichte so faszinierte, in Betracht auf meinen Roman, ist, dass er sich zu sprechen weigert – während ich jemanden beschreibe, der zu sprechen beginnt. Ich fand es interessant, dies als Version zu haben, über Fremdheit zu schreiben.

In Ihren Romanen finden sich immer wieder Motive des Reisens. In „Memory of Departure" und „Pilgrims Way" bereits im Titel, in „Das verlorene Paradies" etwa am Beispiel der Karawane. Woher diese Art von Entwicklung in allen Ihren Büchern?

Nun, Reisen sind immer sehr interessant, sind eine nette Angelegenheit, es gibt so viele Formen des Reisens. Aber das ist auch eine Geschichte unserer Zeit. Es ist nicht so, dass die Leute vor unserer Zeit nicht auch gereist wären, aber in den vergangenen 50, 60 Jahren gab es Reisen in verschiedenste Richtungen, viele davon nach Europa, was es vorher so noch nicht gab. Es ist eine der Geschichten unserer Zeit: die Migration, vor allem von außerhalb Europas nach Europa. Was die Menschen dann vorfinden, was sie zurücklassen und was in ihren Köpfen vor sich geht. Das ist ja irgendwie auch meine eigene Erfahrung und diejenige zahlreicher anderer Autoren. Ich denke, das ist eine zentrale Erfahrung unserer Zeit.

Sie sprachen bereits mehrfach über Fremdheit. Ihr Roman „Donnernde Stille" thematisiert ebenfalls die Identität eines Mannes, der in zwei Kulturen lebt. Wie formt sich Identität in dieser Veränderung?

Ja, das ist wirklich ein Kern meines Schreibens, das ist, was mich interessiert, und ich finde, ich schreibe die ganze Zeit darüber. Dieses Motiv hat mich immer interessiert, und es findet sich auch in „Ferne Gestade": Was bedeutet Fremdheit, wie fühlt es sich an, an einem Platz zu leben, aber von einem anderen Ort zu sein? Wenn das Gedächtnis einem anderen Ort verpflichtet ist – denn natürlich trägt man seine Vergangenheit mit sich, endet sie nicht mit einem neuen Lebensort. Dieses Thema hat so viele Dimensionen, dass ich ihm nicht entkommen kann, dass ich immer wieder zu ihm zurückkehre: zu beschreiben, ein Ausländer, ein Fremder zu sein.

Man sagt, Sie hätten 1968 Tansania aus politischen Gründen verlassen. Stimmt das?

Keine komplizierten Gründe: Es gab eine Revolution, einen Aufstand 1964, es war eine schwierige Zeit, viele Leute wurden verhaftet, getötet, aus dem Land gejagt. Es war ein sehr brutales Regime, das die Möglichkeiten einschränkte, über ein bestimmtes Level hinaus zu studieren. Die Schule führte nur bis zum 16. Lebensjahr, und eine Menge junger Leute – wenn man jung ist, ist man noch unerschrockener, kümmert sich weniger um den Schaden, den man hinter sich lässt – verließen das Land, und zwar aus guten Gründen: einfach aus idealistischen Gründen. Sie wollten sich selbst verwirklichen, und ich war einer von diesen jungen Menschen, die versuchten, 'rauszukommen. Es war nicht erlaubt, das Land zu verlassen und man riskierte, verhaftet zu werden, und wir wussten von zwei, drei dieser verhafteten Leute, die verschwunden sind, und wir wissen nicht, was mit ihnen geschah. Das andere war, dass man dann nicht wieder zurückkehren konnte. Aber nochmals: Im Alter von 18 Jahren denkt man darüber nicht nach. Das ist die Art, wie die meisten Leute meiner Generation damals einfach das Land verließen. Und dann, nach ein paar Wochen, beginnt man zu realisieren, was man getan hat. Aber dann gibt es neue Dinge, mit denen man konfrontiert wird, und man beginnt, sich zu fragen: Wo komme ich her, was wird aus mir? Und wenn man diese Fragen durchdenkt, findet man sich verändert wieder.

Ich habe den Eindruck, dass die Themen Ihres Schreibens oft von Ihrer eigenen Biographie bestimmt sind. Würden Sie bestätigen, dass Ihr Schreiben in Teilen autobiografisch ist?

In Teilen ja. Aber wenn mir diese Frage jemand gestellt hätte, als ich zu schreiben begann, dann hätte ich geantwortet: Absolut nicht! Wovon sprechen Sie? Meinen Sie, ich würde allein über meine Erfahrungen schreiben? Aber Ihre Fragestellung wäre kein guter Führer durch meine Bücher, denn ich nehme mir große Freiheiten mit den Geschichten heraus – manchmal ändere ich den Schauplatz, manchmal Biografien, und so ist es nicht sehr nützlich, zu sagen, das wären alles meine Erfahrungen, selbst wenn sie es in übertragenem Sinne sind.

Ihr Roman „Das verlorene Paradies" thematisiert das Problem der Kindersklaverei. Nun erhielt Kindersklaverei eine neue Aktualität. Inwiefern unterscheidet sich die traditionelle Form der Kindersklaverei von der heutigen?

Ich denke, dass der größte Unterschied darin liegt, dass die traditionelle Form so dargestellt wird, als sei sie eine zivilisiertere Form, als sei sie keine Art von Geiselhaft, als sei sie menschlicher gewesen. Heutzutage gibt es kein solches Verkleiden, kein Tarnen mehr. Wenn ich darüber nachdenke, fällt mir ein, was Dickens über den Umgang mit Kindern schrieb, über Kinder, die herumgereicht wurden, als wären sie Gegenstand eines Geschäftsabschlusses gewesen. Natürlich wurde das von den Familien nie als das bezeichnet: als geschäftliche Vereinbarung; gleichwohl ging es darum, eine Schuld zu bezahlen oder dem Kind eine Chance zu geben. Ich denke, das trifft auf viele Kulturen zu – mittlerweile vielleicht nicht mehr so sehr für westliche Kulturen, weil es dort eine begrüßenswert starke Gesetzgebung gibt, die Kinder schützt. Aber sicherlich hat es im 19. Jahrhundert auch in Europa eine solche Gesetzgebung nicht gegeben, in England nicht und andernorts auch nicht.

Kinder sind verwundbar, weil sie im Besitz der Familie sind, die unter bestimmten Umständen über das Kind als Teil eines Handelsarrangements verfügen kann. Am Beispiel eines Kindes will ich ausdrücken, dass Entfremdung viele Formen annehmen kann. Kulturen können auch innerhalb einer Kultur, Frauen, Kinder können auch innerhalb ihrer Kultur Fremde sein. Fremde aber sind verwundbar und Gegenstand von Entscheidungen, die über ihre Köpfe hinweg getroffen werden – und diese Entscheidungen haben in Handelsgesellschaften einen wirtschaftlichen Kern.

Giselher W. Hoffmann

„Ich schlage mit meinen Büchern lediglich Brücken zwischen verschiedenen Völkern, mache sie miteinander bekannt. Mehr steht nicht in meiner Macht“

Giselher W. Hoffmann wurde 1958 in Namibia geboren. Mit seinem Zwillingsbruder Attila publizierte er seinen ersten Roman „Im Bunde der Dritte“. Sein dritter Roman „Land der wasserlosen Flüsse“ erschien auch in Deutschland, unter dem Titel „Die Erstgeborenen“. Hoffmanns Romane „Die schweigenden Feuer“ und „Schattenjäger“ kamen ebenfalls in deutschen Verlagen heraus. Hoffmann arbeitete als Berufsjäger, gründete einen Verlag und leitet ein Safari-Unternehmen. Er erhielt den Bertelsmann-Romanpreis.

Was bringt denn einen Jäger zur Literatur? Die Selbstbesinnung in der Einsamkeit?
Es gab bisher keinen Gesprächspartner, der mir nicht diese Frage stellte. Und wenn ich sagte, dass ich, bevor ich Berufsjäger wurde, einen 700 Manuskriptseiten starken Roman geschrieben habe, aus dem später das Buch „Im Bunde der Dritte“ entstanden ist, dann wurde ich prompt gefragt, wie denn ein Autor zum Berufsjäger kommt. Verzeihen Sie meine Reaktion, aber ich bin es Leid, mich rechtfertigen zu müssen und die Frage dennoch nicht zur Zufriedenheit des jeweiligen Gesprächspartners beantworten zu können.
Das hat mit Selbstbesinnung nichts zu tun. Egal, welchen Beruf der Schriftsteller ausführt: Die Literatur kommt zu ihm, nicht umgekehrt.

Ihren ersten Roman „Im Bunde der Dritte“, Sie erwähnten ihn gerade, haben Sie gemeinsam mit Ihrem Zwillingsbruder Attila verfasst. Wie kam es, dass Sie alleine weiter schrieben, den Verlag Hoffmann Twins aber offenbar noch bis 1998 gemeinsam leiteten?
Ich schrieb, mein Bruder recherchierte. Nach „Im Bunde der Dritte“ entwickelte er andere Interessen und stieg aus. Den Verlag haben wir auch nur deshalb gegründet, weil es in Namibia damals keinen Verleger gab, der deutschsprachige Romane herausbrachte. Und die Verlage in Deutschland waren nicht an meinen Themen interessiert. Das hat sich inzwischen geändert, doch die Gründung des Verlags ermöglichte es mir, das Schreiben und Publizieren von der Pike auf zu lernen. Heute gibt es den Verlag nicht mehr. Er hat seinen Zweck erfüllt.

In Ihren Romanen thematisieren Sie stets einen bedeutsamen Aspekt in der Geschichte Namibias, und stets rücken Sie eine bestimmte Volksgruppe in den Mittelpunkt. Im Roman „Land der wasserlosen Flüsse“ oder „Die Erstgeborenen“ geht es um die Gwi und die Besiedlung Namibias durch die weißen Siedler; in „Die schweigenden Feuer“ behandeln Sie das Massaker an den Herero durch die deutschen Soldaten, in „Schattenjäger“ geht es um die Himba und ein Staudammprojekt – ist es Ihr Programm, eine Chronik Namibias zu schreiben, wollen Sie den vielen Völkern Namibias eine Stimme verleihen?
Nein, ich fühle mich nicht dazu berufen, eine Chronik Namibias zu schreiben. Ich möchte auch auf keinen Fall als Sprachrohr der vielen Völker Namibias dargestellt werden. Im Gegenteil: Ich wünsche mir, dass zumindest eine Person aus jedem Volk seine eigene Geschichte niederschreibt und somit verhindert, dass sie eines Tages für immer in Vergessenheit gerät. Denn wir taumeln durch ein Heute und versuchen das Gestern

abzustreifen wie eine juckende Haut. Früher oder später wird sich niemand mehr an seine Wurzeln erinnern können oder wollen. Ich schlage mit meinen Büchern lediglich Brücken zwischen verschiedenen Völkern, mache sie miteinander bekannt. Mehr steht nicht in meiner Macht.

Sie blicken gern aus den Augen einer anderen Volksgruppe auf die dominierende Kultur. Gewinnt man diese Fähigkeit, einen „fremden" Blick anzunehmen, durch die räumliche Distanz zur Zivilisation während der Jagdausflüge? Verstehen Sie sich als Parteigänger der Unterdrückten?
Mir ist klar, dass wir als Nation zusammenwachsen, uns verändern müssen. Und das können wir nur tun, wenn wir bereit sind, über den Tellerrand zu schauen. Aber ich wehre mich gegen die Behauptung, dass Bräuche rückständig sind und aufgegeben werden müssen, denn gerade Bräuche haben den verschiedenen Völkern einen Halt, eine Identität gegeben. Den „fremden" Blick verdanke ich wohl meinem ausgeprägten Einfühlungsvermögen. Außerdem bin ich auf der Farm unter Herero aufgewachsen, habe mit einem Gwi gejagt und Monate im abgelegenen Kaokoland verbracht.

Sie haben das Thema Wilderei mehrfach aufgegriffen – in Ihren Romanen „Im Bunde der Dritte", „Irgendwo in Afrika" und in „Schattenjäger". Ist dieses Problem nach wie vor so gewichtig, jetzt, im unabhängigen Namibia?
Damals gehörte das Wild dem Staat und war für die Bevölkerung von keinem Nutzen. Das hat sich geändert. Heute wissen die Leute auf dem Land, dass unsere Tierwelt nicht nur für die Touristen, sondern auch für die verschiedenen Völker von großer Bedeutung ist. Dadurch ist die Wilderei in diesem Land eingedämmt worden.

Ihr Roman „Die verlorenen Jahre" ist auch in Antiquariaten nicht mehr erhältlich. Worum geht es darin?
Der Roman „Die verlorenen Jahre" behandelt ein eher spezifisch deutschnamibisches Thema: Die Internierung fast aller deutschen Männer während des Zweiten Weltkrieges und die daraus folgende Emanzipierung ihrer zurückbleibenden Frauen.

Ihren Romanen liegt eine gründliche, akribische und ethnologisch orientierte Recherche zu Grunde. Wie kommen Sie an diese wohl nicht gerade üppig dokumentierten Unterlagen?
Franz Irlich, ein Lehrer aus Swakopmund, hat mir seine Namibiana Bibliothek für Recherchen zur Verfügung gestellt. Ohne seine Hilfe hätte ich die Romane gar nicht schreiben können.

Befindet sich die Literatur Namibias, befinden sich die Literaturen, Autoren Namibias in einem so regen Austausch untereinander, dass Literatur zur Ausprägung einer gemeinsamen namibischen Identität beitragen kann?
Die Literatur Namibias steckt noch in den Kinderschuhen. Von regem Austausch untereinander kann bisher keine Rede sein.

Wovon handelt der Roman, den Sie gerade schreiben?
Momentan schreibe ich an einem Roman über die Entdeckung der Diamanten in Lüderitzbucht.

Chenjerai Hove

„Aber als Autor muss man nach dem Regenbogen Ausschau halten, voller Hoffnung“

Chenjerai Hove wurde 1956 in Zimbabwe geboren, studierte Anglistik und arbeitete als Lehrer und später als Verlagslektor. Hove publizierte Gedichte in Englisch und Shona und erhielt den Noma-Literaturpreis. Von Hove liegen in deutscher Übersetzung die Bücher „Knochen“, „Schattenlicht“, „stadtgeflüster“ und „Ahnenträume“ vor. Zusammen mit dem Verleger, Übersetzer und Autor Ilija Trojanow schrieb Hove den Band „Hüter der Sonne“.

Ihre ersten Gedichte wurden 1980 veröffentlicht in einer Anthologie zur Unabhängigkeit Zimbabwes: „Now the poets speak". Was halten Sie heute, mehr als zwanzig Jahre später, von der politischen Entwicklung in Zimbabwe?
Die politische Entwicklung ist dergestalt, dass die Politiker die Menschen frustriert haben. Sie haben nicht ein einziges ihrer Versprechen erfüllt. Nach Jahren des Ruhms begannen diese Politiker, in den Gewässern des Ruhms zu baden – und sie vergaßen dabei den Rest der Welt, vergaßen die Menschen. Was wir heute haben, ist ein politisches Desaster.

Sie verstehen sich als politischer Autor – müssen Sie um Ihr Leben fürchten, da auch zahlreiche engagierte Journalisten in Zimbabwe bedroht wurden und werden?
Ich führe ein sehr riskantes Leben, aber ich denke nicht, dass ich besondere Privilegien für Schriftsteller beanspruchen sollte. Das Maß an Freiheit, das Journalisten und Autoren haben – egal in welchem Land –, ist das Maß an Freiheit, das alle anderen Leute auch haben. Wenn man also sieht, dass Journalisten mit dem Tod bedroht werden, niedergeprügelt werden – dann ist das für alle Menschen so. Nur dass Journalisten leichter erkennbar sind, dass ich leichter identifizierbar bin.

Ihre Bücher handeln zumeist von Krieg – vom Unabhängigkeits- und Bürgerkrieg in Zimbabwe. Woher diese Ausschließlichkeit?
Krieg ist zwar nicht mein Hauptthema, aber ich würde sagen, der logische Pfad durch meine Bücher. Im ersten Krieg befanden wir uns im Kampf um Freiheit, was für mich den Fixpunkt unseres Selbstverständnisses, unserer Suche nach Würde darstellt. Der Krieg ist als Thema so bedeutend, weil der Unabhängigkeitskrieg die Grundlage für das moralische Empfinden schuf, für unser Selbstverständnis als Volk. Frauen und Männer, Jungen und Mädchen opferten sich für ihr Land, riskierten ihr Leben, um ihre eigene Geschichte selbst bestimmen zu können – selbst wenn sie dafür ihr Blut lassen mussten. Was später geschah, muss sich daran messen lassen: die Korruption der Politiker, die Verrücktheiten, die Morde während des Bürgerkriegs – das alles muss sich an dieser moralischen Grundlage messen lassen. Mussten die jungen Leute ihr Leben opfern, ihre Ausbildung, ihre Familien, und kämpfen, damit dann andere Leute Regierungsgeld unterschlagen können, damit Kinder verhungern? Noch heute verhungern Menschen in Zimbabwe! Der Krieg schuf die Grundlage für diese Fragen, schuf dieses Bewusstsein, aus dem heraus auch das heutige Geschehen beurteilt wird: War es das, wofür wir gekämpft haben? Deshalb ist dieser Krieg für mich sehr wichtig, und deshalb hat die Gemeinschaft, die wir in dieser Zeit bildeten, die größte Be-

deutung. Alles, was wir heute tun, um weiterhin unsere Würde zu verteidigen, unsere Geschichte wiederzuentdecken, verdanken wir dieser Gemeinschaft, der es gelang, uns selbst zu befreien.
Man kann keine anderen Bilder als die Bilder des Krieges verwenden, denn wir haben keine andere Wirklichkeit kennengelernt! Das geht erst, wenn uns die Zukunft andere Bilder gibt. Ich habe mir einmal vorgenommen, einen Roman ohne dieses Töten zu schreiben, aber als ich dann zu schreiben begann, kamen diese Bilder wieder aus meiner Erfahrung – die Zeit der Kriege ist Teil unseres Bewusstseins.
Aber man kann nie wissen, welche Bilder in meiner literarischen Arbeit noch auftauchen werden – ich weiß das nie. Wie Sie wissen, schreibe ich auch über eine Reihe anderer Dinge, über Liebe etwa, und es ist auch jede Menge Humor in den Büchern über Kampf und Krieg, die ich schreibe. Ich möchte vor allem Individuen betrachten, denn ich denke, dass es wichtig ist, über den Krieg zu wissen, dass er eine Arena ist, in der man nackt ausgezogen wird, so dass man erfährt, dass das Leben sehr brüchig ist. Leben ist sehr billig, jederzeit kann man sterben. Unter diesen Umständen beginnt man nach dem Wesentlichen zu suchen, nach dem Sinn des Lebens und danach, was eine Gemeinschaft ausmacht und was die Beziehungen zu anderen Leuten bestimmt. Das ist eine elementare Grundlage, eine elementare Erfahrung, die ermöglicht, die Hässlichkeit oder die Schönheit des Lebens zu zeigen.

Wie halten Sie es mit dem Sprachenproblem in Afrika?
Es ist ein Vorteil und spricht für die Bandbreite eines Autors, wenn er, sagen wir, in zehn Sprachen schreiben kann. Ich kenne Autoren, die in drei, vier Sprachen sehr gut und schön schreiben können – warum nicht? Ich ermutige die Leute nicht, einsprachig zu sein, denn es ist eine Schwäche, nur eine Sprache dieser Welt zu sprechen. Sprache ist für mich ein Weg, um Gedanken zu organisieren, ein System, um auch die Imagination zu organisieren. Wenn ich dazu fähig bin, meine Imagination in drei Sprachen zu organisieren, dann ist das wundervoll. Für mich stellt das Wohlstand dar. Ich glaube nicht, dass wir so etwas wie ein Sprachenproblem in Afrika haben. Das ist nur eine Vielfalt an Sprachen. Ich denke nicht, dass die Menschen eines Landes nur eine Sprache sprechen sollten. Selbst in Deutschland, wo nur Deutsch gesprochen wird, kann man verschiedene Akzente dieser Sprache erkennen. Für mich ist das wunderschön, aber leider ist es so, dass die Menschen das als Problem betrachten, und dadurch wird es zum Problem. Ich dagegen denke, dass das eine gesunde und wohltuende Vielfalt ist.
Zu Hause haben wir einen Radiosender, der in nahezu allen Landessprachen sendet: Shona, Ndebele, Tonga, Venda, Kalanga, ungefähr fünf oder

sechs Sprachen, und das ist gut, und die Radiomacher in diesen Sendern sprechen jeder zwei, drei dieser Sprachen. Sie sind viel besser dran als Leute, die nur eine Sprache sprechen.
Natürlich ist es mit der Muttersprache etwas Besonderes. Ich schreibe in der Muttersprache, wenn ich beispielsweise einen Roman auf dem Land spielen lasse und die Stimmen, die Nuancen der Muttersprache dort in der Ausdrucksweise der Figuren zu Gehör bringen möchte – das kann ich nicht auf Englisch niederschreiben, so wie es auch bestimmte Dinge gibt, die ich nicht in meiner Muttersprache niederschreiben kann. Manche Sprache ist sehr gut, um humorvoll zu sein, manche eignet sich besser für präzise Beschreibungen.

Frauenfiguren spielen eine sehr starke Rolle in Ihrem Werk. Woher diese Sympathie für starke Frauenfiguren?
Schauen Sie, zuerst einmal müssen wir alle akzeptieren, dass wir alle für rund neun Monate Teil des Leibes einer Frau waren. Das kann man nicht vergessen! Außerdem betrachte ich Gesellschaften immer aus dem Blickwinkel von Opfern, und meistens versuche ich in meiner Literatur, die Opfer zu porträtieren. Meist sind Frauen die Opfer.
Egal, welche Institution in Zimbabwe Sie nehmen, etwa die Universität, die etwa 1500 Studenten hat, dann werden Sie dort höchstens 200 Frauen finden. In der Geschäftswelt werden Sie finden, dass höchstens drei oder vier Prozent der erfolgreichen Manager oder Unternehmer Frauen sind. Die Regierung hat etwa 25 Minister, darunter nur fünf Frauen – während rund 53 Prozent der Bevölkerung im Land Frauen sind. Darauf muss man achten, und man muss versuchen, in der Literatur den Frauen eine Stimme zu geben.

Auch in Ihrem Roman „Ahnenträume“, einem historischen Roman, steht eine Frau im Mittelpunkt. Was ist das Besondere daran?
„Ahnenträume“ ist eine historische Collage, eine Familiengeschichte, die von verschiedenen Punkten aus erzählt wird. Sonst wird Familiengeschichte immer nur vom männlichen Standpunkt aus erzählt. Hier nehme ich eine schwache, machtlose Frau, und ich gebe ihr die Stimme, um die Geschichte der Familie zu erzählen, wie sie sie mit ihren eigenen Augen sieht, um einige der Entstellungen zu korrigieren, die die männlichen Familienmitglieder vornahmen. Die Frau erzählt die Geschichte und ergänzt die Elemente, die die männlichen Familienmitglieder vergessen oder ausgelassen haben. Es geht um die Lügen der Väter.

Mit Ausnahme Ihrer Kurzgeschichten, den „Shebeen Tales", spielen Ihre Romane auf dem Land. Haben Sie vor, auch einmal einen Großstadtroman zu schreiben?
Ich bin auf dem Land aufgewachsen und habe die Sprache des Landes gelernt: Ich höre den Gesang der Vögel, sehe die Farben der Gräser, der Bäume, des Bodens – dieser Klang ist so sehr in mir verwurzelt, ist so wunderbar! Vielleicht schreibe ich einmal einen Roman, der in einer Stadt angesiedelt ist. Aber Sie werden bemerken, dass ich immer, wenn ich über die Stadt schreibe, sie als psychiatrische Anstalt darstelle. Die Stadt ist ein Krankenhaus, eine Psychiatrie. Wenn die Hauptfiguren sowohl von „Schattenlicht" als auch von „Knochen" in die Stadt kommen, dann kommt es ihnen vor, als seien sie in eine psychiatrische Anstalt gekommen.
Ich stelle Stadt immer als einen Ort der Verrücktheit dar – und es ist ein Ort der Verrücktheit.

In den „Shebeen Tales" hatten Sie Ihre Heimat ausländischen Lesern zu erklären. Wie würden Sie Ihre Heimat heute Ausländern erklären?
Ich würde sie noch übler zeichnen. „Shebeen Tales" erschien in Holland, weil ich für De Volkskrant schrieb als Auslandskorrespondent im eigenen Land – das war sehr aufregend. Ich schrieb beispielsweise, was den Politikern gar nicht gefiel, über den Rotlichtbezirk in Zimbabwe. Ich wurde gefragt, warum ich über diese schlechte Seiten unserer Städte schreiben würde, und ich sagte: „Nun, ich will meinen Lesern nur das Äquivalent geben zum Rotlichtbezirk in Amsterdam! Ich bin kein Autor, der Lügen erzählt über sein Land! Wir können losziehen durch die Stadtviertel, ab abends neun Uhr, um die Frauen zu sehen in den so genannten Avenues, mit ihren langen Mänteln, die sie öffnen, wenn jemand vorbeifährt, und sich fast nackt zeigen." Auch das sind die Seiten unseres Landes, und ich muss darüber schreiben, eben damit wir wahrnehmen, was hier vor sich geht, was Frauen in die Prostitution zwingt, damit derlei auch verhindert werden kann.
Denken Sie an meine Gedichtsammlung „Rainbows in the Dust"! Zurzeit liegt unser Land blutend im Schmutz. Aber als Autor muss man nach dem Regenbogen Ausschau halten, voller Hoffnung. Deshalb mache ich weiter, weil ich denke, dass diese Hässlichkeit vorübergehend ist, dass danach Schönheit folgt.

Sie schreiben in einem sehr psychologischen Stil, aus verschiedenen Perspektiven, mit inneren Monologen. Dieser Stil unterscheidet sich stark von dem Realismus der Autoren des südlichen Afrika, die

oftmals in Landschaftsbildern schwelgten. Ist Ihr Stil Ausdruck einer neuen Generation von Autoren in Zimbabwe?
Ich würde sagen, es ist eine neue Generation. Denken Sie an Yvonne Vera, denken Sie an Charles Mungoshi. Der innere Monolog à la „Ulysses“ von James Joyce ist keine Erfindung des Westens. Alle Gesellschaften, die auf einer mündlichen Kommunikation basierten, waren psychologisch sehr differenziert. Das müssen Sie bedenken und auch, dass ich Lehrer bin, der Psychologie studierte, der die Psychologen und Philosophen Chinas und Deutschlands las.
Wenn diese Leute Zimbabwes mir die Sprache gaben, diese Landschaft mein Bewusstsein prägte, dann gehe ich natürlich auch in die Landschaft unseres Landes und nutze diese Bilder, zumal nicht sehr viele Leute sich die Mühe gemacht haben, nach dem Gold zu graben in der Psyche unserer Leute, gewöhnlicher Leute, die ein sehr tiefes Verständnis und eine sehr ausgeprägte Wahrnehmung ihrer Leben haben.

Welche Rolle spielte die Internationale Buchmesse bei der Entwicklung der Literatur in Zimbabwe?
Hätte es die Buchmesse nicht gegeben, wäre das Verlagswesen zusammengebrochen. Noch heute können die Leute keine Bücher lesen, aber Sie werden Hunderte von Leuten finden, die kommen, um Autoren zu treffen, die Schriftsteller kennenlernen, die mit Verlegern sprechen und Bücher anschauen wollen, Bücher, die sie anfassen können – und das ist fantastisch!

Woran arbeiten Sie gerade?
Das sage ich nie, niemandem, den besten Freunden nicht! Egal, woran ich gerade schreibe, ob an einem Gedicht oder einem Roman, es ist wie eine heimliche Geliebte. Ich spreche nie darüber, selbst wenn Sie mir eine Million Mark dafür bieten würden. Was wichtig ist: Ich schreibe.

Moses Isegawa

„Der Kampf um die Gedanken und Gefühle der Menschen dieser Welt geht in eine neue Runde“

Moses Isegawa wurde 1963 in Uganda geboren, besuchte ein Seminar für katholische Priester und arbeitete als Geschichtslehrer. 1990 zog er in die Niederlande und begann 1995 zu schreiben.
In deutscher Sprache liegen die Romane „Abessinische Chronik“ und „Die Schlangengrube“ vor.

In Ihrem ersten Roman „Abessinische Chronik“ beschreiben Sie die Tragödie des Bürgerkriegs in Uganda – in einem überwiegend ironischen, humoristischen Stil. Erlaubt es Ihnen die Ironie am besten, diese traumatischen Ereignisse zu verarbeiten?
Ich sehe keinen Grund dafür, eine Situation als schlimmer darzustellen, als sie ohnehin schon ist, und außerdem liebt man überall in Afrika die Ironie, und überall wird viel gelacht. Ich wollte versuchen, Fremden die Denkweise der Menschen zu vermitteln, in deren Mitte ich aufgewachsen bin. Sie haben den Tragödien des Lebens immer ins Gesicht gelacht und sich ihren Kampfgeist bis zum Schluss bewahrt.

Die Handlung dieses Romans endet mit der beginnenden Regierungszeit Yoweri Musevenis. Stimmen Sie mit dessen Politik überein, oder warum setzten Sie die Handlung nicht bis in die Gegenwart fort?
Ich hatte keineswegs die Absicht, regierende Herrscher zu verherrlichen, da noch nicht absehbar ist, was sie uns hinterlassen werden. Ich war vor allem an den Anfängen des Landes interessiert; darüber, wie seine Zukunft aussehen wird, kann ich nichts sagen. Ich bin sicher, dass ein besserer Mensch eines Tages mit Museveni abrechnen wird.

Obwohl „Abessinische Chronik“ keine versteckte Autobiografie sein soll, wie Sie zum Erscheinen dieses Romans bereits sagten, enthält das Buch zahlreiche Bezüge zu Ihrem eigenen Leben. Sind das nicht doch autobiografische Elemente?
In jedem Roman steckt etwas Autobiografisches, aber es sind die Rockstars, die reine Autobiografien schreiben. Die autobiografischen Elemente dienten nur als ein Gerüst, an dem sich die Geschichte emporranken konnte; die Geschichte selbst ist reine Fiktion. Ich kenne Sachbücher, die sich besser lesen als Romane; ich nehme an, dass der Graben zwischen Fiktion und Fakten Gott sei Dank immer schmaler wird.

Ihr Erstling „Abessinische Chronik“ machte Sie berühmt. Können Sie noch ohne Angst vor Versagen schreiben?
Ein Schriftsteller sollte jedes Buch so schreiben, als wäre es sein erstes; nur so können wir weitermachen. Erfolg ist so verrückt und launisch wie Caligula; man kann nie fest mit ihm rechnen. Alles was wir tun können ist, uns darüber klar zu werden, was wir mit einem Buch erreichen wollen; auf alles andere haben wir keinen Einfluss. Natürlich gibt es Autoren wie John Grisham und Jackie Collins, die beim Schreiben ständig Angst haben müssen, nicht gut anzukommen, denn sie haben zu viel zu verlieren.

Mit dem Roman „Abessinische Chronik" wollten Sie die afrikanische Literatur in die Fußstapfen von Salman Rushdie und Gabriel García Márquez stellen. Ist Ihnen das gelungen?
Wenn ich ein Buch wie „Notes from the Hyena's Belly" von Nega Mezlekia lese, dann weiß ich, dass es das wirklich gibt. Der Überschwang, der Mut, die Unbezähmbarkeit Afrikas – es ist alles drin. Das kann einem nur jemand vermitteln, der sich auskennt, und der nicht schreibt, um Zeit totzuschlagen, sondern um ein Leben, einen Kontinent, eine Welt zu erschließen. Rushdie und Márquez entdeckten dieses Glück, und inzwischen trägt die zweite Generation diese Fackel weiter.

In „Abessinische Chronik" zeichnen Sie das Bild eines lustvollen Afrika und eines lustfeindlichen Europa. Selbst, wenn das eine Persiflage sein sollte – ist diese Gegenüberstellung nicht bloß stereotyp, ein Klischee?
Viele Europäer können sich nicht mehr von der Konditionierung frei machen, die sie durchs Fernsehen erfahren haben: nur schlechte Neuigkeiten sind Neuigkeiten. Glück in Europa, Unglück in Afrika, Amen. Leider aber ist die Welt wesentlich komplexer, und immer mehr Leute merken, dass es Menschen gibt, die begonnen haben, diese anerzogene Engstirnigkeit zu bekämpfen, deren eigentlicher Zweck es ist, die entsetzliche Behandlung zu rechtfertigen, die Afrika jahrhundertelang durch Europa erfuhr. Mein Buch ist eines der vielen, die dieses Stereotyp angreifen, und es wird nicht das letzte sein. Ich habe vor kurzem „Upside down" von Eduardo Galeano gelesen, und er sagt darin die Dinge, die jeder hören sollte: Die umgekehrte Welt belohnt das Verkehrte. Sie verachtet Ehrlichkeit, bestraft Arbeit, schätzt Skrupellosigkeit und ernährt den Kannibalismus. Ihre Professoren verleumden die Natur: Unrecht, so behaupten sie, sei ein Naturgesetz. Der Kampf um die Gedanken und Gefühle der Menschen dieser Welt geht in eine neue Runde.

Sie versuchten Ihre Arbeiten auch in Uganda zu publizieren, hatten aber keinen Erfolg. Woran lag es?
Ich hatte nie versucht, etwas in Uganda zu veröffentlichen, weil ich nichts hatte, was reif für die Veröffentlichung war. Die Auswirkungen von jahrzehntelangem Chaos treten nirgends deutlicher zutage als in den Lesegewohnheiten, die erst langsam beginnen, sich von dem entsetzlichen Zustand zu erholen, in dem sie waren. Die Menschen wollen lesen, können sich aber keine Bücher leisten, und die Verleger tun ihr Bestes, aber es ist sehr schwer, die Gewohnheiten langer Jahre hinter sich zu lassen, in denen man keine Bücher kaufte, weil das Wenige, das man hatte, gerade für das Essen reichte. Die wirtschaftlichen Maßnahmen des Weltwäh-

rungsfonds und der Weltbank machen das nicht besser, denn ihre Politik, die Inflation und den Haushalt durch Deflation unter Kontrolle zu halten, bewirkt, dass die Menschen nicht viel Geld zur Verfügung haben.

1990 haben Sie Uganda verlassen – aus politischen Gründen? Und wie kamen Sie in die Niederlande, denn gewöhnlich gehen anglophone Autoren aus Ostafrika doch nach Großbritannien?
Ich verließ Uganda, um dorthin zu gehen, wo Bücher in großen Mengen geschrieben und verlegt werden. Wenn ich ein Basketballspieler gewesen wäre, wäre ich nach Amerika gegangen; als Schriftsteller suchte ich mir in Europa einen Ort aus, der mir die Möglichkeit bieten würde, unzählige Bücher zu lesen und vielleicht auch eigene Bücher zu veröffentlichen. Die Welt wird kleiner, und heute leben in London somalische Schriftsteller, in Kanada äthiopische Schriftsteller, und in Frankreich kenianische Schriftsteller. Ein Schriftsteller kann seinen Beruf an jedem Ort der Welt ausüben, vorausgesetzt er findet dort alles, was er dafür braucht.

„Abessinische Chronik" und „Die Schlangengrube" sind historische Romane, gilt das auch für Ihr drittes Buch?
In „Die Schlangengrube" geht es um Wettbewerb, um den Rausch der Macht und um kleine Caligulas, die in Uganda unter Amin ihr Unwesen treiben. In meinem dritten Roman „The Blond Berets and Love Unlimited" geht es um Holland, um die Europäische Union, die Marines, Firmengesetze und die Bemühungen der großen Unternehmen, alle Bereiche im Leben der Menschen zu kontrollieren. Er ist noch in Arbeit.

Der russische Autor Fjodor Dostojewskij scheint großen Einfluss auszuüben auf Autoren aus Afrika. Nadine Gordimer zitiert ihn, Nuruddin Farah, auch der Filmemacher Idrissa Ouédraogo. Sie selbst erwähnten Dostojewksij auch, welche Bedeutung hat sein Werk für Ihre Arbeit?
Dostojewskij war für die ältere Generation von Bedeutung, und ich hatte nie Gelegenheit, ihn gründlich kennenzulernen. Mein russischer Lieblingsschriftsteller ist Nikolaj Gogol, dessen Fähigkeit, dem Unglück ins Gesicht zu lachen, für mich eine mächtige Droge und auch ein Allheilmittel ist. Neben Gogol habe ich außerdem noch alles Mögliche gelesen, von Dickens hin zu Márquez, Mistry, Grass, Kosinski und vielen anderen. Die afrikanische Literatur wird von allen Kontinenten beeinflusst, so wie sie auch andere Kontinente zu beeinflussen versucht. Diese gegenseitige Befruchtung wird einige wunderbare Früchte hervorbringen.

Rayda Jacobs

„Das Kap ist eine sehr lebendige Gegend, und ich liebe sie“

Rayda Jacobs wurde 1947 in Südafrika geboren und verließ das Land aus politischen Gründen 1968. Jacobs lebte 27 Jahre in Kanada, wo sie auch zu publizieren begann.
Sie erhielt den Charles-Bosman-Preis und ist mit zwei Romanen auch in deutscher Sprache vertreten: „Augen des Himmels“ und „Die Tochter des Sklaven“. Seit 1995 lebt Jacobs wieder in Südafrika.

Nach den 27 Jahren in Kanada – wie war Ihr Eindruck von Südafrika nach Ihrer Rückkehr 1995?
Ich liebe Südafrika. Egal, wohin man geht: Der Himmel ist blau. Ich weiß, dass die Kriminalitätsrate in Südafrika sehr hoch ist und dass Ausländer gern auf dieses Thema zu sprechen kommen, wenn es um Südafrika geht, und ich weiß auch, dass deutsche Urlauber schlechte Erfahrungen als Touristen in Südafrika hatten. Was aber mich betrifft, so könnte ich nicht in einem Land leben, das durchgeplant und passiv ist. Südafrika ist, von der Landschaft her gesehen, ein sehr schönes Land. Berge, Seen, die Wüste sind jederzeit mit dem Auto erreichbar. Und Kultur und Menschen machen aus Südafrika, wie ich finde, einen sehr belebten Raum. Ich bin sehr gern wieder zurück. Ich bin sehr engagiert in kulturellen und religiösen Angelegenheiten und setze mich für mehr Toleranz in den Städten ein, und ich spüre, dass ich zur Entwicklung Südafrikas beitrage. Viele, die das Land verlassen hatten, kommen zurück und sind in der Lage, dem Land etwas zu geben, dem sie Jahre zuvor den Rücken gekehrt hatten.

Warum verließen Sie oder hatten Sie Südafrika zu verlassen?
1968, als jeder einen Personalausweis tragen sollte, hatte ich eine Identitätskarte für farbige Personen, die es mir unmöglich machte, auf ein College zu gehen. Meine Mutter besorgte daher für mich eine Identitätskarte für Weiße, damit ich zur Schule gehen kann. Aber der Sicherheitsdienst hatte damals nichts Besseres zu tun, als überall herumzuschnüffeln, und so wurde ich eines Tage verhaftet. Zu dieser Zeit hatten meine Schwester und ich Visa für Kanada erhalten. Wir hatten diese Visa zwei Jahre zuvor beantragt, aber inzwischen die Idee, nach Kanada zu gehen, aufgegeben. Es war eine Ironie der Geschichte, dass wir diese Visa ausgerechnet zu dem Zeitpunkt erhielten, als ich verhaftet worden war. Mein Rechtsanwalt versuchte – wie soll ich sagen, wahrscheinlich wäre es besser gewesen, einfach die Strafe für den kleinen Gesetzesbruch zu bezahlen, als in ein Land zu gehen, in das ich nicht mehr wollte – mich nach Kanada loszuwerden. Das war der Punkt: Wenn ich zustimmte, nach Kanada auszureisen, könnte ich innerhalb eines Monats das Gefängnis verlassen und die Anklage gegen mich würde fallengelassen.
Einerseits war es das Schlimmste, das mir passieren konnte, denn ich wollte überhaupt nicht nach Kanada, aber andererseits tat mir Kanada dann ganz gut, denn ich konnte dort meine Wunden heilen. Kanada ist ein gutes Land, ein Einwandererland, das sich um seine Einwohner kümmert, und ich liebte das Land dann wirklich – aber es ist nicht meine Heimat. Ich ging eben nicht freiwillig dorthin, ich war dazu gezwungen worden, und so habe ich dort nie meinen Anker fallen lassen. Deshalb

wollte ich immer zurück nach Hause. Und als ich 1994 mit meiner Tochter nach Südafrika in Urlaub fuhr und sie sah, wie glücklich ich in Südafrika war, da sagte sie, wie selbstsüchtig es von ihr gewesen sei, mich in Kanada zu halten und dass ich doch in Südafrika glücklich wäre und nach Hause zurückkehren sollte. Sie bedauerte sehr schnell, das gesagt zu haben, denn ich nahm sie beim Wort und fuhr nach Hause zurück und war glücklich.

Sie sprachen über Ihre Wunden. Welche Wunden waren das?
Die psychologischen Wunden, als farbige Person eingestuft zu werden und in einem Land zu leben, das solche diskriminierenden Einstufungen vornimmt, und zuletzt aus diesem Land gejagt zu werden. Ich habe nicht vergewaltigt, gestohlen, gemordet – ich hatte als farbige Person lediglich eine Karte für Weiße, die es mir ermöglichte, zur Schule zu gehen, so wie jeder Weiße zur Schule gehen durfte. Meine Mutter wollte mir nur zu einer guten Ausbildung verhelfen. Es waren in der Tat tiefe Wunden: Ich war entwurzelt im eigenen Land, ich fühlte mich ohne Wurzeln im Exil, und natürlich war ich später auch nicht in dem Südafrika verwurzelt, in das ich dann zurückkehrte. Kanada heilte diese Wunden, und wären nicht diese Jahre in Kanada gewesen, wäre ich eine ganz andere Person geworden. Aber nun bin ich wieder da, wo ich aufwuchs.

1996 wurde Ihr erster Roman „Augen des Himmels“ veröffentlicht. Hatten Sie ihn schon in Kanada zu schreiben begonnen?
Ja. „Augen des Himmels“ war mein zweites Buch. Auch mein erstes Buch, eine Sammlung von Kurzgeschichten, erschien zuvor in Kanada. Aber ich begann schon als Kind zu schreiben! Ich begann etwa im Alter von neun oder zehn Jahren zu schreiben, und als ich zwölf war, schickte ich meine erste Geschichte ans Springbok Radio. Meine Arbeiten wurden aber erst 1994 publiziert. Zuvor hatte ich nur kleinere Veröffentlichungen in Zeitungen und Zeitschriften. Ich war nicht gut genug. Meine Zeit begann erst 1994. „Augen des Himmels“ schrieb ich vollständig in Kanada. Es war damals aber ein vollkommen anderes Buch, als es nun ist! Es war ein Buch allein über Buschleute. Als es jemand las, sagte er: Du solltest besser ein paar weiße Figuren einfügen, denn sonst wird es niemand veröffentlichen. Also fügte ich weiße Figuren ein, gab ihm einen neuen Titel, und als ich nach Südafrika kam und es dort an Verlage schickte, hieß es, es seien zu viele weiße Figuren darin. Also überarbeitete ich es wieder und so wurde es schließlich zu „Augen des Himmels“.

Was beabsichtigten Sie damit, über Buschleute, über San zu schreiben?

Das ist eine lange Geschichte. Ich war immer schon fasziniert von den Buschleuten und möglicherweise romantisiere ich sie etwas – aber sicher nur in geringem Maße. Ich wollte auf unterhaltsame Weise daran erinnern, dass es nicht die Schwarzen waren, die zuerst in Südafrika lebten, das waren die Khoi-Na und die Sonkha, die gemeinhin Buschleute und Hottentotten genannt wurden und heutzutage Koi und San heißen. Außerdem wollte ich beschreiben, wie schwierig es für die Weißen war, in das Landesinnere des Kaps zu kommen. Das war nicht einfach, dorthin zu kommen und dieses aus ihrer Sicht nicht erschlossene Land im trokkenen Inneren urbar zu machen, ohne zu wissen, was sie erwartet. So begann ich, mit einer weißen Farmerfamilie am Rand der Karoo und einem Buschleute-Stamm meine Geschichte zu schreiben. Ich hatte viel zu recherchieren, und es gibt nicht sehr viel Literatur darüber.
Danach hatte ich genug von Geschichte und wollte über die Gegenwart schreiben, aber ich spürte, dass ich es nicht dabei belassen konnte und begann, über die Sklaven zu schreiben. So entstand der Roman „Die Tochter des Sklaven“. Auch danach dachte ich wieder, die Historie beiseite legen zu können und wandte mich einem zeitgenössischen Roman zu, aber wiederum merkte ich, dass mich die Geschichte nicht loslässt und so kam ich zu einer Trilogie über die Geschichte Südafrikas. Das erste Buch handelt von Buschleuten und spielt im 17. und überwiegend im 18. Jahrhundert. Dann folgt das Sklavenbuch, und das dritte Buch veranschaulicht die nachwirkenden Verstörungen der Vergangenheit. Wenn man, wie ich, als farbige Person oder als gemischtrassige Person eingestuft wird, dann fragt man sich viel mehr: Wo komme ich her, wie bin ich entstanden? Das kann man nicht mit einem Satz beantworten, man muss dazu jede Menge Bücher lesen, um nachempfinden zu können, wie solche Menschen lebten. Würde man also von einem fremden Planeten kommen und nichts über Südafrika wissen, dann könnten einem meine drei Bücher vor Augen führen, wie sich die heutige südafrikanische Gesellschaft geformt hat.

Ist es nicht etwas ungewöhnlich, dass Sie, die als Farbige eingestuft und diskriminiert wurden, über die historischen Leistungen der Vortrekker schreiben?
Ja, und dazu bin ich auch noch moslemisch! Warum sollte ein Muslim nicht über Vortrekker, Farmer und Buschleute schreiben? Das hat doch damit nichts zu tun! Das hat mit der Liebe zu den Leuten zu tun, mit der Liebe zum Land! Ich verstehe mich weniger als Schriftstellerin, sondern als Geschichtenerzählerin, und so will ich von der Geschichte erzählen, und ich wollte sie als Liebesgeschichte erzählen.

Was ist denn das Neue an der Darstellung der San in „Augen des Himmels"?

„Augen des Himmels" spielt in der Karoo am Kap im 17. und 18. Jahrhundert. Im Mittelpunkt steht eine Farmerfamilie am Rand der Steppe: Vater, Großvater, keine Frau, zwei Söhne – davon einer gut, einer böse –; ein Buschmann namens Twa, der auf der Farm lebt. Die Figur des Twa geht auf eigene Erfahrungen zurück; ich entwarf die Figur nach jemandem, der auf mich aufpasste, als ich klein war. Mein Großvater hatte eine Farm – wir lebten am Kap –, und dieser Junge von 18, 19 oder 20 Jahren, der auf Arbeitssuche auf die Farm kam, als ich zwei Jahre war, war zum Teil Buschmann und verließ die Farm nie mehr. Er blieb bei der Familie, bis er starb. Er konnte Feuer machen und zum Feuer sprechen, er sprach zu den Wänden und faszinierte mich. Als Kind war ich in seiner Obhut, wenn ich meine Großeltern besuchte. Meine Großmutter kochte ihm Kaffee und machte ihm Sandwiches, wenn er das Vieh auf die Weide zu treiben hatte; ich begleitete ihn und tollte auf der Erde herum, und er war so sorgsam und aufmerksam, wirkte in seiner Art so anders auf mich, und das blieb die ganzen Jahre so. Wenn Sie den Charakter von Twa lesen – das ist dieser Mann! Ich habe ihn mir nicht aus den Fingern gesogen – alles, was er in diesem Buch macht, ruhte als Erinnerung in meinem Gedächtnis.

Aber grundsätzlich ist die Geschichte des Buchs, dass ein Bruder vom anderen Bruder betrogen wird. Gewöhnlich ist in Büchern zu lesen, dass Buschleute Farmen überfielen – das kam vor –, aber in diesem Buch zeige ich, was die Weißen den Buschleuten antaten. Sie töteten und vernichteten ganze Lager der Buschleute. Es war letztlich ein Kampf um Land. Wenn man mit meinem Buch in die Vergangenheit schaut, und wenn man in die Gegenwart blickt, dann hat sich nichts geändert. Der Kampf ging ums Land, und der Kampf geht nach wie vor ums Land. Es war das Land der Buschleute, sie betrachteten es als ihr Land; dann kamen die Weißen und drangen in das Gebiet der Buschleute ein. Sie nahmen, was sie haben wollten, während die Buschleute teilen wollten. Die Weißen wollten aber nicht teilen, und sowohl die Weißen als auch die Buschleute wollten überleben. Darum geht es in meinem Buch. Gegen Ende des Buchs wird ein Kind geboren, von dem Sohn des weißen Farmers und einem Buschmädchen, und das ist mein Sinnbild für die erste farbige Person, die damals noch Bastard genannt wurde.

Im zweiten Buch, in dem es um die Sklaven geht, gibt es noch mehr gemischtrassige Personen, und dann folgen die Händler und Entdecker, und alle die verschiedenen Leute von den verschiedenen Orten dieser Erde. Südafrika hat eine ausgesprochen vielseitige, lebhafte und bunte Kultur! Ich denke, so etwas findet man höchstens noch an einem oder zwei Plätzen dieser Welt. An den meisten Orten gibt es nur entweder Weiße oder Schwarze. Aber hier gibt es alles zusammen und miteinander vermischt – im Kap, nicht in Johannesburg oder Durban. Das Kap ist eine sehr lebendige Gegend, und ich liebe sie.

Was folgt nach dieser Trilogie?
Ich drehe einen Dokumentarfilm über Religion in den Augen südafrikanischer Kinder aus sechs verschiedenen Kulturen. Ich wechsle also vorübergehend zum Medium Film und will auch einen Kurzfilm nach einer meiner Erzählungen drehen. Es kann also sein, dass ich nicht zum Schreiben komme, aber es kann auch gut sein, dass ich es ohne zu schreiben nicht aushalten werde. Ich filme zwar, aber ich glaube nicht, jemals ohne zu schreiben leben zu können.

Antjie Krog

„Der Grund, warum man Poesie mag, liegt darin, dass man sie hört, wenn man sie liest“

Antjie Krog wurde 1952 in Südafrika geboren, studierte Afrikaans, Anglistik und Philosophie. Krog arbeitet als Journalistin, schreibt Gedichte und Kinderbücher, hat einen Roman und ein Drama verfasst sowie eine Dokumentation über die Arbeit der Wahrheits- und Versöhnungskommission in Südafrika. Sie leitete Poesie-Workshops und nahm 1999 an der Poeten-Karawane von sieben afrikanischen Dichtern entlang der früheren Sklavenroute von Goarée, Senegal, nach Timbuktu in Mali teil. Krog erhielt den Eugene-Marais-Prize, den Hiroshima Prize und den Pringle Award.

Was fühlen Sie, wenn Sie das Wort Wahrheit hören?
Das ist ein Wort, das in einem großen Raum steht. Zwiespältigkeit, Interpretation. Es ist ein Wort, das leicht missbraucht werden kann. Aber auf der anderen Seite denke ich auch, dass man jedes Anderen Wahrheit akzeptieren muss. Es mögen Lügen sein, aber dann muss man fragen, warum aus Lügen Wahrheiten wurden. Um es anders auszudrücken: Respekt für dieses Wort, aber eine sehr große Wachsamkeit gegenüber seinem Missbrauch.

Ihr Buch „Country of my Skull" entstand in Folge Ihrer Berichterstattung über die Anhörungen der Wahrheits- und Versöhnungskommission. Wie waren denn die Reaktionen der Afrikaaner, als sie hörten, dass Sie diese Anhörungen als Reporterin begleiten würden?
Es waren die üblichen Vorbehalte, aber glücklicherweise bin ich ein guter Reporter. Ich denke, Radio ist das Medium für Poeten, denn es arbeitet mit Klang. Ich arbeitete schon vorher viel für das Radio, so dass ich mir bereits Vertrauen aufgebaut hatte.

Warum arbeiteten Sie unter Pseudonym für das Radio, für die SABC? Als Antjie Samuel?
Weil ich nicht sehr beliebt bin bei den Leuten meiner Sprache wegen meines politischen Standpunkts. Und ich dachte, ich würde diese Arbeit als Reporterin nicht mit meiner Arbeit als Schriftstellerin vermischen wollen. Ich dachte, ich wäre dazu fähig, mich in zwei Persönlichkeiten zu teilen: Krog, die Poetin, die unterminiert und attackiert, und Samuel, die professionelle Radiomitarbeiterin, die ihren Job macht. Durch das Radio wurde ich aber weitaus bekannter denn als Autorin, und so kannten mich bald mehr Leute als Samuel und nicht als Poetin. Als ich zuletzt das Buch „Country of my Skull" schrieb, für das ich auf Stilmittel des Journalismus sowie der Poesie zurückgriff, publizierte ich wieder als Krog, denn Krog ist meine Identität, meine ganz besondere Identität.

Für Ihr Buch „Country of my Skull" entwickelten Sie eine ganz besondere Form. Das Buch ist Familiengeschichte, Tagebuch, Dokumentation – wie ist das Verhältnis zwischen Fiktion und Fakten?
Das ist auf gewisse Weise ziemlich einfach zu unterscheiden. Fiktionalisiert ist das, was mir selbst nahekommt. Die Fakten zu erkennen ist einfach, denn man erkennt die Namen, Tutu et cetera – das kann man nicht fiktionalisieren. Und es gibt die Zeugenaussagen. Ursprünglich hatte ich die Zeugenaussagen sogar in einem anderen Schrifttyp vorgesehen, um

eine klare Unterscheidung zu treffen. Der Verleger fand aber, dass das den Leser irritieren könnte, dass der Leser diese Passagen dann leichter überspringen könnte und auch würde, weil es nicht leicht ist, über Folterer zu lesen. Menschen können etwas über Gewaltverbrechen lesen, aber die Menschen finden es sehr hart, über Leiden zu lesen.
Ich verzichtete also auf diese Unterscheidung durch den Schrifttyp, so dass man schon halb in einer Zeugenaussage ist, bevor man merkt, dass es eine Zeugenaussage ist, eine, die man vielleicht lieber ausgelassen hätte.
Wenn es also um meine Familie ging, hatte ich das Gefühl, sie schützen zu müssen, denn sie ist nicht Teil der öffentlichen Anhörungen – aber die Zeugenaussagen der Opfer sind natürlich öffentliche Äußerungen.

Wie haben Sie die Einflüsse der täglichen Arbeit als Beobachterin der Wahrheitskommission weggesteckt?
Ich war da als Radioreporterin. Es war sehr schwierig, damit umzugehen, aber zuletzt entwickelten wir Journalisten einen Hilfsmodus unter uns selbst. Wir verstanden die Emotionen, die jeder durchlebt. Wenn man also neben sich jemanden zusammenbrechen sieht, dann hilft man, dessen oder deren Arbeit zu beenden, Kaffee zu bringen oder etwas zu essen zu holen, oder Zigaretten.
Man konnte, man wollte diese Eindrücke nicht mit nach Hause nehmen, denn es hätte das ganze Haus mit dem vergiftet, was sich da an Verbitterung anstaute. Aber man konnte auch über nichts anderes mehr sprechen, man konnte nur noch darüber sprechen. Das heißt, die meisten von uns waren unbrauchbar zu Hause, und je länger ein Journalist zu den Anhörungen ging, desto wütender wurde er, wenn irgend etwas am Text gestrichen, am Band geschnitten wurde.
Ich leitete das Radioteam und realisierte bald, dass es allein die Schlagzeilen sein würden, die die Geschichte tragen würden. Die Leser und Zuhörer würden, wenn sie „Wahrheitskommission" lesen oder hören, umblättern oder umschalten. Aber man konnte nicht Radio hören, ohne von der Wahrheitskommission zu hören – ob man nun auf den Lift wartete oder im Auto saß. Daher war es besonders wichtig, dass das, was über die Wahrheitskommission kam, besonders gut war, damit die Leute nicht abschalteten, damit sie zuhörten. Bevor die Wahrheitskommission begann, gab es einen Workshop für Journalisten: Wie kann man verhindern, dass die Berichterstattung langweilig wird, wie hält man die Aufmerksamkeit aufrecht? Aber als die Wahrheitskommission zu tagen begann, waren schon nach der ersten Stunde alle Regeln gebrochen. Die ausländischen Journalisten fragten uns, wie wir arbeiten könnten, weil wir doch alle heulten.

Nach zwei Wochen wurden wir alle seltsam. Es war eine Menge Arbeit, ein großer Druck, wir arbeiteten bis spät in die Nacht. Es hieß dann, dass wir traumatisiert würden, wenn wir zu viele Geschichten von Traumatisierungen hören würden, und dass das auch für die Wahrheitskommission selbst gelten würde. Es waren dann Berater nötig für einige der Journalisten und der Mitglieder der Wahrheitskommission, Berater aus dem Kreis der Berater für die Opfer. Das Einzige, was man machen konnte, war, das Beste zu versuchen, die Integrität der Geschichten zu fassen zu bekommen, und zwar so, dass sie erhalten blieb und das Publikum außerhalb erreichte.
Ich denke, dass Radioreporter damals sehr gelitten haben, denn man zeichnet auf, hört die Bänder ab, sucht seinen O-Ton, bearbeitet ihn, fügt ihn in sein Skript ein, hört nochmals ab, liest nochmals und hört genau die Stimmen der Zeugenaussagen. Man gewöhnt sich so sehr an diese Stimmen! Ich erinnere mich, als ich einmal mit vielen Leuten im Lift stand, dass ich plötzlich eine Stimme hörte und mich das Gefühl unmittelbarer Bedrohung überkam. Es war einer der Übersetzer, der mit mir im Lift war und mit jemandem sprach, und allein seine Stimme brachte plötzlich alles wieder zurück
Einige meiner Familienmitglieder, die meine Berichte hörten – diese erschienen auch auf fünf CDs mit Reportagen über die Wahrheitskommission –, stellten fest, wie sehr sich die Stimmen von uns Reportern änderten im Verlauf der Jahre. Die Menge an Ärger, die in diesen Stimmen wuchs. Mir wäre es nicht aufgefallen, aber man konnte es hören, wie wütend wir wurden.
Man wollte auch nicht diese Wahrheit in sich verschließen, sie sollte herauskommen, so schrecklich sie ist. Deshalb fand ich es nötig, das Buch zu schreiben. Als Journalist kann man nicht auf persönliche Weise reagieren und sich fragen, wie gehe ich damit um? Man kann diese Art von Fragen nicht stellen. Der persönliche Umgang mit diesem Wissen war blockiert, denn dafür gibt es im Journalismus keinen Raum. Das Buch half mir enorm dabei, die Zeugenaussagen zu verarbeiten, die ich nicht aus meinem Kopf bekam. Ich konnte darüber nachdenken, sie analysieren, auf ihren besonderen Ton achten, auf besondere Bilder – und mich zugleich fragen, ob man damit überhaupt einfach so umgehen kann. Was mache ich da? Und dann noch die Leser: Wie helfe ich den Lesern, mit diesen Informationen umzugehen?
Ich war etwas überrascht, dass so viele Leute hinterher zu mir sagten, dass sie nicht an die Arbeit der Wahrheitskommission geglaubt hatten, bis sie mein Buch gelesen hätten. Ich denke, die Wirkung dieses Buches liegt darin, dass ich mir selbst erlauben konnte, auf meine Reaktionen einzugehen.

Sie sprachen von Zweifeln mancher Südafrikaner an der Wirkung der Arbeit der Wahrheitskommission. Wie denken Sie persönlich darüber?

Einer Studie zufolge haben 82 Prozent der Schwarzen noch nie mit Weißen zusammen gegessen, und 70 Prozent der Schwarzen begrüßen die Wahrheitskommission als Möglichkeit, die Vergangenheit zu verarbeiten. Natürlich gibt es eine Menge Dinge, von denen man sagen kann, dass man sie besser erledigen könnte – aber es ist undenkbar, dass das Land ohne Wahrheitskommission auskommen könnte.

Jeder Südafrikaner hat nur ein halbes Gedächtnis – ein weißes oder ein schwarzes. Und die Nachrichten waren früher so unterdrückt, dass es abgeschlossene Gebiete gab; die Wahrheitskommission öffnete diese vergessenen Gebiete, von denen man dachte, dass dort nichts geschah. So kam heraus, dass dieses Böse auch in den ländlichen Gegenden wütete.

Durch die Wahrheitskommission gibt es zum ersten Mal eine gemeinsame, zusammenhängende Erinnerung an Südafrikas Vergangenheit. Und in den Nachrichten gab es plötzlich Raum für Menschen, denen man dort nie zuvor Platz eingeräumt hatte. Ich weiß noch, wie aufgewühlt wir Journalisten waren, als eine Putzfrau aussagte, dass sie gerade Tassen spülte – sie arbeitete auf einer Polizeistation –, als sie etwas fallen sah, außerhalb des Fensters. Als sie hinaussah, sah sie, dass es ihr Enkel war, der gefangen genommen worden war und nun getötet wurde, indem man ihn aus dem Fenster warf. In den 11-Uhr-Nachrichten wurde ihr Fall groß herausgebracht.

Ich wollte einen moralischen Wendepunkt. Einen Punkt, von dem man sagen konnte: Das, was bis dahin in Südafrika geschah, gilt seither als falsch. Jetzt werden die Leute sagen, das sei naiv! Es ging aber nie darum, aus der Wahrheitskommission so etwas wie die Nürnberger Prozesse zu machen. So etwas stand nie zur Wahl – entweder Wahrheitskommission oder gar nichts.

In Deutschland ist Lyrik nicht sehr verbreitet, man liest mehr Prosa. Wie ist Ihr Ansehen als Poetin in Südafrika?

Lyrik hat in der Sprache, in der ich schreibe, in Afrikaans, ein sehr gutes Ansehen, und sie verkauft sich sehr gut. Zumal ich schon sehr lange schreibe und auf diese Weise eine Art Beziehung zwischen meinen Lesern und mir entstand – die Frauen meiner Gedichte waren jung, als ich jung war, bekamen Kinder, als ich welche bekam, werden älter ...

Wir haben gute Poeten in Afrikaans, etwa Breyten Breytenbach, wir hatten immer gute Poeten in Afrikaans. Das Problem liegt eher darin, dass die Hälfte der Bevölkerung nicht schreiben und lesen kann.

Vor 1990 auf Afrikaans zu schreiben, war äußerst schwierig, denn irgendwie hasste man die Leute, für die man schrieb. Wir suchten immer nach Wegen, die Leser zu unterminieren. Als während der Wahrheitskommission die Zeugen aussagten, sprachen sie in ihrer jeweiligen Sprache, aber wenn der brutale Teil begann, dann war das immer auf Afrikaans – die Kommandos. Obwohl die Zeugen kein Afrikaans verstanden – diese Passagen brachten sie im selben Akzent heraus, mit dem die Kommandos wohl herausgebrüllt worden waren. Vor 1990 war Afrikaans neben Englisch eine der beiden Hauptsprachen, nun ist Englisch die Nationalsprache, und Afrikaans muss sich mit den neun anderen Landessprachen – Zulu, Xhosa, Tswana, Pedi, Sotho, Shangaan, Swazi, Venda, Ndebele, – den Kuchen teilen. Jetzt empfinde ich Afrikaans als sehr verletzlich, denn jetzt publizieren in ihr auch Menschen, die vorher nicht publiziert hatten: Es sieht im Moment so aus, als würde Afrikaans zum Kriegsschauplatz einer konservativen Ethnizität, und dieser Kampf ist kein Kampf um Sprache, sondern er wird wegen des Machtverlusts geführt. Diese Sprache erhält einen Klang, der es für mich nicht einfacher macht, mit ihr zu arbeiten.

Ihre Dichtung ist sehr rhythmisch, melodiös. Wie wichtig ist Ihnen denn der Klang Ihrer Lyrik?
Der große Unterschied zwischen Poesie und Prosa ist, dass Poesie klingen muss. Ich hasse es, wenn die Leute den Klang nicht respektieren, wenn sie einen Buchstaben falsch betonen, denn jeder Buchstabe hat seinen eigenen Klang. Der Grund, warum man Poesie mag, liegt darin, dass man sie hört, wenn man sie liest. Deshalb finde ich den Klang von großer Bedeutung.
Außerdem hat Südafrika und auch der Kontinent selbst eine starke mündliche Tradition, in der man als Poet das Publikum respektieren muss. Wenn man nicht gut lesen will, wenn man nicht gut lesen kann, dann sollte man nicht lesen. Wenn man zwar gut schreibt, aber schlecht liest, dann soll jemand anderer lesen.
Es ist eine ziemliche Herausforderung, Texte „aufzuführen". Etwa vor 1990, zur Freilassung Mandelas, vor 30000 Menschen: In welcher Sprache soll ich sprechen? Wie soll ich mit einem schlechten Mikrofon klarkommen? Soll ich aus einem Buch lesen – mehr als 50 Prozent der Leute können nicht lesen, kann ich da ein Buch mitbringen? Was anziehen, denn es gibt diesen Vorwurf in Südafrika, dass die Weißen, die auf der Seite der Schwarzen stehen, vorgeben, arm zu sein, so dass sie immer in Jeans und abgetragenen T-Shirts herumlaufen – und dann sieht man diese oralen Poeten, wie sie gekleidet sind, mit Federn geschmückt, mit Fahnen dabei – aus Respekt für das Publikum!

Sie haben 1999 an der Poeten-Karawane durch Westafrika teilgenommen. Welche Erfahrungen prägten sich Ihnen besonders ein?

Das war eine unglaubliche Erfahrung, und ich schrieb einen langen Text darüber, ein poetisches Tagebuch für die Zeitung Mail & Guardian, und die Gedichte erschienen 2000 als Buch. Für mich selbst wollte ich erforschen, ob ich Afrikanerin bin – vielleicht wollte ich nur sehen, vielleicht hasse ich alles, kann nicht mit dem Horror umgehen. Aber dann habe ich darüber die schönsten Texte geschrieben, die ich jemals schrieb. Ein Gedicht allein über die Toiletten – die Toiletten sind der Horror überhaupt, genauso wie die Klimaanlagen – solange wir eine solche hatten. Und das Essen erst! Erst dann realisierte ich, dass dies eben dieser Kontinent ist, dass man nicht das eine ohne das andere haben kann.

Als ich mein Buch sah, mir das Cover anschaute, dachte ich, da habe ich wirklich gutes Zeug geschrieben, und dachte an den Horror und daran, dass es nicht nur eines von beidem geben kann. Es erschütterte diese Vorstellung, dass es eine einzige Art von Afrika gäbe. Es gibt viele Stimmen und viele Farben, aber worauf es ankommt, ist die Farbe des Herzens. Es gab schwarze Poeten, die nach zwei Tagen aufgaben und nach Frankreich zurückkehrten, wo sie lebten.

Es gibt in Südafrika gerade eine sehr heftige Debatte darüber, wer Afrikaner und was afrikanisch ist. Diese Debatte wird sehr hitzig geführt, wegen der südafrikanischen Vergangenheit. Das Wort „afrikanisch“ wird beansprucht von Leuten, von schwarzen Leuten, die ihre früheren Unterdrücker nicht mit einschließen wollen. Es muss wohl etwas Außergewöhnliches sein, dass die Person gleich neben mir auch Afrikaner ist. Die Isolation Südafrikas vom restlichen Afrika machte uns die Vielseitigkeit Afrikas nicht bewusst – wir waren so ausgeschlossen.

Als ich zum ersten Mal nach Europa kam, war mir noch im Flugzeug schlecht von Afrika, denn ich war mir so sicher, dass ich hier ankommen und feststellen würde: Hier ist es, wohin ich wirklich gehöre. Mein ganzes Leben – hier ist es. Aber ich hätte mich nicht fürchten müssen: Ich bin nicht aus Europa, ich bin vollkommen ein Mensch aus der Dritten Welt. Was ich in Europa vorfinde, seit ich seit 1990 hierher komme, ist eine ausgeprägte Irritation darüber, welches Privileg es darstellt, hier zu leben. Ich wurde so verärgert, dass es einen Kontinent gibt, der so leidet wie unserer – und hier fährt alle drei Minuten eine U-Bahn.

Im Jahr 2000 waren Sie während des Fest'Afrique in Kigali, Ruanda. Sehen Sie Ähnlichkeiten zwischen Ruanda und Südafrika, was den Umgang mit der Vergangenheit angeht, was die Frage von Vergebung oder Vergeltung betrifft, wenn man an den Genozid

1994 in Ruanda denkt und an die Jahre der Apartheid in Südafrika?
Bevor ich in Ruanda ankam, dachte ich, es sei so, es gäbe Ähnlichkeiten. Als ich dort ankam, realisierte ich erst das Ausmaß des Schreckens – was soll man da sagen?: Es ist enorm.
Die Leute dort sehnen sich so sehr nach Gerechtigkeit. Aber ich realisierte, dass diese Gerechtigkeit nur eine Gerechtigkeit zu Gunsten der Reichen ist. Gut, es gibt Gerichtsverfahren, aber wirkliche Gerechtigkeit, so wie sich die Leute das wünschen ... sie werden alle miteinander leben müssen.
Ich habe in Südafrika gesehen, dass Schwarze und Weiße einander nicht vertrauen können, aber ich verstehe nicht, wie sich Schwarze selbst zerfleischen. Und ich denke, es gibt da noch immer eine große Unehrlichkeit über die Differenzen, die es zwischen ihnen gibt.

Sie messen Frauen eine besondere Rolle zu im politischen Prozess, weil diese eine besondere Sicht auf die Dinge haben. Was ist das Besondere an der Sicht der Frauen?
Ich denke, dass Frauen erkennen, dass der Unterschied zwischen der persönlichen und der öffentlichen Sphäre ein künstlicher ist. Es ist das Kind, das man zur Welt gebracht hat, das im Krieg kämpft, weshalb der Krieg keine öffentliche Angelegenheit ist. Es gibt keinen Unterschied für Frauen zwischen einem Wiegenlied und dem Wunsch nach einem friedlichen Kontinent – beides ist Teil ihres intimsten Lebens. In dem Augenblick, indem man das zum Argument macht, denkt man anders über Krieg und Leiden und Macht.
Entsprechend sollten in Südafrika auch mehr Schwarze beteiligt werden, nicht, weil es politisch korrekt ist, sondern weil sie eine besondere Sicht, einen besonderen Standpunkt mitbringen, den man selbst nie erreichen, nie einnehmen kann, soviel man sich bemüht und vorgibt. Entsprechend sollten auch Frauen ins Parlament, sollten Frauen Machtpositionen haben, weil sie etwas anderes mit sich bringen.
Aber als jemand, der selbst in verschiedenen Schlüsselpositionen war, habe ich realisiert, dass es sehr schwierig ist, nicht zu werden wie ein Mann, wenn man in einer Autoritätsposition ist. Ich finde, dass mir in dem Moment, in dem ich einen Rock trage, die Leute nicht zuhören. Aber wenn ich einen Hosenanzug anhabe, dann nehmen mich die Leute ernst in dem, was ich sage. Das heißt, man muss Techniken entwickeln, um in die Diskussion einsteigen zu können, aber dann muss man trotzdem auch noch seine andere Erfahrung von Macht mit einbringen.

Mazisi Kunene

„Nicht der Autor ist es, der etwas erschafft, sondern etwas erschafft sich durch ihn – oder sie"

Mazisi Raymond Kunene kam 1930 in Südafrika zur Welt und studierte die Literatur der Zulu. 1959 zog Kunene nach London und widmete sich dem Freiheitskampf afrikanischer Länder. Er arbeitete in Tansania und Sambia und wurde 1966 aus Südafrika verbannt. 1970 erschien Kunenes erster Gedichtband sowie das Epos „Emperor Shaka the Great". Ab 1977 war Kunene Berater der Unesco, und er unterrichtete weltweit, unter anderem Afrikanische Literatur in Stanford und Los Angeles. 1981 publizierte Kunene mit „Anthem of the Decades" sein zweites Epos, ein Werk über den Schöpfungsmythos der Zulu. 1993 kehrte Kunene nach 34 Jahren Exil nach Südafrika zurück, wo er seither als Dozent für Zulu-Literatur tätig ist. Kunene wurde zum ersten Poet Laureate der arabischen und afrikanischen Länder ernannt.

Wieviel Zulu-Oratur findet sich denn in Ihrer Poesie?
Das ist keine Frage der oralen Poesie, denn orale Poesie ist nicht dasselbe wie geschriebene Poesie. Geschriebene Poesie ist formal, wird formal ohne die Echos der Sprache. Das Gute an der oralen Poesie ist, dass sie eine Fülle an Klängen erforscht: Dehnungen, Tonfall, Rhythmus, Tonhöhen. Unsere Poesie, diese orale Art von Poesie, ist für Feste, für Festivals gedacht. Die Leute tanzen, es ist ein offener, öffentlicher Raum – man kann da nicht still und in sich verschlossen auftreten und vor sich hin brummeln. Diese Poesie ist eine Poesie, die eine große Zahl von Leuten mit einschließen können muss, sie muss beantwortet werden können, und man kann da nicht einfach für sich herumsitzen. Orale Poesie bedeutet eine Art Gemeinschaft mit dem Publikum. Die Zuhörer stehen nicht einfach da und lauschen, sie sind Teil dieser ganzen Aufführung, dieses Schauspiels.

Sie wurden als Führer durch das kollektive Gedächtnis bezeichnet. Sind Sie damit einverstanden?
Das hängt davon ab, was kollektives Gedächtnis bedeuten soll. Der Begriff ist sehr abstrakt, bedeutsam nur für Psychologen. Ich spreche aber lieber darüber, wie man etwas macht, als darüber, zu welchem Zweck man etwas macht. Das Wie ist wichtiger als die Absicht, denn die Absicht hat Grenzen, nämlich die Praxis. Kollektives Gedächtnis – was ist das? Wissen Sie, was das ist? Nein, denke ich, wir alle wissen es nicht. Wir wissen, wie es klingt, wie ein psychologisches Gutachten, es klingt sehr intellektuell, abstrakt, aber wo ist es? Wo ist es anzusiedeln? Ist es Erinnerung? Erinnerung vieler Menschen an irgend etwas, ist es das? Oder meint es eine Art Stil, um Sinn durch Erinnerung zu erhalten?

Sie schreiben Ihre Poesie in Zulu. Sahen Sie sich jemals veranlasst, gedrängt, versucht, sie ins Englische zu übersetzen?
Das ist für mich eine fundamentale Angelegenheit. Wenn ein Schriftsteller etwas schafft, für wen schafft er das? Im Westen geht es ums Verkaufen, da ist der Markt sehr wichtig in der Vorstellung von Kunst. Wenn man also ein Buch schreibt, dann schreibt man es so, dass es verkauft werden kann. Es ist sehr gefährlich für einen Schriftsteller, so zu arbeiten. Man kann kein großes Meisterwerk schaffen, wenn man es darauf reduziert, verkauft zu werden.
Es beschränkt den Autor, wenn er nur an die Veröffentlichung denkt. Für mich ist es sehr leicht zu schreiben, denn wenn ich schreibe, kümmere ich mich nicht darum, ob es veröffentlicht wird oder nicht. Es ist wichtig für mich, diese Gedanken zu bewahren, das ist meine Verantwortung. Schreiben ist nicht nur Schreiben, um Geld zu verdienen! Ich kümmere

mich nicht ums Geld! Ich brauche das Geld nicht, um in meinem Schaffensprozess weiterzukommen, dazu ist mein Schaffensprozess zu geheim. Ich lausche einer geheimen Stimme der Schöpfung. Ich mystifiziere das nicht, ich sage nur, was geschieht. Wenn man sich erlaubt, dieser Stimme zu folgen, dann bekommt man mehr Ideen, denn man beginnt, auf sich zu hören. Nicht der Autor ist es, der etwas erschafft, sondern etwas erschafft sich durch ihn – oder sie.

Ihr Epos „Emperor Shaka the Great" ist eines von vielen Werken über den Zulu-Führer. Manche Autoren haben ihn als Helden dargestellt, manche als Diktator. Wie sehen Sie diese Doppeldeutigkeit?

Der Mann war selbst auf dem Schlachtfeld, er leitete die Armee. Er entdeckte, dass seine Leute die Schuhe ausziehen mussten, damit ihr Kampf mehr Schwung erhielt. Der Schwung, den die Zulu-Armee erreichte, war unvergleichlich. Er entwickelte eine Art, die Waffen zu tragen, so dass sie die Bewegungen der Krieger ausbalanzierten. Das spricht alles nicht für die Art eines Diktators, der schlicht etwas befiehlt, anordnet. Shaka selbst machte das, war Teil davon. Er führte die Armee, während andere Könige irgendwo auf einer Anhöhe sitzen geblieben wären, weit entfernt vom Schlachtfeld, um den Soldaten zuzusehen, wie sie sich gegenseitig umbringen.

Man kann also nicht sagen, dass Shaka ein Diktator war. Ein Diktator geht nicht selbst in die Schlacht, will nicht sterben. Es ist doch wohl klar, dass Shaka ein Held war. Natürlich wollen Ausländer, und ganz besonders die Engländer, ihn nicht als Helden anerkennen, denn sie standen ihm gegenüber. Es gibt keine Opposition, die das gegnerische Lager loben wird. Die Opposition muss den Gegner als Übel beschreiben, als jemanden, der Dinge tut, die sie nie tun würde – aber das ist alles nur Lüge. Oft werden Leute aus dem gegnerischen Lager Teufel genannt, aber im eigenen Lager gelten sie als Helden. Und so ist Shaka für uns kein Teufel, im Gegenteil, er stand nicht nur hinten, er kämpfte selbst, also was wollen Sie?

Sie standen wegen Ihres Engagements im ANC unter Bann und kehrten 1993 nach Südafrika zurück. Fühlten Sie sich entfremdet, weil Sie so lange weg waren, oder war es die ersehnte Heimkehr?

Ich war nur müde, gedanklich müde nach all diesen Jahren der Befreiungsbemühungen, ich war müde. Ich wollte auch nicht in der Regierung mitarbeiten, denn ich war viele Jahre, 35 Jahre im ANC gewesen, und ich war müde.

Goretti Kyomuhendo
„Ich schreibe über Frauen“

Goretti Kyomuhendo kam 1965 in Uganda zur Welt und studierte dort Wirtschaftswissenschaften. Sie arbeitet als Journalistin und publiziert Kinderbücher, Erzählungen und Romane. Kyomuhendo ist Mitbegründerin der Schriftstellerinnen-Vereinigung Femrite und erhielt den ersten Preis des National Book Trust of Uganda.

Zum Erscheinen Ihres ersten Romans „The first daughter" sagten Sie, Sie wollten mit ihrer Literatur ihrer Unzufriedenheit mit dem Zustand der Welt Ausdruck geben und diese ändern. Ist Ihnen das gelungen?

„The first daughter" handelt von den Herausforderungen an ein junges afrikanisches Mädchen. Es wächst in Afrika auf, in einer polygamen Familie, in der es wenig gibt und sich viele Leute das Wenige teilen müssen. In der Schule wird das Mädchen schwanger, und man kann die Probleme nicht an einer Hand aufzählen, wenn man in einem Dorf lebt, noch zur Schule geht und schwanger wird. Wenn man so jung schwanger wird, ist jeder enttäuscht. Der Vater mühte sich ab, um den Schulbesuch zu ermöglichen, und ist nun wütend, weil sein Geld verschwendet wurde. Die Gemeinschaft ist nicht dazu bereit, dem Mädchen den Rücken zu stärken, ihr zu helfen – die Gesellschaft fühlt sich betrogen. Die Schule will das schwangere Mädchen nicht mehr behalten, und das Mädchen muss sich eine andere Schule suchen, auf die es gehen kann, und es ist schwierig, eine zu finden. Ich wollte diese Probleme eines jungen afrikanischen Mädchens schildern.

Jeder hat seine Gründe zu schreiben. Wenn ich schreibe, dann erschaffe ich etwas, dann habe ich die Macht, etwas zu erschaffen, und zwar so zu erschaffen, wie ich es möchte. Ich kann eine Figur formen, ihr Leben geben, ich kann dieses Leben wieder nehmen, die Figur töten – manchmal fühle ich mich wie ein Gott, wenn ich schreibe.

Ich schreibe, weil ich beobachte. Ich beobachte die Welt von einem distanzierten Standpunkt aus, ich setze mir eine andere Brille auf und betrachte dadurch die Welt: kritisch, begutachtend, korrigierend, warnend. Im Schreiben meiner Bücher schaffe ich eine neue Welt, eine ideale Welt. Deshalb sage ich manchmal, dass Autoren verrückt sind, denn wenn man eine solche, ideale Welt erschafft, dann flieht man vor der wirklichen Welt. Man lebt dann so sehr in der Welt, die man schafft, mit den Figuren, verliebt sich in seine Figuren.

Ich weiß gar nicht, ob ich damit etwas verändern will, aber schreiben macht mir Spaß, bereitet mir Vergnügen.

In ihrem zweiten Roman „Secrets no more" schildern Sie die Situation ruandischer Flüchtlinge. Über den Völkermord selbst in Ruanda haben Sie aber nicht geschrieben. Warum?

Es ist schwierig, darüber zu schreiben. Es ist eine Tragödie, wie ich sie noch nie erlebt habe. Während des Holocaust war ich noch nicht geboren, und der Völkermord in Ruanda war die erste menschliche Tragödie dieses Ausmaßes, die ich erlebte. Die Art, wie die Menschen getötet wurden – durch ihre Verwandten, durch ihre Kinder oder ihre Eheleute, und

das alles geplant, ohne dass jemand half oder eingriff, um die Opfer zu schützen ... Es ist schwierig, das zu verstehen.
Es war auch deshalb schwierig für mich, darüber zu schreiben, weil ich mir selbst sagen musste, dass mir niemand – wenn ich die Fakten beschriebe – glauben würde. Ich selbst fand das, was ich in Ruanda sah, als ich dort war, unglaublich, unfassbar. Also hätte ich etwas Fiktion beimischen müssen, aber dabei hätte ich mich schuldig gefühlt. Ich sagte mir, dass es nicht richtig ist, diese Tragödie zu fiktionalisieren. Damit war mein Plan vom Tisch, darüber zu schreiben.

Sie schreiben sehr offen über die Sexualität von Frauen, über ihre Lust, aber auch über Vergewaltigung. Ihnen wurde sogar schon Pornografie vorgeworfen. Wie halten Sie es mit Erotik in der Literatur?
Ich empfinde solche Passagen in meinen Büchern natürlich nicht als pornografisch. Wären sie pornografisch, hätte ich in meinem Land deshalb verurteilt werden können, denn Pornografie ist widerrechtlich in Uganda, es ist ein Verbrechen. Also können meine Texte nicht pornografisch sein. Es sind Bilder, wie sie in ihrer klaren, eindeutigen Darstellung auf antiken Friesen zu sehen sind, Bilder, die ich sehr deutlich beschreibe. Es sind doch nur einfache Geschlechtsverkehrszenen, allerdings bis ins Detail ausgemalt.

Werden auch in Ihrem neuen Roman Frauen im Mittelpunkt stehen?
Ja. Er dreht sich, wie immer bei mir, um Frauen. Ich schreibe über Frauen. Dieser Roman handelt von einer jungen afrikanischen Frau – dieses Mal von einer Frau in einer einflussreichen Position, aufgeklärt, gebildet, eine Karrierefrau – das Gegenteil dessen, was man sich unter einer afrikanischen Frau vorstellt. Es geht um die Anforderungen an diese „neue" Frau. Keine Frau, wie man sie kennt: Frauen, die Kinder tragen, Frauen, die Feuerholz sammeln, Wasser schleppen. Sondern Frauen, die modern sind. Diese Frau fährt Auto, hat eine hübsche Wohnung, einen guten Job, macht Karriere, wird gut bezahlt. Aber was bedeutet das in Afrika? Was muss sie dafür in Kauf nehmen, wie eine Europäerin, wie eine Amerikanerin zu leben? Dem geht das Buch nach.

Don Mattera

„Die Straße ist stark, sie saugt dich auf, sie ruft dich und fordert dich auf, ihr Kind zu sein"

Don Mattera wurde 1935 in Südafrika geboren und kam als Boss einer kriminellen Jugendgang zu zweifelhaftem Ruhm. Im Zuge seiner Politisierung und seines Engagements im Anti-Apartheids-Kampf begann Mattera Gedichte und Essays zu schreiben. Mehrere Romane folgten, für die Mattera den Kurt-Tucholsky-Preis erhielt.
Auf Deutsch erschien sein Roman „Sophiatown".

In Ihrem Roman „Sophiatown" beschreiben Sie das kosmopolitane Zusammenleben von Schwarzen, Weißen und Farbigen. Glauben Sie, dass sich diese Art von Zusammenleben in Südafrika wieder entwickeln kann?

Nein, zumindest nicht so bald. Dieses Leben, wie es sich auf den Straßen von Sophiatown, Vrededorp oder Alexander Township abspielte, dieses kosmopolitane Leben war nicht geplant, sondern entstand versehentlich, unbeabsichtigt, aus den Bedürfnissen der Leute heraus. Dieses kosmopolitane Leben war weder in Johannesburg geplant gewesen noch in Südafrika. Und diese Art von Leben wird in der Art, wie es sich damals vollzog, im neuen Südafrika nie wieder entstehen können.

Als die südafrikanische Regierung damals sah, was in Sophiatown geschah – es war nicht nur ein kosmopolitanes, sondern auch ein höchst politisiertes Viertel, es folgte dem amerikanischen Lebensstil –, sah die Regierung in Sophiatown ihre Idee von Puritanismus, Rassismus und Separation bedroht. Nelson Mandela, The Indian Congress, der Demokratische Congress, der ANC – alle diese politischen Organisationen hatte eine starke Basis in Sophiatown. Dort lebten auch Italiener, Holländer, Franzosen, Deutsche, Polen, Iren, Waliser, Engländer. Dort wohnten Männer und Frauen, die als Jazzsänger oder Opernsänger bekannt waren. Morgens konnte man Bach hören, weil irgendwer Schallplatten mit Bach-Musik spielte, und auch Jazz.

Ein Engländer hatte sechs Kinder mit seiner schwarzen Frau, und er verließ Südafrika mit seiner Familie in Richtung Großbritannien, als er die Apartheid kommen sah. Mein Großvater dagegen blieb. Er war 1903 als Seemann angekommen, nahm eine schwarze Frau, eine Khoi-Khoi, deren Vater ein Xhosa war.

Aber Dr. Verwoerd, der Architekt der Apartheid, war der Ansicht, dass man diesen Ort zerstören und aus der Erinnerung seiner Bewohner streichen müsse; denn der Lebensstil dort stand im Gegensatz zum gewünschten Lebensstil, der auf Separation, Ethnizität und Rassismus beruhte. Sophiatown war auch der Ort, an dem man experimentierte, an dem man die Rassenklassifizierung erprobte, den Group Areas Act, die Umsiedelung der Anwohner in andere Gebiete. Die Räumung Sophiatowns war ein Signal für den Start der Politik der Apartheid.

Wann haben Sie angefangen, sich innerhalb des ANC zu organisieren, der ANC-Jugendorganisation?

Das war die WASA, die Western Area Student Association. 1954 wurde ich Mitglied dieser Organisation, als ich Anführer einer Gang war. Das war paradox. 1954 wurde ich Wortführer der Western Area Student Association, und ich fuhr an diverse Orte, um über die Gewalt auf den

Straßen zu sprechen, über die schweren Folgen des Alkoholmissbrauchs und über die Notwendigkeit, uns von der Unterdrückung durch die Afrikaaner zu befreien. Ich konnte gut sprechen, das lag mir, und von Ende 1954 bis 1958 war ich Mitglied dieser Jugendorganisation, die über Gewerkschaften und Gewerkschafter auch mit dem ANC verbunden war. Auf einer dieser Versammlungen wurden unsere Führer verhaftet, wegen Hochverrats, so dass wir Flugblätter verfassten, druckten, sie verteilten und damit die Leute aufforderten, unsere Führerschaft zu unterstützen. 156 wurden des Hochverrats angeklagt, und für mich war das eine neue Welt.

Ich war die Welt der Straßen gewohnt. Das war paradox, dass dieser intelligente Junge, der ich war, der mit den Brüdern und Schwestern der katholischen Kirche aufwuchs und schon sehr früh Gedichte schrieb, in dieser Welt der Straßen zu Hause war. Aber es gibt einen Grund dafür: Meine Mutter war sehr jung, als sie mich bekam, und sie musste in den Häusern der Weißen arbeiten gehen. Mein Vater war ein Don, er arbeitete nie. Sein Vater war sehr reich, und er konnte machen, was er wollte – ein Leben voller Frauen und Trinken und Spielen. Die Straße ist stark, sie saugt dich auf, sie ruft dich und fordert dich auf, ihr Kind zu sein. Es waren zwei verschiedene Welten: die Straße und die politischen Treffen, aber ich lebte in beiden.

1955 wurde ich von der Polizei angeschossen und auch von dem Mitglied einer anderen Gang, und da begann sich mein Leben zu ändern. Das Leben auf der Straße wurde zu gefährlich, und außerdem wurde ich damals politisch etwas wacher, bewusster, auch durch Pater Huddleston von der Anglikanischen Kirche und durch ein anderes ANC-Mitglied mit Namen Robert Resha, und so änderte sich mein Leben. Vom Leben als Führer auf der Straße zu einem Leben als Führer in der intellektuellen Gesellschaft der WASA. Ich stellte fest, dass die Polizei viel grausamer gegen die politisch Engagierten vorging als gegen die Kriminellen – sie wollte nicht, dass jemand sich politisch betätigte. Man konnte gern Gangster werden, denn man tötete ja die eigenen Leute, kämpfte gegen die eigenen Leute – das kümmerte die Polizei nicht. Aber die Polizei hasste politisches Engagement.

Ich ging zu vielen Treffen der Kommunisten, mochte die Thesen des Sozialismus und bin nach wie vor Sozialist. Ich glaube fest, dass Sozialismus ändern kann, worunter schwarze Menschen in meiner Heimat leiden. Sie sind so arm, sie sind heimatlos – der Staat sollte die Minen verstaatlichen – Gold, Diamanten, Platin. Wenn der Staat Südafrika und seine Bürger sie in Besitz genommen hätten, hätte es eine tatsächliche Veränderung gegeben. Mit der Welt der Politik eröffnete sich mir eine gefährliche Welt der Haft, der Folter, der Grausamkeit – und ich bin durch all das hindurchgegangen. Durch die furchtbare Folter in den Händen der Afrikaaner und derer, die sie unterstützten.

Warum wechselten Sie später vom ANC zur BCM, zur Black Consciousness Movement?
Man kann nicht sagen, dass ich vom ANC zur BCM wechselte, denn die Politik des ANC unterstützte ich immer. Ich habe linke politische Bewegungen immer unterstützt. Selbst als ich den ANC verließ, konnte ich nicht richtig sagen, ihn verlassen zu haben. Als der ANC gebannt wurde, hatte es schon eine Spaltung in der Politik gegeben. 1958 wurde der PAC geboren, der Pan African Congress. Mir gefielen die Thesen des PAC, denn es ging um die Rückgabe des Landes an die Afrikaner. Mein ältester Bruder Edward Bhengu war ein Gründungsmitglied des PAC. Natürlich unterstützte ich meinen Bruder, und ich mochte diese Politik, weil sie radikaler war als die Politik des ANC. Ich trat dem PAC 1964 bei – als Untergrund-Mitglied, und ich wurde ausgebildet und angewiesen, die Farbigen zu sensibilisieren für die Idee des Afrikanismus.
Ich schrieb politische Gedichte, sprach auf politischen Veranstaltungen. Ich las sie bei politischen Treffen, wurde 1964 verhaftet, zum ersten Mal gefoltert. Ich suchte den Kontakt zu den Coloureds, den Farbigen, trat der Civic Association bei im Western Coloured Township, wurde Sekretär und Chef-Sprecher. Von 1964 bis 1967 machte ich diese Arbeit. 1968 brachen junge Studenten wie Steve Biko mit den Vereinigungen der weißen Studenten und bildeten eine eigene Organisation unter dem Namen South African Students Organisation, SASO, und ich wurde gebeten, meine politische Arbeit dort fortzusetzen.
Ich wurde zwischen 1964 und 1989 ungefähr 150 Mal verhaftet, mein Haus mindestens 350 Mal durchsucht. Während dieser ganzen Zeit arbeitete ich nach wie vor für die ANC-Untergrundbewegung. Im Juni 1976 wurde ich verhaftet und von den Sicherheitskräften gewarnt, dass ich ein Farbiger sei und mich von den Schwarzen fern zu halten hätte. Die Schwarzen planten die Revolution, während die Farbigen doch ruhig seien. Ich antwortete, dass meine Mutter schwarz sei und dass ich mich auch als schwarz verstände. Sie sagten mir, dass aber viele Farbige wünschten, weiß zu sein, und ich sagte, ich hätte mich auf die Seite der Schwarzen gestellt. Dann sagte mir der Leiter des Sicherheitsdiensts, Mr. Vanderberg, dass ich das zu spüren bekommen, dass ich leiden würde. Mein Arsch würde brennen, sagte er mir wörtlich. Und als ich später gefoltert wurde, bekam ich Elektroschläge auf meinen Penis und in meinen Anus, und mein Arsch brannte wirklich und darunter habe ich noch heute zu leiden.
Ich hätte es gern gesehen, wenn alle diese politischen Bewegungen zusammengekommen wären – ANC, PAC, BCM. Ich glaube, dass ich dem

Land gedient habe, denn meine Gedichte waren sehr wirkungsvoll, und ich bildete eine Gruppe, die sich „Black Thoughts“ nannte. Damit gingen wir mit Musik und Poesie auf den Campus der Universitäten, der Hochschulen, der Lehrerseminare, zu den wenigen Technischen Hochschulen, an denen es Schwarze gab. Wir nutzten die Poesie, um die Studenten, die jungen Leute, für den Gedanken der Revolution zu begeistern. Am 13. April 1973 wurde ich wieder verhaftet, unter Bann gestellt und zu fünf Jahren Hausarrest verurteilt. Drei Jahre lang konnte ich nicht journalistisch arbeiten, meine Gedichte wurden nicht veröffentlicht. Ich durfte nicht in den Zeitungen zitiert werden, und so begann ein neues Leben für mich als Person, die mundtot gemacht wurde.

Sie wurden im Apartheid-Staat als farbige Person eingestuft, verstanden sich und verstehen sich aber, wie Sie sagten, als schwarz. Weshalb?

Als Afrikaner. Zuerst als Afrikaner. Sie sind hier geboren, also sind Sie Deutscher; ich bin dort geboren, also bin ich Afrikaner. Die Geschichte der Farbigen ist keine einfache Geschichte und begann vor vielen, vielen Jahren, als die Briten das Land von den Holländern übernahmen, nachdem sie Wilhelm von Oranje besiegt hatten. Die Engländer waren diejenigen, die die Trennung der Farbigen, der Gemischtrassigen betrieben. Zuvor lebten dort die Khoi-Khoi und die San, die fälschlich Buschmänner und Hottentotten genannt wurden. 1902, 1903 wurde Südafrika in vier Provinzen geteilt, die sich 1910 zur Südafrikanischen Union zusammenschlossen. Aber noch vor dieser Zeit sagte Lord Selborne, ein Brite, der für Transvaal und andere Provinzen zuständig war, dass die Farbigen den Schwarzen eine gute Führung geben würden, weil sie das Blut der Weißen wie der Schwarzen in sich trügen: „Wir müssen sie von den Schwarzen isolieren, wir müssen sie näher zu uns ziehen, dürfen sie aber nicht unter uns mischen. Wir müssen sie dazwischen in der Mitte platzieren, so dass sie einen Puffer darstellen zwischen Schwarz und Weiß.“ Diese Politik wurde von General Christian Jan Smuts fortgeführt, und im Ersten Weltkrieg 1914 wurden die Farbigen rekrutiert, um gegen die Deutschen zu kämpfen – aber als eine eigene Einheit, als eine eigene Armee. Die Nationale Partei, die Buren, die Afrikaaner haben diese Politik nicht angefangen, sondern sie fanden ihre Grundzüge bereits vor. Das Motto der englischen Politik lautete ‘teile und herrsche’. Die Engländer trennten die Farbigen von den Schwarzen und den Indern, und es war leicht, sie zu beherrschen. Die National Party gewann 1948 die Wahl mit Slogans wie „Wollen Sie, dass Ihre Tochter einen Kaffer heiratet?“, „Wollen Sie, dass Ihre Tochter einen Juden heiratet?“, „Wollen Sie, dass Ihre Tochter einen Katholiken heiratet?“ Sie hassten die Katholiken und nann-

ten sie „Römische Kaffern", die Juden „Jüdische Kaffern", die Schwarzen „Schwarze Kaffern".
Die Coloureds waren die „Braune Gefahr", von der man sich fernzuhalten hatte. Sie separierten die Coloureds, aber benutzten sie. Sie zogen sich viele Unterstützer unter ihnen heran. Ich weigerte mich über all die Jahre, mich als farbige Person zu bezeichnen. Dafür habe ich gelitten. Die Politik des ANC beruht darauf, dass es vier Nationen in Südafrika gibt: Weiße, Schwarze, Inder und Farbige. Das ist Unsinn und trägt nur dazu bei, das rassistische Denken zu bekräftigen. Das ist die Folge der Apartheid, kolonisierender, imperialistischer Bedingungen, unter denen die Menschen eingeteilt wurden nach Farbe, Schicht und Rasse: Diese Mentalität besteht trotz der neuen Verfassung weiter; der Rassismus ist nach wie vor da, weil er nicht aus den Herzen der Menschen entfernt wurde. Bis heute glauben viele Coloureds, dass sie während der Apartheid nicht weiß genug waren, und dass sie nun nicht schwarz genug sind. Auch vom Demokratisierungsprozess profitieren die Coloureds nicht, denn wenn es um Begünstigungen geht, werden die Coloureds nicht berücksichtigt. In Johannesburg, im Gauteng-Bezirk, aus dem ich komme, sind sieben, acht von zehn Farbigen arbeitslos. Fünf bis sechs von zehn farbigen Frauen sind ohne Arbeit. Es werden zur Zeit viele Jobs geschaffen für die schwarze Elite, für die jungen schwarzen Manager, die die regierende Partei und die Regierung unterstützten, aber es gibt Orte, da arbeitet nicht ein Farbiger – und diesen Leuten will man weismachen, in einem befreiten Südafrika zu leben!
Was erreicht werden sollte, ist vor allen Dingen, dass sich die Farbigen zuerst als Afrikaner verstehen, als Südafrikaner, denn die Indoktrination wirkte zu tief auf sie, hat viele von ihnen die Nationale Partei wählen lassen. Aber auch der schwarze Mittelstand hat sich auf die Seite der Weißen gestellt.

Wann wird Ihr nächstes Buch veröffentlicht?
Ich bin nicht in Eile. Um ehrlich zu sein, es ist kein einfaches Buch, es ist ein heikles Buch. Es handelt von politischen Intrigen, von den Morden der Inkatha wie der Befreiungsbewegungen. Es soll „Land des Blutes und der Flammen" heißen, und vielleicht wird es erst nach meinem Tod veröffentlicht.
Im Augenblick habe ich für ein Kinderbuch Geschichten der Khoi-Khoi aufgezeichnet; ich habe sie in Namibia gesammelt, in der Wüste Namibias und in der Walfischbucht sowie im Nordwesten des Kaps, wo die Namaqua und die Khoi-Khoi lebten. Es sind kraftvolle allegorische Kindergeschichten, die ich zu einer interessanten Sammlung zusammenstellte.

Tierno Monénembo
„Die Jugend in Afrika ist dynamisch“

Tierno Monénembo wurde 1947 in Guinea geboren, studierte in der Elfenbeinküste und lebt nach Jahren in Algerien und Marokko als Englischlehrer in Frankreich.
Auf Deutsch erschienen seine Romane „Zahltag in Abidjan“ und „Cinema“.

Ihr Roman „Zahltag in Abidjan" ist ein klassischer Exilroman. Warum hatten Sie Guinea verlassen?
Den Roman „Zahltag in Abidjan" schrieb ich über die Zeit, als ich in Abidjan lebte, 1970 in der Elfenbeinküste, zur Zeit der berühmten Bilder der hungernden Biafra-Kinder. Damals lebte ich als Flüchtling vor dem Regime Sekou Touré als Student in Abidjan. Wir waren etwa hundert solcher Flüchtlingsstudenten und wir lebten in einem etwas abstoßenden Studentenviertel am Stadtrand Abidjans, unter extrem harten Lebensbedingungen. Dieses Leben und Überleben in Abidjan wollte ich in dem Roman zum Ausdruck bringen.
Im Guinea jener Jahre herrschte ein Klima furchtbarer Repression. Alle Welt verließ das Land, es gab drei Millionen Exilierte. Ich wurde zwar nicht persönlich bedroht oder veranlasst, Guinea zu verlassen, aber es herrschte ein Klima, das dazu beitrug, dass ein Großteil der Bevölkerung Guinea verließ. Es gab kaum eine Familie in Guinea, in der nicht mindestens ein Familienmitglied bedroht worden wäre. Vor diesem Hintergrund habe ich Guinea verlassen.

Sie leben jetzt in Frankreich. Kann man sagen, Sie leben weiter im Exil?
Ja. Immer. Selbst wenn es zutrifft, dass man irgendwann Geschmack am Exil findet – die Situation des Exils besteht weiter, wird verlängert. Allerdings trifft der Begriff Exil, wenn ich ihn für mich verwende, in Wirklichkeit nicht mehr ganz zu, denn inzwischen könnte ich nach Guinea zurückkehren. Aber ich schreibe weiter in Frankreich, vielleicht, weil die Stellung eines Exilierten eher erträglich ist, wenn man unter normalen Umständen schreiben kann.

Wenn Sie heute nach Guinea zurückkehren – was sind dann Ihre Eindrücke? Könnten Sie sich vorstellen, wieder ganz in Guinea zu leben?
Ich kann es mir nicht nur vorstellen, sondern ich wünsche es mir sogar! Ich möchte wieder nach Guinea zurückkehren, aber wissen Sie: Guinea gehört zu der Sorte von Ländern, in denen vielerlei fehlschlug, und es ist nicht einfach, dort, wie soll ich sagen, das Auto, das sich überschlagen hat, wieder auf die Räder zu stellen. Wenn man Guinea mit den östlichen Staaten vergleicht, mit einer ähnlichen Vergangenheit, Russland zum Beispiel, dann sieht man, dass es nicht genügt, zu versuchen, die Leute in der Regierungsspitze auszuwechseln – allein dadurch wird sich nie etwas grundlegend ändern. Das ist schade, denn ich wünschte mir durchaus, wieder nach Guinea zurückzukehren oder dort alt zu werden.

Sie sind Afrikaner, leben in Frankreich und haben mit „Pelourinho“ einen Roman geschrieben, der in Brasilien spielt. Sind Sie ein Verfechter der Symbiose von Kulturen?
Ich denke schon, dass diese Symbiose eine immer größere Rolle spielt. Schon die Amerikaner, besonders die Lateinamerikaner, sind doch die Synthese verschiedener Kulturen, europäischer, amerikanisch-indianischer, afrikanischer Kulturen vor allem. In Brasilien ist diese Synthese nicht nur eine biologische, sondern auch eine mentale, kulturelle – und der afrikanische Anteil dabei ist sehr wichtig, denn die Brasilianer afrikanischer Herkunft sind sehr zahlreich. Die afrikanische Kultur hat in Brasilien nicht nur durch ihren Einfluss auf die portugiesische Sprache überlebt, sondern auch verschiedene afrikanische Religionen haben überdauert, die afrikanische Musik, Kostüme, afrikanische Küche! Und deshalb glaube ich, zumal ich selbst in Brasilien lebte, dass sich die afrikanischen Länder und Brasilien extrem nahe sind.

Hatten Sie Probleme, Ihre Arbeiten in Afrika zu publizieren?
Nur in Guinea, und nur während der Diktatur. Schon während der Demokratisierung waren meine Bücher nicht mehr verboten, und jetzt sind meine Werke sogar Bestandteil des Lehrplans. Erst waren meine Werke verboten, jetzt gehören sie ins Bildungsprogramm der Gymnasien wie der Universitäten.

Glauben Sie, dass der Weg in die Jugendkriminalität, den Benté und Binguel in Ihrem Roman „Cinema“ einschlagen, der einzige Weg ist, der Jugendlichen in Afrika oder Guinea heute offensteht?
Unglücklicherweise gibt es in Guinea noch viel gefährlichere, riskantere Wege. Dagegen haben Bentés und Binguels Abenteuer Humor, sind einfach jugendlich, durchschnittlich – wie es eben ist, wenn man die Welt entdeckt, Erfahrungen macht, ins Kino geht. Heutzutage sehe ich die Gefahr, dass viele junge Guineer der Realität ihres Landes entfliehen wollen, teilweise in der Gosse landen, sich nicht um ihre Schulabschlüsse kümmern. Das ist noch viel desillusionierender als das Schicksal von Benté und Binguel.

Ihre Bücher sind ausgesprochene Stadtromane. Was fasziniert Sie an den städtischen Schauplätzen?
Ich bin zwar in einem Dorf geboren, aber etwa ab meinem elften Lebensjahr in einer Stadt groß geworden und vielleicht zwei oder drei Mal im Jahr aufs Dorf zurückgekehrt. Zugleich denke ich auch, dass die afrikanische Literatur in dem Maße, in dem sie am ländlichen Ambiente festhielt, zu folkloristisch wurde. Es erscheint mir, dass ein falsches Bild vor-

herrscht, demzufolge die afrikanische Literatur eine ländliche Literatur sei. Das trifft immer weniger zu. Ich glaube, dass die wichtigen Dinge heute in den afrikanischen Städten geschehen. Die Dörfer sind entvölkert, von ihnen geht keine Kraft mehr aus, sie haben keine politische Macht mehr. Große Entscheidungen werden heutzutage nicht mehr in Dörfern getroffen. Die Alten haben nicht mehr den Einfluss wie früher, die Traditionen verlieren sich. Aber ich schreibe eigentlich auch nicht über Städte, ich schreibe weder über Dörfer noch Städte, sondern über Vororte, diese Zwischenstufe zwischen Dorf und Stadt, in denen sich das neue Afrika formt. Die Vororte in Afrika stellen so etwas dar wie soziologische Laboratorien des Afrikas von morgen. In ihnen entsteht – oder stirbt – Afrika. Dort verliert die Stammeszugehörigkeit an Bedeutung, dort werden die Rechte eingeklagt: auf Elektrizität, auf fließendes Wasser. Dort entsteht die neue Musik – Rap, Rock –, dort wird der Kontakt geknüpft zur Welt. Die Jugend in Afrika ist dynamisch, und es ist auf wirtschaftlicher wie kultureller Ebene so, dass die Impulse aus den Vororten heraus kommen, auch, was die Rechte einer Gesellschaft betrifft.

„Cinema" ist zum einen ein Roman über eine Jugend in Afrika, zum anderen ein politisches Buch über das Regime Sekou Tourés, und zum dritten ein Kriminalroman. Warum haben Sie gleich drei Genres miteinander vermengt?
Mit „Cinema" habe ich auch eine Parodie versucht – wie schon in „Zahltag in Abidjan": eine Parodie auf eine Kriminalstory. Was mich reizte, war der Kontrast zwischen dem historisch realen Guinea im Unabhängigkeitsprozess und der Phantasiewelt des Kinos. Krimi und Western sind die zwei großen Genre des Kinos. Und zunehmend kam mir die Geschichte Guineas wie diejenige eines Western vor. Einerseits der Western, den man im Kino sieht, andererseits der reale Western, der sich in den Städten Guineas während des Unabhängigkeitsprozesses abspielte. Um diese Parallele ging es mir.

Ihre Romane spielen in der Vergangenheit. Können Sie sich vorstellen, über die Gegenwart in Afrika zu schreiben?
Über das Afrika von heute? Als ich unlängst auf einer Konferenz in Guinea war, wurde ich gefragt, ob ich nicht über das Guinea von heute schreiben wolle. Natürlich hätte ich Lust, etwa über die heutige Jugend in Conakry zu schreiben. Die Realität dort liefert den besten Stoff für Fiktion. Die jungen Leute haben sich auf ihre Weise befreit, von den alten Traditionen und vom Gewicht des Staates, vom Einfluss des Staates. Möglicherweise werde ich über dieses Thema schreiben, aus der Sicht eines Mädchens – mal sehn.

Die Diskussion über die Sprachen Afrikas hält unvermindert an. Wie ist Ihre Haltung dazu?
Die französische Sprache, so wie ich sie in meinen Büchern verwende, habe ich in der Schule gelernt, zu einer Zeit, als meine Heimat Guinea unter französischer Herrschaft war. Seither und eben auch noch nach der Unabhängigkeit 1957, 1958, sprechen wir – nicht nur in der Schule – Französisch. Es gab Versuche, das zu ändern, es gab Nationalkommitees über Landessprachen, aber schließlich hat man das Französische belassen. Es ist aber offensichtlich, dass das Sprachenproblem für einen Schriftsteller nicht einfach ist. Ich empfinde gegenüber der französischen Sprache vieles, habe für sie viele Sympathien, da ich ihr nahestehe, in ihr spreche und schreibe, aber ich stehe ihr auch distanziert gegenüber, weise sie zuweilen zurück. Aber genau diese Gefühlsverwirrung gegenüber der französischen Sprache kennzeichnet das Werk eines afrikanischen Autors französischer Sprache. Man kann dem nicht entkommen, ich kann nicht unbeteiligt auf Französisch schreiben, als wäre nichts geschehen. Mein Denken, meine Erinnerung vollzieht sich in der französischen Sprache, meine Erinnerung, die die Quelle meines literarischen Werks – in französischer Sprache – ist.

Sie afrikanisieren die französische Sprache in dem Maße, in dem europäische Sprachen afrikanisiert wurden. Können Sie für diesen Afrikanisierungsprozess des Französischen einige Beispiele geben?
Gerade in den afrikanischen Großstädten nimmt man das mit viel Humor. In Abidjan, Douala, Dakar oder Conakry mokiert man sich etwas über die französische Sprache. Ich gebe Ihnen ein einfaches Beispiel: In Kamerun gibt es in den großen Städten immer ein Viertel, in dem nachts nichts geschlossen ist, dort kann man immer einkaufen, essen, trinken – bis in den frühen Morgen. In Kamerun sagt man dazu „Notapotheke", la pharmacie de garde. In der Elfenbeinküste spricht man nicht von einer Geliebten, sondern vom „zweiten Büro", deuxième bureau. Und man spricht nicht von Tankstelle, une station d'essence, sondern von einer „Tankerei", une essencerie. Derlei Beispiele könnte ich Ihnen noch eine Menge nennen. Natürlich vollzieht sich diese Entwicklung auf dem Niveau der einfachen Leute, aber es sind die Schriftsteller, die sich dessen annehmen, die diese Entwicklung aufgreifen. Die Schriftsteller nehmen teil an dieser Neuerfindung der Sprache, an den Neologismen, die man im Werk William Sassines findet und in meinem auch.

Valentin Yves Mudimbe
„Ich bin Lehrer, kein Politiker“

Valentin Yves Mudimbe kam 1941 in der Demokratischen Republik Kongo zur Welt, studierte Wirtschaftswissenschaften, Linguistik und Soziologie in Kongo, Belgien und Frankreich und unterrichtete anschließend an Universitäten dieser Länder und in den USA. Seit Mitte der achtziger Jahre ist Mudimbe Professor für Literatur und Afrikastudien und gibt diverse Zeitschriften heraus. In deutscher Sprache erschien sein Roman „Auch wir sind schmutzige Flüsse“.

Sie unterrichteten einst als Dozent an der Universität Berlin. Wenn Sie sich an diese Zeit erinnern, was empfinden Sie dann?
Ich denke sehr gern an diese Zeit, obwohl ich nicht sehr viel Kontakt mit den deutschen Studenten hatte. Das ist ein kulturelles Problem: In den Vereinigten Staaten ist es üblich, dass zum Semesterende hin Professoren die Studenten einladen – und die kommen dann auch, um bei einem Abendessen das Ende des Semesters zu feiern. Deutsche Studenten machen auf mich einen sehr diskreten Eindruck. Ich lud Studenten zur Semesterabschlussfeier in meine Wohnung ein, aber die einzigen, die kamen, waren Amerikaner. Die deutschen Studenten sind sehr diszipliniert und scheinen an Hierarchien zu glauben. Meine amerikanischen Studenten nannten mich bei meinem Vornamen; die deutschen Studenten, denen ich begegnete, nannten mich immer Professor. Aber „Professor" ist nicht mein Rufname! Aber sieht man davon einmal ab, war es eine sehr gute Erfahrung in Berlin.

In Ihrem ersten Roman „Entre les eaux" beschreiben Sie die Probleme, zwischen oder besser: in zwei Kulturen zu leben – zum einen in einer vertrauten, der traditionell-afrikanischen, zum anderen in der westlichen, europäischen. Da Sie nun seit zwanzig Jahren in den USA, in der westlichen Welt leben, spüren Sie da noch dieses Problem, zwischen den Kulturen zu leben?
Ich denke, dass jeder von uns mehrere Kulturen in sich trägt. Ich kann Sie fragen, wer Sie sind, und ich weiß im Voraus Ihre Antwort. Selbst wenn Sie mir das nicht glauben – es stimmt! Sie werden damit beginnen, was wir in der Phänomenologie Extase nennen, das Heraustreten aus sich selbst: Sie werden sich in Ihrer zeitlichen Entwicklung schildern, Ihre Geschichte wiedergeben à la „Ich komme aus ...", „Meine Eltern sind ...", „Ich wohne in ...", „Ich ging in jene Schulen ...". Aber ich fragte Sie nicht, wo Sie waren, sondern wer Sie sind. Aber Sie antworten mir, indem Sie mir Elemente Ihrer Vergangenheit liefern – das reduziert Sie auf das, was wir ein Nicht-Ich nennen. Aber Sie haben ein Bewusstsein, ein Selbst-Bewusstsein, die Fähigkeit zur Reflexion!
Wenn wir aber über die Reflexion selbst nachzudenken beginnen, kommen wir wieder in Schwierigkeiten, denn das reflektierende Ich passt nicht zu dem, als das Sie geboren wurden. Sie sind zugleich Subjekt, das nachdenkt, und Objekt, über das Sie nachdenken. Und schauen Sie zudem auf unsere Tischmanieren und die Art, wie wir gehen, wie wir uns auf andere Menschen beziehen, wie wir in einer Tradition leben, zu den Leuten sprechen, zu Männern, Frauen, unseren Eltern: Wir verhalten uns so, als wäre es wichtig – und es ist in der Tat wichtig –, dass wir den Erwartungen anderer Menschen, unserer Kultur gerecht werden. Wir sollten

uns daran erinnern, dass wir multiple Kulturen beherbergen, mit denen wir in unserem Körper zu Hause sind.
„Entre les eaux“, ein Buch, das ich vor langer Zeit in den Siebzigern schrieb, ein Jugendroman also, wenn Sie so wollen, war ein naiver – und ich meine das wirklich so: naiver – Text, in dem ich über die Spannungen nachzudenken versuchte, die damals zwischen dem Glauben an den Marxismus und dem Glauben an das Christentum existierten, zwischen europäischen Traditionen und afrikanischen Sitten. Und um ehrlich zu sein: Dies ist der Typ von Buch, den genau ich heute schreiben würde, da ich sechzig bin.

In Ihrem jüngsten Roman „Shaba deux“ spielt Christentum ebenfalls eine große Rolle. Wie hoch, wie bedeutend schätzen Sie den Einfluss von Ideologien wie Sozialismus oder von Religionen wie Christentum oder Islam auf das Afrika von heute ein?
Ich befürchte, dass es in Afrika zu einem Konflikt zwischen Christentum und Islam kommen wird. Eigentlich ist dieser Konflikt schon da, wenn wir sehen, was im Westen Afrikas und im Norden Nigerias passiert.
Die Menschen Zentralafrikas nahmen das Christentum an und formten ein zweites Gesicht des Christentums. Im 19. Jahrhundert kamen die Missionare, die Zentralafrika und auch Westafrika christianisierten. Aber zur selben Zeit breitete sich auch der Islam aus und wandelte sich zu einer Ideologie, die zu den afrikanischen Gemeinschaften passte. Und unter Ideologie verstehe ich einfach dieses: ein organisiertes System von Gedanken – übersichtlich, klar und fähig dazu, das Benehmen und das Denken der in Gemeinschaften lebenden Menschen zu regeln. Früher oder später – und tatsächlich sehen wir das schon jetzt, etwa im Sudan – wird es zu einem Konflikt zwischen der Philosophie des vom Westen geerbten und integrierten Christentums kommen und der islamisch bestimmten Denkweise, wie sie von anderen Afrikanern geprägt wurde. Wir könnten uns dabei auf eine Katastrophe zubewegen und wir sollten diesbezüglich achtsam sein.

In zwei anderen Büchern, „L'écart“ und „Shaba deux“, verwenden Sie die Tagebuchform. Inwiefern kam Ihnen diese Form entgegen?
Sie ist subjektiver. Wenn ich ein Buch als Tagebuch schreibe, dann schreibe ich auch für mich Tagebuch, ich habe durch dieses Tagebuch auch mein persönliches Tagebuch. Aus dieser Form ergibt sich die psychologische Anstrengung, sich selbst gleichsam in die Schuhe eines anderen zu stellen. Diese Methode ist sehr einfach – sie wurde von Psychiatern angewandt und von dem französischen Philosophen Jean-Paul Sartre entwickelt. Sie ist zugleich regressiv und progressiv. Sie überzeugen sich selbst,

dass Sie diese Person sind, die Sie sind, und versuchen, sich in die Person zu versenken, die Sie sich vorgestellt haben. Es klappt: Sie können nachdenken über die Psychologie Ihrer Figuren.
Der Titel eines kleinen Buchs, das von einem der Gründer der so genannten Ganzheits-Psychologie geschrieben wurde, Dr. Laing, „The devided self", und die beiden Bücher, auf die Sie sich bezogen, „L'écart" und „Les carnets de Mère Marie Gertrude", handeln von geteilten Persönlichkeiten.

Im Jahr 1980 verließen Sie das damalige Zaire. Hatten Sie das Land zu verlassen oder gingen Sie von selbst? Stimmt es, dass Ihnen Mobutu damals ein Ministeramt angeboten hatte?
Es stimmt, dass mir 1979 Gerüchte zu Ohren kamen, denen zufolge die Regierung meines Landes im Begriff stand, mir eine Position in der Regierung anzubieten. Ich bin Lehrer, kein Politiker. Und überhaupt war ich nicht gefragt worden. Also traf ich Vorbereitungen, das Land zu verlassen und nicht an der Regierung eines Landes mitzuwirken, das autokratisch und diktatorisch war – und ich ging in die Vereinigten Staaten.

In zwei weiteren Büchern, „The Invention of Africa" und „The Idea of Africa", versuchen Sie die Frage zu beantworten, was afrikanisch ist. Wie lautet Ihre Antwort?
Ich schlage eine Antwort in dem Buch „The Idea of Africa" vor. Meine Position ist diejenige, dass wir die Geschichte unserer wissenschaftlichen Disziplinen seit dem Ende des 18. Jahrhunderts verfolgen können, und dass diese aber nicht ursprünglich waren. Ich beute Gedanken aus von Michel Foucault, und ich überdenke sie neu, zurück bis Jean-Paul Sartre und Martin Heidegger und Karl Jaspers. Wir können die Wandlungen in unserem Wissen aus dem Zusammenhang unserer Lebensumstände heraus verstehen. Auf der einen Seite steht das Konzept der Funktion, des Konflikts, der Bedeutung, das ich den Normen, den Regeln, dem System gegenüberstelle. Lassen Sie mich das kurz veranschaulichen: Alles in einem menschlichen Körper hat Funktionen, alles in einer menschlichen Gemeinschaft, in einer sozialen Form, hat Funktionen; alles in unserer Sprache, gemäß der Tradition, der Grammatik, hat Funktionen – einschließlich unserer Gesten und unseres Schweigens. Und wenn wir diese Funktionen nicht beachten, dann zerstören wir unsere Gesellschaften oder wir können nicht mehr kommunizieren.
Ich habe eben einen langen historischen Prozess zusammengefasst, die Geschichte unseres Wissens seit dem Ende des 18. Jahrhunderts, seit der Aufklärung. Man neigt dazu, seit dem Ende des 18. Jahrhunderts, das erste Muster zu bevorzugen: Funktion, Konflikt und Bedeutung statt

Normen, Regeln und System. Wir schufen damit zwei Denkmuster: Eines, das wir als normal, und eines, das wir als anormal betrachten. Ein logisches und ein prä-logisches Denken. Wir schaffen außerdem Zonen des Gesunden gegenüber Zonen des Verrückten. Unsere Wissenschaften haben sich gespalten und ebenso die Blickwinkel auf menschliche Verhaltensweisen – in das Normale und das Pathologische.
Wenn man aber Leuten folgt wie Georges Dumesil, Claude Levi-Strauss, den Strukturalisten oder den Postmodernen, die dazu neigen, das andere Konzept – Normen, Regeln und Systeme – vorzuziehen, dann kann man nicht „Normales“ von „Anormalem“ unterscheiden.
Wenn man diese Erkenntnisse der Wissenschaftsgeschichte nutzt, dann kann man die Spannungen verstehen, die nicht nur zwischen Klassen und Geschlechtern bestehen und zwischen Kulturen, sondern dann kann man auch den Weg selbst verstehen, auf dem wir Wissen erzeugen und unsere Art des Umgangs mit diesem Wissen und der so genannten Wirklichkeit entwickeln.

In einem Essay, „Les deux littératures africaines“, verglichen Sie geschriebene und gesprochene Literatur, also Literatur und Oratur. Sehen Sie den Unterschied zwischen beiden heute noch genau so, obwohl in die moderne Literatur Afrikas zunehmend Elemente der oralen Literatur Eingang finden – in Romane wie in Erzählungen, Gedichte oder Theaterstücke?
Wegen einer Tradition, die bis ins 19. Jahrhundert zurückgeht und die sich systematisch entwickelte, haben wir das Geschriebene dem Gesprochenen gegenübergestellt, haben wir Kulturen der Schrift Kulturen der Sprache gegenübergestellt, also etwa Afrika gegenüber China oder der europäischen Kultur. Wenn wir heute wieder einen Blick auf diese Frage werfen, dann erkennen wir, dass diese Gegenüberstellung eine Vereinfachung ist. In allen unseren Familien, in Europa, in Deutschland, in Frankreich, in Spanien, in den Vereinigten Staaten oder im Kongo oder im Sudan haben wir das, was wir Familiengeschichten nennen – also eine Domäne der Oratur. Alle diese Geschichten wurden nicht niedergeschrieben.
Und dann haben wir noch das, was wir die Zivilisierung durch die Schule nennen. Wir schreiben, wir haben Tagebücher, Papiere.
Zwar gibt es dieses Spannungsverhältnis zwischen Gesprochenem und Geschriebenem, aber was sich in den vergangenen zwanzig Jahren in den USA vollzog und was mich erstaunte, ist, dass es dort nun eine Kultur der oralen Tradition gibt! Menschen sprechen und schreiben nicht!
Auf der Documenta 1998 in Kassel war eine junge Frau, eine Künstlerin, die mit Klang arbeitete. Eigentlich machte sie Fotografien, aber am näch-

sten Tag – vielleicht wegen des Regens oder wegen des Winds – war ihr Werk verschwunden. Auch das ist ein Aspekt, den man beachten sollte: Visualität. Es stehen sich also nicht nur Oratur und Schrift gegenüber, sondern auch Visualität. Und wir werden immer skeptischer, ob man Kulturen unterscheiden kann, indem man sie nach dem Entwicklungsgrad des Schrifttums und der Sprache einteilt. Schauen Sie nur auf die Vereinigten Staaten: Ich las einst, dass es ein Land sei, in dem die Menschen lesen. Kommen Sie, das kann ich nicht glauben! Die Leute dort haben doch keine Zeit, um zu lesen!

Meja Mwangi

„Die Männer in meiner Gesellschaft neigten schon immer dazu, arrogant zu sein"

Meja Mwangi kam 1948 in Kenia zur Welt. Er arbeitete als technischer Angestellter, als Journalist für Radio und Fernsehen sowie als Filmregisseur. Mwangi bekam den Jomo-Kenyatta-Preis, den Deutschen Jugendbuchpreis und den Adolf-Grimme-Preis. In deutscher Sprache liegen von ihm folgende Bücher vor: „Nairobi, River Road", „Mr. Rivers letztes Solo", „Wie ein Aas für Hunde", „Narben des Himmels", „Kariuki", „Die achte Plage" und „Die Wilderer".

Ihr Roman „Die achte Plage" enthält eine kurze Passage über humanitäre Hilfe. Was halten Sie von humanitärer Hilfe und auch von Entwicklungshilfe?
Humanitäre Hilfe ist meiner Meinung nach absolut notwendig, denn es gibt Situationen, in denen die betroffene Bevölkerung ohne diese Hilfe nicht überleben kann. Diese Passage, auf die Sie sich beziehen, soll zeigen, dass sich manchmal die Geber nicht recht bewusst sind über die Situation, über die Nützlichkeit der Hilfe – und so leisten sie manchmal einen falschen Beistand. Die Einschätzung humanitärer Hilfe hängt von dem Geist ab, aus dem heraus humanitäre Hilfe gewährt wird, und in dem sie angenommen wird und in dem sie – bisweilen unverantwortlich – eingesetzt wird. Dieses Thema hat viele Facetten.

In diesem Roman über Aids kritisieren Sie vor allem das Sexualverhalten der Männer. Wie steht's um die Frauen?
Nicht ich kritisiere ausdrücklich die Standpunkte der Männer, das macht die weibliche Hauptfigur dieses Romans, und die sollte es wissen, denn sie hat viel zu tun mit der Arroganz der Männer im Zuge ihrer Arbeit, die darin besteht, die Gemeinde über die Gefahren von Aids aufzuklären und zu informieren. Aber das ist kein neues Phänomen. Die Männer in meiner Gesellschaft neigten schon immer dazu, arrogant zu sein.

In einem kurzen Abschnitt beschreiben Sie die unterschiedlichen Auffassungen von Zeit in Europa und Afrika. Worin sehen Sie diese Unterschiede?
Es gibt mit Sicherheit ein unterschiedliches Zeitverständnis aus verschiedenen Gründen. Wir haben zum Beispiel nicht diese ausgeprägten Jahreszeiten wie in Europa – der eine Tag ist nicht sehr viel anders als der nächste. Wir haben nicht das Gefühl für das Verstreichen der Zeit, und an vielen Plätzen stehen keine Uhren – die Sonne bringt das Tageslicht am Morgen und löscht das Licht am Abend. Die Europäer wirken dagegen wie von der Uhr gejagt – dieses muss zu jener Zeit erledigt sein, und sogar im Leben selbst muss dieses und jenes in einem gewissen Alter erreicht sein. Dagegen fließt das Leben in Afrika im Lauf der Zeit dahin, wie sie eben so verläuft. Meiner Ansicht nach tendieren die Europäer dazu, ihr Leben nach der Uhr zu organisieren und zu programmieren. Alles muss dann und dann begonnen oder beendet sein, und es scheint, als wüssten sie die nächsten Schritte schon für mehrere Jahre oder Monate im Voraus. Sie haben schließlich auch das Tagebuch erfunden. Daher ist ihr Leben in meinen Augen von Eile geprägt. Dagegen habe ich Zeit zu erfahren, dass man mehr Raum hat, wenn man sich auf Situationen, so unvorhergesehen sie sein mögen, einstellen kann. Man hat Zeit für Men-

schen, für Freunde, die hereinplatzen. Das hängt davon ab, was man in dieser Zeit tun wollte – und so geht das schon über Jahrhunderte.

Wie entwickelt sich der Buchmarkt, die Lesekultur in Ihrem Land?
Das ist eine sehr bemitleidenswerte Situation. Erstens gibt es eine zu geringe Leserschaft – viel zu wenige Menschen können es sich leisten, Bücher zu kaufen, denn Bücher sind sehr teuer. Papier ist teuer, die Maschinerie ist teuer. Da es keine Leserschaft gibt, die Bücher kaufen könnte, werden immer weniger Bücher hergestellt. Wir haben in den meisten afrikanischen Gesellschaften keine Lesekultur. Bücher kommen erst sehr weit hinten in unserem Leben. Man versucht, diese Lesekultur zu fördern, ungeachtet der Tatsache, dass es nicht genügend Bücher gibt. Das ist ein Teufelskreis: Der Verleger kann nicht publizieren, weil ihm Leser fehlen. Die Leser können nicht lesen, weil es keine Bücher gibt, und so ist das im Augenblick eine sehr bemitleidenswerte Situation.

Victor Nwankwo

„Die Situation des Buches hängt natürlich vollkommen von der wirtschaftlichen Lage ab“

Victor Nwankwo wurde 1944 in Nigeria geboren und studierte Ingenieurswissenschaften. Nwankwo begann während des Biafra-Kriegs zu schreiben, als er für das Informationsministerium Biafras als Drehbuchautor tätig war. Seither folgten Erzählungen und Romane. Zurzeit leitet Nwankwo den Fourth Dimension Verlag in Enugu, Nigeria. In Deutschland erschien „Die Straße nach Udima“.

Wie kamen Sie als Ingenieur zu einer Verlagsleitung?
Der Fourth Dimension Verlag ist ein privates Unternehmen der Familie Nwankwo, deren Nummer 2 ich bin. Zur Vergangenheit ist zu sagen, dass wir während des nigerianischen Bürgerkriegs auf der Seite Biafras, der Igbos, standen. Mein Bruder, der ältere von uns beiden, der auch den Verlag gegründet hat, und ich schrieben Bücher – er als Politikwissenschaftler schrieb „Nigeria – The Challenge of Biafra" und „Biafra – The Making of a Nation". Ich schrieb eher Fiktion, die aber auf meinen Erfahrungen während des Bürgerkriegs beruhte. Davor schrieb ich Drehbücher für das Propaganda-Ministerium in Biafra, und danach ging ich als Soldat an die Front. Am Ende des Bürgerkriegs kamen wir darin überein, dass uns ein Verlag fehlte: Wir mussten außerhalb Nigerias beziehungsweise außerhalb der Enklave Biafra publizieren. Mein Buch „Die Straße nach Udima" zum Beispiel erschien zuerst in Deutschland, wurde ins Deutsche übersetzt, und als ich gegen Ende des Kriegs mein Skript verlor, musste das Buch ins Englische zurück übersetzt werden. Wir beschlossen daher 1970, einen Verlag zu gründen, aber uns fehlte das Geld, und wir mussten mit anderen zusammenarbeiten, die von der Buchproduktion wenig verstanden – sie wollten ihren Profit und akzeptierten nicht, dass Publizieren eine kapitalintensive Angelegenheit ist, die erst nach mehreren Jahren Geld abwerfen kann. Aber wir hatten eine Vision, und deshalb gründeten wir einen neuen Verlag, eben die Fourth Dimension. Weil wir dafür aber Geld brauchten, begann ich 1976, wieder als Ingenieur zu arbeiten.

Was sind denn Ihre Erfahrungen als Verleger – und Autor – mit dem Buchmarkt in Nigeria?
Die Situation des Buches hängt natürlich vollkommen von der wirtschaftlichen Lage ab und führt zur nächsten Frage, wie es denn um die wirtschaftliche Lage dieses Landes heute bestellt ist – und die ist sehr heikel. Die Produktion ist ein weiteres Problem wegen der hohen Kosten, die mit der Abwertung des Naira zusammenhängen: Wurde der Naira früher 1:1 zum amerikanischen Dollar getauscht, entspricht ein Naira heute bald nur noch einem Cent. Das bedeutet natürlich, dass das Kapital der Verleger, wie wir welche sind, deutlich geschmolzen ist. Und das, was wir produzieren, können wir nur schwer vertreiben. Wenn es wirtschaftliche Schwierigkeiten und Probleme gibt, dann betrifft das die Verleger, die Buchhändler, die Zementverkäufer, die Möbelhersteller – alle Preise gehen in die Höhe. Verleger sind keine Zauberer. Das Buch stellt keinen wesentlichen Wirtschaftszweig dar, es ist eine sinnliche Annehmlichkeit, und deshalb wird es als letztes gekauft. Erst kommen Miete und Lebensmittel, Transport und Medikamente, und daher sind die Verleger von der

wirtschaftlichen Situation sehr betroffen und können sogar bisweilen ihre Rechnungen nicht bezahlen. Natürlich beschweren sich schließlich auch die Autoren. Ich will die Situation nur erläutern, nicht entschuldigen, aber ich stimme auch nicht zu, dass alle Verleger die Autoren nicht bezahlen. Einige Verleger zahlen keine Honorare, aber die meisten etablierten Verlage bezahlen die Autoren, aber sogar die etablierten Verleger befinden sich zurzeit in wirtschaftlichen Schwierigkeiten.

Wie könnte diese Situation verbessert werden?
Wir müssen das tun, was wir im Rahmen des African Publishers Network, des Apnet tun, deren Leiter ich bin. Zuerst müssen wir Verleger uns in unseren Stärken vernetzen, so dass wir Teil eines Teams nationaler Verleger werden. Dann müssen wir die Professionalität der Verleger erhöhen und eine Lobby bilden, damit wir an Gewicht, an Gehör und Einfluss gewinnen, und natürlich müssen wir in einem internationalen Netzwerk zusammenarbeiten, um voneinander lernen zu können.
Mit Apnet fördern wir den Buchhandel, finanzieren Buchmessen, organisieren Buchläden, bilden Verleger aus, haben einen Rundbrief, nutzen angesichts der Kommunikationsschwierigkeiten in Afrika E-Mail. Wir planen auch grenzüberschreitende Projekte. Zum Beispiel lebt im Norden Nigerias die Volksgruppe der Peul, der Fulani, die auch im französischsprachigen Mali lebt – wir planen mit einem Verlag in Mali die gemeinsame Publikation eines Buchs auf Peul, auf Fulani, das dann im frankophonen Mali ebenso erscheinen könnte wie im anglophonen Nigeria – ungeachtet der Staatsgrenzen, weil das Buch zum einen bei Fourth Dimension, zum anderen in der Edition Samana in Bamako erscheinen könnte. Angesichts von Internet und E-Mail ist der Datentransfer kein Problem mehr, so dass das selbe Buch hier wie dort in verschiedenen Verlagen koproduziert werden könnte.

Ben Okri

„Ich denke nicht, dass ich in einen kleinen Teil der Erde hinein geboren wurde, sondern dass ich in die Welt hinein geboren wurde"

Ben Okri wurde 1959 in Nigeria geboren, lebte als Kind in Großbritannien, besuchte in Nigeria die Schule und studierte Literaturwissenschaften in London. Er arbeitete als Journalist und Literaturredakteur und lebt als Autor in Großbritannien. Okri wurde mit dem Booker-Preis ausgezeichnet.

In deutscher Sprache liegen die Romane „Die hungrige Straße", „Verfängliche Liebe" und „Der Unsichtbare" vor sowie der Essayband „Vögel des Himmels – Wege zur Freiheit", die Gedichtesammlung „Afrikanische Elegie" und der Erzählband „Maskeraden".

Sie leben als Nigerianer in Großbritannien. Wie fühlen Sie sich dabei – zu Hause oder im Exil?
Ich habe für eine Weile nicht mehr in Nigeria gelebt, wegen der politischen Situation dort. Ich hatte Probleme mit dem Militärregime, ich mag keine Militärregierungen. Ich denke, Nationen können nicht wachsen, wenn sie nicht frei sind. Ich bin ein Advokat der Demokratie. Das ist allen klar, und von daher wäre es schwierig für mich gewesen, zurückzukehren, denn ich stand auf einer Liste gesuchter Persönlichkeiten. Das ist schmerzlich. Ich mag zwar das Wort Exil nicht, aber genau genommen lebte ich in einem solchen. Und so lebe ich in England, in Großbritannien.
Aber ich denke nicht, dass der Ort, an dem man lebt, das Bewusstsein bestimmt, sondern dass das, was man denkt, wie man denkt, was man liest, wovon man träumt, einen prägt. Das ist, was den Geist, das Denken befruchtet, was das Bewusstsein formt. So kann man in Großbritannien leben und trotzdem griechische oder afrikanische Themen behandeln. So, wie die Engländer einst in Afrika lebten, als hätten sie England nie verlassen. Es hängt nicht davon ab, an welchem Ort man sich befindet, sondern, an welchem Ort das Denken hängt. Und mein Denken ist stets an einem ziemlich befremdlichen universellen Ort, an dem alle Mythen dieser Welt zusammentreffen.

Sie gehen also von einem Dialog, einer Vermischung der Kulturen aus?
Keine Vermischung der Kulturen, das klingt in meinen Ohren nach einem Cocktail. Es ist mehr ein Zusammenfließen menschlicher Träume, des menschlichen Geistes – nach dieser Art lebe ich, seit ich denken kann. Sehen Sie, ich wurde in Nigeria geboren und kam im Alter von eineinhalb Jahren mit meinen Eltern nach England, und seither bin ich nie an einem Ort geblieben, ich reiste hierhin, dorthin, ich lebte hier, lebte dort, habe dieses und jenes gelesen, und deshalb bin ich gegenüber allem aufgeschlossen – ob es nun Mythen der Inuit sind, indianische Legenden, finnische Märchen, griechische Sagen oder deutsche Erzählungen. Das bewegt sich alles in mir, denn ich betrachte die ganze Menschheit als meine Heimat. Ich bin kein sehr überzeugter Fürsprecher des Regionalismus. Ich denke nicht, dass ich in einen kleinen Teil der Erde hinein geboren wurde, sondern dass ich in die Welt hinein geboren wurde. Und so ist die Welt meine Heimat, und ich bin zu Hause in den Mythen dieser Welt. Manchmal, wenn ich morgens aufwache und fröstle, dann ist es allein die Temperatur, die mich daran erinnert, dass ich in England und nicht in Afrika bin.

Lässt sich Ihr Roman „Verfängliche Liebe“ als Fortsetzung Ihres Bestsellers „Die hungrige Straße“ lesen?
Nein, überhaupt nicht. Wenn Sie eine Art Fortsetzung der „Hungrigen Straße“ lesen wollen, müssen Sie mein Buch „Songs of Enchantment“ lesen.
Wenn Sie sich die Landschaft der „Hungrigen Straße“ betrachten, dann wendet „Hungrige Straße“ das Universum in Elemente aus Wunder und Lichtblicken, wie es sich den Augen eines magischen, einzigartigen Kindes präsentiert. Aber in „Verfängliche Liebe“ sieht man die Realität, die „Die hungrige Straße“ mythologisiert, ganz direkt, ganz naturalistisch. Es ist ein komplementäres Buch zur „Hungrigen Straße“. Es ist ein Vorstadt-Buch. Es bringt mich zu meinen ältesten Wurzeln zurück, dem traditionellen Geschichtenerzählen. In diesem Sinn ist es für mich eine Art Umkehr in meine alte Heimat, zum Schiffsbau des Erzählens.
„Verfängliche Liebe“ ist eine Liebesgeschichte, aber ich benutze diese Liebesgeschichte nur als Boot für Gedanken über Kunst, Identität, Macht, Machtlosigkeit. Ich lasse viele verschiedene Themen einfließen. Es heißt „Verfängliche Liebe“, weil ich immer fühlte, dass Liebe ein Ort ist, an dem die kräftigsten Impulse der Menschen zum Vorschein treten. Es ist ein Ort, an dem sich alle menschlichen Empfingen treffen – und an dem sie explodieren. Es geht nicht nur um romantische Liebe, sondern auch um Liebe zur Arbeit, zu einem Ideal, zu seinem Volk. Jede starke Liebe trägt ein gefährliches Element in sich. Aber im Wesentlichen ist es eine Liebesgeschichte – zwischen einem Künstler und einer jungen Frau.

Was halten Sie von der Diskussion über die Sprachen Afrikas?
Wer in seiner Muttersprache schreiben kann, der sollte das tun. Ich habe nur eine Bedingung, eine ganz persönliche: Er soll gut schreiben. Es sollen gute Bücher sein. Es kümmert mich wirklich nicht, in welcher Sprache jemand schreibt, meinetwegen in Hieroglyphen, so lange es exzellent ist, so lange es den menschlichen Geist belebt, so lange es an Orte führt, an denen wir noch nicht waren, so lange es uns Dinge sehen lässt, von denen wir dachten, dass wir sie kennen, die wir aber gar nicht kannten. Ich denke, das ist das Einzige, was wirklich wichtig ist.
Schauen Sie, wenn ich einen bestimmten afrikanischen Ausdruck in die englische Sprache bringen will, dann verändere ich diese Sprache, dann ist es nicht mehr das Englische, dann drehe und wende ich diese Sprache und mache daraus ein vollständig überarbeitetes Instrument. Sprache ist wie ein Trinkglas. Sie können Wein einschenken, aber deshalb wird kein Weinglas daraus, Sie können Wasser einschenken, Tinte – so ist es auch mit der Sprache: Was man hineingibt, dafür wird Sprache der Behälter. Sprache ist nicht das wichtigste Ding, wie die Leute immer annehmen,

weil sie tatsächlich ein wichtiges Vehikel ist. Aber ein Zug ist nicht wichtiger als die Leute, die darin sitzen. Wenn man die Sprache dreht und wendet und ihr etwas abgewinnt, das Shakespeare nicht aufgefallen wäre, das Dickens überrascht hätte, wenn man das aus Sprache macht, dann erweitert man diese Sprache, und man erweitert damit auch andere Sprachen. Man verbindet sie, dehnt sie, man rüttelt an unserem Verständnis der Grenzen von Sprache.

Ich denke also nicht sehr fanatisch über dieses Thema, ich denke, die Leute sollten etwas in dem Medium tun, in dem sie es am Besten tun können – und damit zufrieden sein. Wenn man sich in Englisch nicht gut ausdrücken kann, aber in Kikuyu – dann sollen sie in Kikuyu schreiben, das ist ganz einfach.

Michèle Rakotoson

„Diese Suche nach den Wurzeln beschäftigt mich weiterhin und liegt zwischen den Zeilen all dessen verborgen, was ich schreibe"

Michèle Rakotoson kam 1948 in Madagaskar zur Welt, studierte in Madagaskar und Paris madagassische Literatur sowie Soziologie und lebt seit 1983 in Frankreich. Sie arbeitet als Journalistin bei Radio France International, engagiert sich in der Literaturförderung und publiziert Theaterstücke und Prosa. Rakotoson bekam den Grand Prix du théâtre radiophonique; von ihr liegen auf Deutsch die Bücher „Dadabé" und „Die verbotene Frau" vor.

Die Literatur der Peripherie – als das sieht man in Deutschland die Literatur von Ländern wie Madagaskar an – findet in der Welt der Literatur immer mehr Beachtung. Halten Sie dies für eine dauerhafte oder für eine nur vorübergehende Erscheinung?
Ich sehe dies als eine dauerhafte Erscheinung an. Die derzeitige Verlagspolitik des Westens – zumindest Frankreichs – ist so ausgerichtet, dass große Medienerfolge und Sachbücher bevorzugt werden. Die Leser aber wollen neue Ideen kennenlernen, wollen wissen, was anderswo passiert, wie man anderswo lebt, träumt und schreibt. Die Literatur der Peripherie kommt diesem Bedürfnis entgegen.
War es in gewisser Weise nicht schon immer so? Es gibt Bücher, die in Mode sind, und es gibt die Literatur. Das eigentliche Problem aber ist das Problem des Verlegens, das Fehlen von Mitteln und die wenigen Mittel, die den Schriftstellern der Länder der Peripherie zur Verfügung stehen, um ihre Stimme hören zu lassen.

Kann man von einer homogenen madagassischen Literatur sprechen, oder handelt es sich um eine Literatur, die in verschiedene Zweige aufgespaltet ist?
Das Problem ist kompliziert. Natürlich kann man von einer madagassischen Literatur in madagassischer Sprache sprechen und von einer madagassischen Literatur in französischer Sprache. Tatsächlich aber schreiben die Autoren, gleichgültig, ob sie nun auf Französisch oder in madagassischer Sprache schreiben, über Madagaskar; immer geht es um Madagaskar, und das macht die madagassische Literatur homogen. Dann sind da natürlich noch, wie in jeder anderen Literatur, die unterschiedlichen Stile der Autoren.

Ist die madagassische Literatur französischer Sprache Teil der französischen Literatur, oder stellt sie eine eigenständige Literatur dar?
Die madagassische Literatur in französischer Sprache ist in erster Linie eine madagassische Literatur, und außerdem eine eigenständige Literatur, die sich der französischen Sprache bedient.

Madagaskar ist eine Insel, die unter dem Einfluss Afrikas, Asiens und Indiens steht. Könnte Madagaskar das Modell für eine multikulturelle Gesellschaft abgeben?
Im Augenblick ist Madagaskar eine Insel, die versucht, sich der Welt zu öffnen. Ebenso wie in zahlreichen Ländern, die sich lange Zeit von der übrigen Welt abgeschlossen haben, sind die sozialen und ethnischen Schranken noch viel zu verfestigt, als dass man von einer multikulturellen Gesellschaft sprechen könnte.

Wie hat das Jahr 1972, die studentische Revolte gegen die ausgesprochen frankreichfreundliche Politik des Präsidenten Philibert Tsiranana und die folgende Diktatur, Ihr literarisches Schaffen beeinflusst? Wie wirkten sich die Ereignisse dieses Jahres auf Ihre Werke aus?
Ich hatte an den Ereignissen des Jahres 1972 aktiv teilgenommen. Das, was mich am stärksten geprägt hat, war das Bedürfnis, zum Volk zurückzukehren, dieses Bedürfnis, wieder an die Wurzeln der Kultur und der Seele Madagaskars anzuknüpfen, diese Ablehnung der Akkulturation und diese heftige Sehnsucht nach Unabhängigkeit. Diese Suche nach den Wurzeln beschäftigt mich weiterhin und liegt zwischen den Zeilen all dessen verborgen, was ich schreibe.

Sie haben Madagaskar 1983 verlassen. War das eine Reaktion auf die katastrophale Politik jener Zeit?
Ja, ich hatte Madagaskar aus politischen Gründen verlassen; ich habe es auch verlassen, um meinen Kindern eine Zukunft zu bieten, und um in Ruhe schreiben zu können.

Sie arbeiten als Journalistin. Inwieweit beeinflusst dies Ihre Arbeit als Autorin von Romanen und Theaterstücken?
Ich versuche zu vermeiden, dass diese Arbeit, der ich in Frankreich nachgehe, meine Arbeit als Autorin, bei der es hauptsächlich um Madagaskar geht, allzu stark beeinflusst. Aber natürlich wirkt sich das, was ich als Journalistin lese, sehe und höre, auf meine Sichtweise der Dinge aus.

Man betrachtet Sie als Begründerin der madagassischen Literatur in französischer Sprache und lobt, dass Sie die traditionelle madagassische Literatur in Ihr Werk integriert haben. Wie bewerkstelligen Sie das?
Ich bin nicht die Begründerin der Literatur in französischer Sprache, ich bin nur großen Vorläufern gefolgt, wie Jean-Joseph Rabearivelo und Jacques Rabemananjara. Für mich ist Französisch die Sprache, mit und in der ich arbeite, und die Sprache meiner Gefühle ist das Madagassische. Wenn ich schreibe, ist die Musik, die unter meinen Texten dahinströmt, madagassisch. Das meine ich mit Integration. Eigentlich ist es mehr, es ist ein feines Gewebe aus Sprachen, aus Ungesagtem, aus Implizitem, aus Schweigen, das die Musik wiedergibt, die ich beim Schreiben im Kopf habe.

Neben Prosa schreiben Sie Theaterstücke. Wie, aus welchen Motiven heraus entscheiden Sie, ob sie einen Roman oder ein Theaterstück schreiben werden?
Es gibt dafür keine rationellen Gründe. Der Stoff drängt sich mir auf oder die Musik, wie ich bereits sagte, die ich in mir vernehme.

Sie setzen sich in Frankreich auch für die Förderung der Literatur ein. Könnten Sie ein paar Beispiele für das nennen, was Sie machen? Welche Projekte haben Sie ins Leben gerufen?
Zur Zeit bemühe ich mich sehr darum, Veranstaltungen wie Lire en Fête oder Bücherausstellungen zu fördern. Mein wichtigstes aktuelles Projekt aber ist, in Zusammenarbeit mit Studenten aus Madagaskar und madagassischer Herkunft, den Literaturpreis Hiratra einzurichten, der dazu gedacht ist, madagassische Autoren bekannt zu machen. Wir haben inzwischen etwa zehn madagassische Autorinnen und Autoren entdeckt und konnten erreichen, dass Railovy, eine von ihnen, veröffentlicht wurde.

Lesego Rampolokeng
„Ich kann Sprache und Musik nicht trennen“

Lesego Rampolokeng wurde 1965 in Südafrika geboren und studierte in Johannesburg Jura. Schon früh entschied er sich indessen für Poesie und Musik und entwickelte einen genreübergreifenden Sprechgesang, den er auch auf mehreren CDs publizierte.
Auf Deutsch erschienen von Rampolokeng die Gedichtbände „Rap Master Supreme – Word Bomber in the Extreme“, „endbeginnings“ und „Blue V's“.

Was ist nun wichtiger in Ihren Gedichten? Der Klang oder der Sinn?

Jedes menschliche Wesen trägt seinen eigenen Rhythmus in sich. Für mich ist die Stimme das bewundernswerteste Instrument, das es auf der Welt gibt – ob wir mit Rhythmen arbeiten, mit Melodien oder Harmonien. Nur die Stimme kann so implodieren und explodieren. Die Stimme kann wie ein Boxschlag auf einen Körper sein, trägt die Töne der Liebe in sich, kann pulsieren, vibrieren.

Ich kümmere mich nicht so sehr darum, eine bestimmte Form herauszuarbeiten, um auch über nichts noch irgendwie etwas sagen zu können. Was ich immer versuche, auch in aller Form der Zusammenarbeit mit Musikern zum Beispiel, ist, danach zu schauen, was mir die Musik sagt, was die Stimme dieser Musik zu meiner Stimme sagt. Auch wenn es instrumentelle Musik ist: Musik spricht zu mir auf ihre Weise. Ich kann Sprache und Musik nicht trennen. Für mich müssen Form und Inhalt miteinander verheiratet sein – ich habe immer versucht, das zu erreichen. Ich sehe mich als Teil der Gesellschaft, als soziales Wesen; ich beziehe mich auf meine Gemeinschaft und lasse sie auf mich beziehen und versuche, mit meiner Welt zu kommunizieren, mich in meiner Welt zu definieren, und zu sehen, wie sich meine Welt mir gegenüber definiert. Dies soll möglichst effektiv und unmissverständlich vonstatten gehen. Ich versuche, die Wörter reisen zu lassen, sie so beweglich wie möglich werden zu lassen. Je mehr Durchlässigkeit sie mitbringen, desto besser ist es für mich, zu kommunizieren.

Wie würden Sie das beschreiben, was Sie mit den Worten tun? Wortspielerei?

In meinen Augen ist das Wort die möglicherweise böseste Waffe. Es übertrifft alle anderen Waffen bei der Zerstörung der Menschlichkeit. Um ein Beispiel zu geben: Dass sich Hiroshima ereignen konnte, war eine Folge der Kommunikation, die das Wort Atombombe so alltäglich werden ließ wie einen Sticker, den man sich auf die Jacke heftet. Außerdem erhielt der japanische Holocaust dadurch auch noch so etwas wie Charisma. Es geht aber darum, einen Weg zu finden, wie ein Wort als Werkzeug statt als Waffe genutzt werden kann.

Ich will mit Worten verschmelzen, von ihnen erfüllt sein, in ihnen versinken, meine eigenen Widersprüche klären, bevor ich mich an ein anderes Gehirn wende, an eine andere Seele, ein anderes Herz. Das ist es, was ich zu tun versuche – nicht mit Worten zu spielen.

Ihre Gedichte sind sehr politisch. Was wollen Sie mit ihnen erreichen?

Ich habe mich nie als Vertreter meiner oder irgendeiner Generation gesehen oder als Vertreter irgendeiner Gruppe von Menschen. Aber ich nehme wahr, dass es Leute gibt, die meine Vision teilen. Ich habe mich nie als Gesellschaftskritiker definiert, aber stets betont, dass ich ein soziales Wesen bin. Ich denke, wenn ich ehrlich zu mir selbst und meiner Auffassung von Menschlichkeit sein will, dann ist es meine Pflicht, sowohl die Gesellschaft zu kritisieren, in der ich mich befinde, als auch mich selbst. Das verlangt auch danach, mich selbst zu analysieren. Es gibt ja dieses Stück in meinem Buch, in dem ich sage, „Ich zerbiss mich selbst in Analyse, statt zu verharren in Paralyse". Aber ich kam nicht tief genug zu mir durch. Es ist gut, all das auszumisten, was in einem drinsteckt. Das ist es, was ich versuche, und ich denke, an dem Tag, an dem ich dazu in der Lage sein werde, und den ich ersehne, werde ich mein Schreiben aufgeben, weil es keinen Punkt mehr gibt, den ich ansteuern könnte.

Die literarische Szene in Südafrika wirkt sehr zersplittert. Was und wie können Autoren dazu beitragen – wenn dies überhaupt ein Ziel sein sollte –, eine gemeinsame Kultur zu schaffen?
Südafrika ist ein Land mit einer Vielzahl von Kulturen. Ich denke nicht, dass es eine großartige, übergeordnete Kultur gibt, die eine wesentliche, verbindende Kultur Südafrikas darstellt. Ich verweigere mich einer solchen Forderung, die zu einem Fundamentalismus führt, zu einem Nationalismus in Südafrika, der schon viel zu oft tödlich war. Das bringt mich zurück zu meinem persönlichen Versuch, nicht für eine bestimmte Sektion sprechen zu wollen. Ich hoffe, dass das, was in Südafrika vor sich geht, jedem Autor eine Stimme gibt – lieber das, als viele gewichtige Autoren, die mit nur einer Stimme sprechen. Das wäre eine Art Uniformierung, und sollte es sich so entwickeln, würde ich mich weigern, Teil von ihr zu sein. Davon nehme ich definitiv Abstand, ich möchte kein Teil irgendeiner Vereinheitlichung der literarischen Stimme Südafrikas sein. Ich denke, es ist gut, wenn es viele Köpfe gibt, die in möglichst viele Richtungen denken. Und wenn darüber jemand einen Schirm aufspannen und sagen wollte: 'Das ist die südafrikanische Kultur', dann könnte man fragen, gut, worin liegt der Sinn?

Wie könnte man die Präsenz afrikanischer Literatur auf dem deutschen, europäischen Buchmarkt Ihrer Meinung nach verbessern. Durch besseres Marketing, besseren Vertrieb der Verlage in Afrika? Oder durch eine andere Thematik der Autoren?
Mein Problem mit dem, was vom afrikanischen Kontinent kam, liegt darin: Es gab diese kleinen Getto-Serien der seriösen Verlage Heinemann oder Longman; diese Serien schufen, was sie sollten, nämlich ein Getto mit

Rap in einer Ecke und darum herum jede Menge Verklärung wie 'Der edle Wilde schlägt zurück'. Ich hatte immer Probleme mit der Vorstellung, mich irgendwie kleiden zu müssen. Wenn man die Machtverhältnisse erlebt und sieht, wer der Verbraucher ist und wer der Hersteller, und wenn Literatur so sehr zum Produkt wird, wenn man sieht, was an südafrikanischer Literatur übersetzt wurde, was aufgenommen werden konnte von der deutschen Welt als Teil dieser Welt – Nadine Gordimer, André Brink, aus offensichtlichen Gründen –, dann gibt es ein großes Defizit an ehrlicher Literatur.

Wie wesentlich ist der Einfluss der Oratur auf Ihre Lyrik?
Sie beherrscht sie in höchstem Maße. Aber was Oratur betrifft, so ist dieses Thema immer problematisch gewesen. Ende der achtziger, Anfang der neunziger Jahre – was war das für ein Kampf gegen einen akademischen Diskurs, der dazu angelegt war, Oratur zu unterminieren und zu degradieren, gegen Leute, die nicht dazu in der Lage waren, uns zu kritisieren, weil alle ihre intellektuellen Werkzeuge, die ihnen zur Verfügung standen, nicht dazu ausreichten, um dahin vorzustoßen, was es mit Oratur auf sich hat. Später, als wir uns durchgesetzt zu haben dachten, wurden plötzlich alle unsere Brüdern und Schwestern und Großmütter zu Poeten erklärt! Akademische Kritiker und Leute, die glaubten, es am Besten zu wissen, romantisierten Oratur!
Es gibt aber keine originär afrikanische Bestimmung dessen, was Oratur ist. Die blinden griechischen Poeten auf den Marktplätzen, die die täglichen Neuigkeiten auf den Marktplätzen herunterleierten, das waren orale Poeten, lange bevor die Assyrer anfingen, ihre Schriftzeichen zu kritzeln, lange bevor es Schrift gab und dieses Gefängnis, das Buchseite heißt. Ich habe mich immer darum bemüht, meinen Weg zwischen Oratur und Schrift zu finden. Ich habe versucht, Vibrationen, Potenz und Leben auf die Buchseiten zu bringen und das Leben von der Buchseite auf die Bühne springen zu lassen. Ob mir das gelang, das ist wieder eine andere Geschichte.

Ousmane Sembène

„Wir versuchen nicht, Europa zu imitieren, wir versuchen, eine Idee zu verwirklichen, unsere Kultur zu bewahren“

Ousmane Sembène wurde 1923 in Senegal geboren und machte Lehren als Mechaniker und Maurer. Während des Zweiten Weltkriegs kämpfte er in der französischen Kolonialarmee und war in Deutschland, in Baden-Baden, stationiert. Anschließend begann er als Hafenarbeiter in Marseille zu schreiben. Seine Erzählungen und Romane gehören zu den am meisten gelesenen Werken im frankophonen Afrika. 1961 drehte Sembène darüber hinaus seinen ersten Film. Wie seine Bücher wurden auch Sembènes Filme zu Klassikern.

In deutscher Sprache erschienen die Bücher „Gottes Holzstücke“, „Die Postanweisung“, „Guelwaar“, „Der Voltaer – Niiwam – Taaw“, „Weiße Genesis“, „Xala“ und „Meines Volkes schöne Heimat“.

In Ihrem Film und dem gleichnamigen Buch „Guelwaar" schildern Sie eine Auseinandersetzung zwischen Muslimen und Christen. Wie gewichtig ist denn der Einfluss des Islam auf die Gesellschaft Senegals?
Dieser Film hat nichts zu tun mit dem Islam. Der Islam macht nichts anderes als andere Religionen: er interpretiert. Zu sagen, dass Muslime in diesem Roman keine ruhmreiche Rolle spielten, würde bedeuten, den Islam misszuverstehen. Die Menschen, sei es in Deutschland oder anderswo, haben stets interpretiert: zu Gunsten der Schriften entweder der Evangelisten oder der Muslime. Das hat aber nichts zu tun mit der Quintessenz des Islam.
Die Geschichte von „Guelwaar" behandelt einen Irrtum der Verwaltung, der zur Folge hatte, dass Muslime guten Glaubens einen Leichnam beerdigten, der ihnen nicht gehört, sondern der katholisch ist. Aber man darf nicht für ganz Afrika verallgemeinern – es handelt sich in „Guelwaar" allein um den Norden Senegals. Im Süden Senegals, wo ich herkomme, aus der Casamance, aus Ziguinchor, teilen sich Muslime und Katholiken die selben Friedhöfe! „Guelwaar" ist also keine Geschichte, die sich auf den Kontinent übertragen lässt, sondern eine, die nur einen Aspekt Senegals zeigt, des Nordens Senegals. Immerhin regelt in „Guelwaar" zuletzt der Imam der Moschee die Angelegenheiten!

Der Schluss dieses Films, dieses Buchs „Guelwaar" lässt auf einen Generationskonflikt schließen. Sehen Sie generell einen Konflikt zwischen Jung und Alt in Senegal?
Nein. Es gibt auch in „Guelwaar" keinen solchen Konflikt. Das ist Ihre Interpretation des Schlusses. Die Jungen wollen nur keine weiteren Lügen mehr, denen zufolge man nur dann zur Welt kommen, erwachsen werden und leben kann, wenn man die Hand für Hilfe aus Europa aufhält. Europa hilft uns nicht – Europa mit seiner Hilfe bringt uns Junge nicht weiter, wollen die Jungen damit ausdrücken. Und die Jungen haben Recht, diese Hilfe zu verweigern.
Die Würde des Menschen besteht aus seiner Arbeit, seinem Mut. Und wenn man von Schwarzafrika spricht, begegne ich sehr oft einem Gefühl der Herablassung, dass man uns helfen müsse. Man kann uns nicht helfen, Sie helfen nur sich selbst, indem man uns für dumm verkauft. Aber wir wollen selbstständig werden, auch intellektuell selbstständig werden, und daher haben diese Jungen Recht.

Frauen werden in zahlreichen Romanen afrikanischer Autoren als besonders starke Personen gezeichnet. Ist das realistisch?
Das ist und war immer realistisch. Die afrikanische Frau war immer frei-

er als die europäische Frau. Ich spreche von Schwarzafrika, nicht von der arabischen Frau oder der christlichen Frau. Die Frau in Schwarzafrika war stets viel freier als irgendeine Frau sonst wo. Wissen Sie, dass in der Geschichte Afrikas alle Kinder stets gleichermaßen die Namen der Väter und der Mütter trugen? Das ist wichtig! Aber jetzt befindet sich Afrika im Umbruch, in einem radikalen Wandel, und auch dabei spielen die Frauen eine sehr große Rolle. Wir wissen genau, dass sich Afrika nicht befreien kann ohne die Befreiung der Frauen, ohne die Befreiung von der Erziehung, die wir erhalten haben, der traditionellen, phallokratischen Erziehung. Die Frauen spielen dabei eine große Rolle. Es gibt derzeit keine große kulturelle oder politische Bewegung in Afrika ohne Frauen.

Sie gelten als Kritiker des Autorenkinos. Was behagt Ihnen daran nicht?
Nein, nein, nein. In Afrika fangen wir erst an, Filme zu drehen, wir haben noch keine großen Regisseure. Wir haben sehr gute Regisseure aus technischer Sicht, aber die meisten afrikanischen Regisseure sind keine Autoren. Es sind Leute, die das Kino sehr gut kennen. Ich glaube, dass man annehmen kann, dass das frankophone Afrika ein Zentrum für Regisseure darstellt. Ich lehne das Autorenkino nicht ab, ich liebe es sehr und mache es ja auch selbst. Aber alle Wege in Afrika stehen offen – Europa ist kein Beispiel für uns. Wir müssen unseren Weg selbst finden.

Was könnte man dann tun, um die Situation von Film und auch Literatur in Westafrika zu verbessern?
Das liegt an uns, wir werden sehen. Ich habe kein Rezept – wenn ich es wüsste, würde ich es umsetzen, aber ich bin kein Koch, der sagen kann, wie man kocht. Genau das ist das Abenteuer, das wir erleben – mit dem Beitrag aller, mit der Erfahrung aller. Aber wir sind es selbst, die das verwirklichen werden. Wir versuchen nicht, Europa zu imitieren, wir versuchen, eine Idee zu verwirklichen, unsere Kultur zu bewahren.

Sie begannen Filme zu drehen, um auch die Menschen erreichen zu können, die nicht lesen können und die allein afrikanische Sprachen sprechen. Beabsichtigen Sie auch, Ihre Romane in Ihrer Sprache, auf Wolof, zu veröffentlichen?
Ich hatte „Guelwaar" sogar auf Wolof geschrieben, aber ich habe keine Leser für Texte in Wolof. Das ist nur eine Minderheit, die Wolof zu lesen versteht, aber das ist nicht schlimm. In Deutschland spricht man von Goethe und der schönen deutschen Sprache, in der Goethe schrieb, aber wie viele Menschen konnten denn damals die Bücher lesen, die Goethe in deutscher Sprache schrieb?

Gillian Slovo

„Ich verbrachte eine Kindheit, in der meine Eltern uns Kindern nie etwas erzählten"

Gillian Slovo wurde 1952 als eine von drei Töchtern der populären Bürgerrechtler Ruth First und Joe Slovo in Südafrika geboren und lebt seit 1964 in Großbritannien. Sie schrieb eine Reihe von Krimis und ein viel beachtetes autobiografisches Werk über ihre Familie. Auch mehrere Romane zählen zu ihrem Werk, darunter „Roter Staub". Außerdem erschienen ihre Krimis „Catnapping", „Kate und der Tote im Fahrstuhl", „Tod eines Therapeuten" und „Tödliches Staccato" auf Deutsch.

Sie schreiben Romane sowie Kriminalliteratur – gibt es für Sie Unterschiede in der Art des Schreibens, je nachdem, ob es sich um einen Roman oder einen Krimi handelt?
Als ich zu schreiben begann, fing ich mit Kriminalliteratur an. Inzwischen schreibe ich keine Kriminalliteratur mehr. Ich denke, es gibt einen erheblichen Unterschied. Zum Beispiel ist für Kriminalliteratur vor allem die Handlung wichtig – sie muss die ganze Geschichte vorantreiben. Obwohl das für einen Autor auch einige Vorteile hat, bringt es natürlich auch etliche Nachteile mit sich: So ist es sehr schwierig, auf die Emotionalität der Charaktere einzugehen. Obwohl in einer Detektivgeschichte, in der die Figuren töten oder sterben, intensive Gefühle zum Ausdruck kommen, stockt die Handlung, wenn man derlei Emotionen zu sehr ausbreitet und sie zu umfangreich entwickelt. Genau das ist der Grund, warum es mich mittlerweile in der Tat weniger interessiert, in diesem Genre zu arbeiten, weil es mich mehr interessiert, Charaktere zu erforschen. Obwohl ich weiterhin ein Autor bin mit einer starken erzählerischen Ader – Geschichten zu erzählen fällt mir ziemlich leicht –, versuche ich, mehr Aufmerksamkeit darauf zu legen, meinen Charakteren gegenüber fair zu sein und ihnen auch zu erlauben, in eine Richtung zu gehen, die mir nicht behagt. Das aber kann man in einem Kriminalroman nicht.

Als sie zu schreiben begonnen haben, was faszinierte sie denn da an Kriminalliteratur?
Ich sagte mir immer, dass ich schreiben wollte, was ich selbst zu lesen wünschte – und das stimmt auch. Und ich sagte mir auch, dass ich die Kriminalliteratur, die ich gern las – von Raymond Chandler, Dashiell Hammett –, in die moderne Welt bringen wollte. Ich wollte die Helden weniger unverwundbar haben, ich wollte mit der Form experimentieren und sehen, was ich damit anfangen könnte in der Gegenwart.
Aber das waren vorgebliche Entschuldigungen, denn jetzt, aus einer anderen Sicht, zeigt sich als einer der Gründe, warum ich so selbstverständlich zum Schreiben von Kriminalliteratur kam, dass Detektive an Orte gehen, an denen sie niemand zu sehen wünscht, um Dinge herauszufinden, die ihnen niemand sagen mag. Sie decken Geheimnisse auf. Und das hat einiges zu tun mit meiner Kindheit, denn ich verbrachte eine Kindheit, in der meine Eltern uns Kindern nie etwas erzählten – wegen ihres damals illegalen und daher gefährlichen politischen Engagements in Südafrika. Ich denke, ich verbrachte meine Kindheit quasi als eine Art Detektivin, um die Geheimnisse herauszufinden, um mich nahe der Furcht sicherer fühlen zu können. Und so, denke ich, wurde es für mich vollkommen selbstverständlich, Kriminalromane zu schreiben.

Sie entwickelten die Figur der Detektivin Kate Baeier? Wie unterscheidet sie sich von anderen Detektiv-Figuren?
Sie ist eine jüngere Frau portugiesischer Herkunft, die in England lebt und dort, als ich mit diesen Büchern begann, ein sehr vibrierendes soziales Leben hatte. Ich wollte schließlich nicht den einsamen Macho-Helden à la Philipp Marlowe kopieren, der nie Freunde oder Geliebte hat, und nie weiß, ob er nicht eines Tages bei seinem nächsten Fall ausgespielt hat. So etwas wollte ich nicht schreiben. Ich wollte eine etwas realistischere, rundere Person schaffen, die zu freundschaftlichen Beziehungen fähig ist. Als Kate Baeier startete, hatte sie nicht nur einen festen Freund, sondern sie hatte einen Sohn, einen Stiefsohn vielmehr, und sie hatte zwei Freundinnen, mit denen sie wichtige Dinge ihrer Fälle und ihres Lebens zu besprechen pflegte. Aber dann entdeckte ich meine Anfangsfehler, denn das Problem daran war, dass viele gute Freunde, Liebhaber und Kinder, der Entwicklung der Geschichte im Weg stehen. Und so, wie sich diese Figur der Kate Baeier entwickelte, schickte ich erst die Freunde nach Amerika, denn diese wollten immer mit Kate Brandy trinken, während sie ausziehen und Gefahren suchen wollte; und dann musste ich ihren Partner töten, weil nun er im Weg stand; und dann musste auch noch ihr Stiefsohn daran glauben, und dann war sie eine einsame Frau.

Vier Ihrer Kriminalromane wurden bereits ins Deutsche übersetzt, aber Ihr Roman „Roter Staub" wird hier zu Lande vermutlich am meisten Aufmerksamkeit erhalten. Dürfte das eher am Stil des Buches liegen oder am Inhalt, an der politisch relevanten Handlung?
Ich denke, dass die Stärke von „Roter Staub" darin liegt, dass es eine gut lesbare Geschichte ist, eine Art Schmöker – und darin zeigt sich meine Übung als Krimi-Autorin. Aber ich denke auch, dass es ein tieferes Buch ist als die anderen. Krimis haben ihren Platz in der Literatur – Leute lesen sie, um sich zu zerstreuen. „Roter Staub" dagegen ist, wie ich finde, ein ernsthafteres Buch. Es wirft einen Blick auf wichtige Dinge unserer Gesellschaft, und es strebt nicht nur der Lösung einer Geschichte entgegen. Es stellt Fragen nach Wahrheit und Gerechtigkeit und ob man einen Menschen einfach gegen einen anderen austauschen kann. Das sind Fragen, die nicht nur in Südafrika interessieren, sondern in der ganzen Welt.

In dem Roman „Roter Staub" erinnern einige Figuren an Ihr eigenes Leben: Sarah Barcant lebt wie Sie nicht mehr in Südafrika, der Anwalt Ben Hoffman erinnert an Ihren Vater, der auch Rechtsanwalt war. Waren diese Ähnlichkeiten so geplant?
Ich schrieb dieses Buch, dieses Buch kommt aus mir, und daher ist Sarah

Barcant meine Figur, bin ich Sarah Barcant, bin ich Ben Hoffman und Pieter Muller – diese Figuren kommen alle aus meiner Psyche. Aber es liegt natürlich nahe, zu denken, besonders Sarah Barcant stelle mich dar, denn sie ist die einzige Figur in diesem Buch, die mein Geschlecht hat und von auswärts kommt, und Ben Hoffman ist Rechtsanwalt wie mein Vater einer war. Aber so ist es nicht. Ich finde, es gibt Aspekte in ihrem Tun, in der Art, wie sie denken, mit denen ich übereinstimme; aber offensichtlich gibt es auch Aspekte, mit denen ich nichts zu tun habe und die nur beschreiben, wie diese Figuren sind.
Der Grund dafür, warum Sarah Barcant aus dem Ausland kommt, liegt vor allem darin, dass ich in Südafrika geboren wurde und sehr daran interessiert bin, über Südafrika zu schreiben. Ich bin dem Land sehr verbunden, aber in gewisser Weise keine Südafrikanerin mehr. Was ich also vermitteln wollte, war dieser Blick einer Fremden auf diese Gesellschaft. Es ist ein mythisches Südafrika, ein Konstrukt in gewisser Weise. Für mich ist Sarah Barcant die Figur, die durch dieses mythische Südafrika führen kann. Sie ist diejenige, die zu einem Plenum sprechen kann, das Südafrika nicht kennt und verschreckt sein könnte. Sarah Barcant sagt: Beunruhigen Sie sich nicht, ich bin wie Sie und erkläre Ihnen, was in dieser Gesellschaft vor sich geht.

Könnten Sie sich denn vorstellen, mit Ihrer Familie wieder in Südafrika zu leben?
Ich habe es mir überlegt, weil ich es auch schon eine Weile versuchte, 1994, für ein Jahr, als ich für mein letztes Buch recherchierte. Ich hatte damals auf vielfältige Weise eine wunderbare Zeit dort, aber ich entschied mich nicht dafür, zu bleiben. Obwohl ich es mir vorstellen könnte, dort zu leben, und ich mich auf eine Weise in Südafrika zu Hause fühle wie sonst nirgendwo in der Welt, fühle ich mich dort auch wie eine Fremde – und diese beiden Empfindungen kann ich nicht miteinander in Einklang bringen, und deshalb ist ein Umzug für mich momentan kein Thema.

Woher bezogen Sie Informationen für die psychologisch sehr feinfühlige und interessante Beziehung zwischen Dirk, dem Folterer, und Alex, dem Opfer, in dem Roman „Roter Staub“?
Aus einer Vielzahl von Quellen. Ich las sehr intensiv die Mitschriften der Anhörungen der Wahrheitskommission in Südafrika – sie sind alle im Internet. Ich ging zu manchen Hearings und las auch Sachbücher über Erfahrungen von Gefolterten. Es gibt sehr viele Bücher darüber, besonders aus Lateinamerika, aus den Siebzigern und beginnenden Achtzigern, als in erheblichem Maße gefoltert wurde und viel darüber geschrieben wurde. Also: Ich las darüber und zusätzlich stellte ich mir vor – was mir

als Romanautorin wohl erlaubt ist –, wie es wohl sein mag, gefoltert zu werden. Ich zog mir die Schuhe von jemandem an, der gefoltert wird, ich eignete mir dessen Psyche an und schöpfte aus dieser Vorstellung diese Beziehung in dem Roman.

Ihre Mutter wurde vom südafrikanischen Geheimdienst ermordet. In einem Hearing der Wahrheitskommission begegneten Sie den beiden Tätern. Was ging da in Ihnen vor?
Die Mörder meiner Mutter haben für ihre Tat nie um Verzeihung gebeten, denn sie gingen nie davon aus, etwas Falsches getan zu haben – das ist das Schreckliche daran. Als ich zur Wahrheitskommission ging, als diese Männer um Freispruch baten, empfand ich es als das Schwierigste, dass ich zu denken begann, ich würde sie kennen. Ich war drei Wochen lang im selben Raum mit diesen Männern gewesen, hatte sie sprechen hören, beobachtet, gesehen, wie sie morgens ankamen und aus ihren Autos stiegen, wie sie in der Schlange zum Kaffeeautomaten standen, hatte gehört, wie sie ihren Amnestieantrag rechtfertigten. Sie wurden mir wirklich vertraut. Ich dachte das nicht nur, ich wusste, wie sie denken, wie sie handeln. Ich war sogar dazu in der Lage, vorwegzunehmen, was sie als nächstes sagen würden und warum. Und diese Intimität, die zwischen uns entstand, ohne dass ich jemals mit ihnen direkt gesprochen oder diese Leute jemals kennengelernt hatte, diese Intimität nutzte ich für die Charaktere in „Roter Staub".
Selbst wenn diese Leute, die meine Mutter töteten, ihre Schuld anerkannt und auch verstanden hätten, was diese Schuld bedeutet – ein fremdes Leben genommen, meine Mutter ihres Lebens beraubt zu haben, sie zum Opfer gemacht zu haben, und damit indirekt auch uns –, dann weiß ich nicht, ob ich fähig dazu wäre, ihnen zu vergeben, denn diese Leute konnten alles tun, wozu sie fähig waren, was sie wollten.
Für religiöse Christen, für die Versöhnung und Vergebung einen zentralen Aspekt darstellen, ist es viel einfacher, von Vergebung zu sprechen. Aber das ist keine Tradition, in der ich oder viele andere Menschen dieser Welt erzogen wurden. Ich denke, für diesen Rest von uns ist es schwieriger zu sagen: Es ist vorbei, ich verzeihe, und mich macht das zu einer besseren Person.
Ich glaube aber auch nicht, dass dies Aufgabe der Wahrheits- und Versöhnungskonferenz ist. Ich glaube nicht, dass es um Versöhnung und Verzeihen zwischen Unterdrückern und Opfern geht. Ich denke, es ist der Versuch einer ganzen Gesellschaft, sich mit der eigenen Vergangenheit zu versöhnen, damit sie eine bessere Zukunft habe. Und in dieser Hinsicht, glaube ich, hat die Wahrheitskommission ihren Beitrag geleistet.

„Roter Staub" wurde in einem sehr visuellen Stil geschrieben. Man kann sich die Landschaften vorstellen, die Hearings. Würden Sie Ihren Roman gerne verfilmt sehen?
Nein, nein, ich wünsche das nicht – aber es könnte gut möglich werden, denn die BBC hat diesen Vorschlag gemacht, und einige Drehbuchautoren verfassen ein Skript. Natürlich ist es immer schmeichelhaft, zu wissen, dass ein Buch von einem verfilmt wird – wenn es gut gemacht wird!

Véronique Tadjo
„Ich lege grundsätzlich gern Poesie in das, was ich schreibe“

Véronique Tadjo wurde 1955 als Tochter einer Französin und eines Ivoirien in Paris geboren, ging in der Elfenbeinküste zur Schule. Dem Studium der Anglistik in Frankreich und den USA folgte ein landwirtschaftliches Studium in Frankreich und der Elfenbeinküste. Tadjo, die auch als Illustratorin und Malerin tätig ist, lebte zuletzt in Kenia und London und ist nun in Südafrika zu Hause.
Auf Deutsch erschienen ihre Bücher „Der Schatten Gottes“ und „Hinter dem Regen“. Tadjo war Teilnehmerin des literarischen Projekts „Rwanda: écrire par devoir de mémoire“.

Sie sind viel herumgekommen in der Welt – auch schon als Kind. Hatte das eher private familiäre Gründe oder lag es am Beruf Ihres Vaters?
Meine Mutter war Französin, und mein Bruder und ich sind in Paris zur Welt gekommen, wo mein Vater damals studierte. Danach zogen wir in die Elfenbeinküste – ich war da etwa ein Jahr alt, mein Bruder ungefähr drei Jahre. Danach lebte ich in der Elfenbeinküste, in Abidjan, bis ich in Paris, an der Sorbonne, bis zum Magister studierte und auch in den USA recherchierte. Unsere Mutter nahm uns in den Ferien immer ins Burgund mit – sie kam aus Burgund. Heutzutage reise ich viel, weil mein Mann Journalist ist, und so ziehen wir von einem Land ins andere. Bevor wir nach London kamen, lebte ich vier Jahre in Nairobi, Kenia. Seit Mitte 2001 wohnen wir in Kapstadt.

Sie studierten auch Agronomie. Wie verträgt sich das naturwissenschaftliche mit dem literaturwissenschaftlichen Interesse?
Ja, ich habe zweierlei studiert: Einmal Zivilisation und Literatur Nordamerikas im Fachbereich Anglistik der Sorbonne, und danach langweilte ich mich ein bisschen. Da ich schon immer ein gewisses Interesse für Wirtschaft und auch für landwirtschaftliche Entwicklung hatte, studierte ich Landwirtschaft, und das führte mich wieder in den Norden der Elfenbeinküste. Ich schrieb meine Abschlussarbeit über die landwirtschaftlichen Veränderungen im Land der Senufo. Aber zur selben Zeit machte ich meinen Abschluss über nordamerikanische Kultur mit der anschließenden Promotion. Mein erstes Buch, die Gedichtsammlung „Latérite", entstand während meines Aufenthalts im Norden der Elfenbeinküste im Land der Senufo. Ich liebe die Poesie. Vielleicht ist Kunst deshalb sehr wichtig für mich, weil meine Mutter Künstlerin war, Malerin, Bildhauerin.

Sie haben einen Roman über den Völkermord in Ruanda veröffentlicht, „Der Schatten Gottes". Wie haben Sie in Ruanda Ihre Gesprächspartner kennengelernt?
Dazu muss man wissen, dass in Lille jedes Jahr ein Festival afrikanischer Kultur veranstaltet wird. Nocky Djedanoum, der aus dem Tschad kommt und selbst schreibt, und seine Frau Maimouna Coulibaly initiierten dieses Projekt, das ein wichtiges Ereignis geworden ist. Nocky hatte die Idee, ein Dutzend afrikanischer Autoren nach Ruanda einzuladen. Die konnten und sollten durch Ruanda reisen, mit Hauptsitz in Kigali. Er kontaktierte uns der Reihe nach und fragte, ob wir an dem Projekt teilnehmen wollten. Wir kannten uns alle schon ein bisschen, sind aus der selben Generation, hatten unsere Bücher gelesen, und so formte er eine sehr

homogene Gruppe – einschließlich der ruandischen Autoren, die wir vor Ort trafen.

Und in Ruanda, wo Sie auch die Gedenkstätten besuchten, gab es dort dann ein Programm, organisierte Touren und Treffen, oder kümmerte sich jeder von Ihnen selbst darum, seine Eindrücke zu sammeln?
Das war sehr gut organisiert, denn es brauchte dafür auch die Zustimmung der Behörden vor Ort, um sich frei bewegen zu können. Wir hatten dann immer private Begleiter dabei, etwa zu den Gedenkstätten, die uns halfen – zum Beispiel auch bei der Kontaktsuche. Der größte Teil der Gruppe war im Juli 1998 in Ruanda, in Kigali, aber da konnte ich nicht mitkommen, weil mein Mann und ich damals noch unseren Umzug von Nairobi nach London regelten, und so fuhr ich alleine hin, und als ich später noch ein zweites Mal nach Ruanda fuhr, waren wir dort drei Schriftsteller.

Sie sind nicht nur Autorin, sondern Sie malen auch. Was liegt Ihnen mehr: Literatur oder Malerei?
Für mich gehört das zusammen, ergänzt es sich bestens. Schreiben zu können, und malen oder vielmehr illustrieren zu können, das ist das Höchste! Beides gefällt mir sehr gut, und ich versuche, ein Gleichgewicht zu finden, was nicht immer leicht ist. Als ich zum Beispiel in Kenia war, habe ich enorm viel gemalt. Das Licht dort war fantastisch, und vielleicht lag es auch an den Menschen dort; ich habe viel gemalt, meine Malerei hat sich dort gut entwickelt. In London dann hieß es schreiben, schreiben, schreiben, schreiben – ich kam teilweise kaum dazu, meine Bücher mit Illustrationen zu ergänzen. London ist für mich eher eine Stadt des Schreibens als des Malens. Das hängt sehr von der Umgebung ab.

Sie schreiben nicht nur Romane, sondern auch Kinderbücher. Was machen Sie lieber?
Man wächst als Kind auf, beginnt als Kind und wird dann größer und erwachsen. So ist es auch mit meiner Literatur.
Ich möchte Kindern Lust machen, afrikanische Literatur zu lesen, und ihnen den Sinn dafür vermitteln, was sie lesen. Ihnen Bezugspunkte für ihre Kultur liefern, so dass sie sich in dem, was sie lesen, wiedererkennen können, so dass sie auch einen guten Eindruck, ein klares Bild ihrer eigenen Kultur erhalten, damit sie den Reichtum in ihrer eigenen Umgebung zu erkennen lernen. Ich denke, so etwas hat zu lange gefehlt. Es gab bisher kaum, viel zu wenige Bücher für Jugendliche, und das macht sich auch im Bereich der Emotionen, der Intelligenz bemerkbar, der Imagi-

nation, der Kreativität eben. Ich schreibe gern für Jugendliche, in der Hoffnung, dass sie sich später den Werken der afrikanischen Literatur zuwenden.

Neben der Prosa schreiben Sie auch Poesie. Wie bringen Sie das alles unter einen Hut – Prosa, Poesie, Malerei?
Ich sagte bereits, dass ich mit Poesie zu publizieren begann, und eben habe ich meinen zweiten Gedichtband veröffentlicht, „A Mi-Chemin". Aber ich lege grundsätzlich gern Poesie in das, was ich schreibe, auch in die Romane oder so genannten Romane, weil ich festgestellt habe, dass sich die Leute vor Poesie fürchten. Vor der Poesie in reiner Form haben die Leute manchmal Angst – gut, das ist von Land zu Land verschieden ausgeprägt. Aber ganz allgemein gesprochen glauben viele Leute, dass sie Poesie nicht verstehen würden, dass sie schwierig sei, dass sie zu introvertiert sei. Außerdem glaube ich, dass die Schule ein bisschen den poetischen Charakter der Kinder zerstört – indem sie sie nötigt, Gedichte auswendig zu lernen. Ich glaube, die Schule ist kein guter Ort, um Poesie zu lernen oder zu lieben.

„Der Schatten Gottes" ist zum Teil dokumentarisch, zum Teil fiktional. Wie haben Sie gearbeitet, wie ist das Verhältnis zwischen Fakten und Gestaltung?
Nun, Nocky Djedanoum verpflichtete uns, einen literarischen Text zu schreiben, also weder einen journalistischen noch einen historischen Text. Ich für mich fand, dass ein Reisetagebuch etwas Besonderes ist. Man kann sich dann nicht sicher sein, ob die Personen fiktional oder echt sind – das ist bei einer dokumentarischen Arbeit anders. Bei einem Reisebericht weiß man, dass man etwas mit den Augen eines Anderen sieht, so dass es teilweise subjektiv ist. Ich wollte meinen Text nach der Art eines Reisetagebuchs eröffnen, dem Leser erst einige Fakten liefern, statt ihn mit Fiktion zu überfordern. Ich wollte ihm eine Basis an Faktenwissen vermitteln, bevor er den fiktionalen Bereich betritt. Erst eine solide Grundlage schaffen, den Zusammenhang liefern, um dann in die Fiktion zu treten.

Wenn Sie die Politik der Ethnizität in Ruanda mit der Politik der Ethnizität in der Elfenbeinküste vergleichen, sehen Sie dann die Gefahr eines vergleichbar bedrohlichen Massakers in der Elfenbeinküste?
Vollkommen, vollkommen. Eines ist zwar klar: Die Phänomene vollziehen sich nicht immer nach der selben Methode – die Elfenbeinküste ist die Elfenbeinküste, und Ruanda ist Ruanda, und man kann die Situatio-

nen nicht einfach übertragen. Aber es gibt äußerst beunruhigende Anzeichen, die dazu veranlassen, die Alarmglocke zu läuten. Denn das, was in der Elfenbeinküste vor sich geht, diese ausgeprägte Fremdenfeindlichkeit, ist wirklich verrückt und gefährlich.
Zudem kann man sehen, dass diese Fremdenfeindlichkeit geschürt wurde, um die Leute zu manipulieren, um Kurs auf die politische Macht zu nehmen. Es fällt auf, dass die Regierung das Konzept der nationalen Identität der Elfenbeinküste ausgerechnet dann entwarf, als sie Einbußen an Wählerstimmen erleiden musste, so dass sie nun nach einem neuen Grund sucht, um den Verbleib an der Macht rechtfertigen zu können. Man kann dieser Kampagne nicht entkommen, zumal in der Elfenbeinküste hinzu kommt, dass sich der Norden und der Süden, sogar vom Landschaftstyp her gesehen, nicht ähnlich sind. Der Süden ist bewaldet, der Norden ist Savanne. Im Norden herrscht der Islam vor, im Süden überwiegt das Christentum. Wenn man nun die Gemeinsamkeiten betont, kommt man miteinander eine Weile aus, aber ab dem Moment, in dem man die Unterschiede herausstreicht, wird es schwierig. Wenn man beginnt, den jeweils Anderen als den Fremden zu sehen, den Anderen als den Eindringling, als den Teufel – da beginnt bereits im Wortschatz die Ausgrenzung, und das ist gefährlich.
Es ist natürlich richtig, dass viele Ausländer in der Elfenbeinküste leben, sehr viele sogar, aber seltsamerweise bezeichnet man nur die aus dem Norden als Fremde. Und wer wollte da überhaupt unterscheiden, ob jemand zu hundert Prozent Ivoirien ist oder zu achtzig oder zu zwanzig Prozent? Wenn man das beginnt, kommt man an kein Ende, kann man nicht absehen, zu welchem Ende das führt. Außerdem unterschlägt es den Aspekt der Migration. Viele afrikanische Länder waren und sind Drehscheiben einer Migration, die von allen Seiten her erfolgte – also, wer ist ein „echter" Bewohner der Elfenbeinküste? Wie kann und warum sollte man das bestimmen?

Sie haben einen bisher unveröffentlichten Text über Aids geschrieben, „Le dernier espoir". Wann wird das Buch erscheinen?
Sie wollen mich wohl drängen? Ich wüsste da schon jemanden, der mich drängt! Nun, schon in dem Roman, den ich vor „Der Schatten Gottes" schrieb, also „Hinter dem Regen", ist ein Kapitel über Aids enthalten. Aids ist natürlich eine Katastrophe für Afrika, und es ist wichtig, darüber zu sprechen, aufzuklären – man muss fortwährend darüber sprechen.
In Bezug auf Ruanda ergibt sich daraus ein weiteres Problem, denn wenn man an die Frauen denkt und daran, dass Massenvergewaltigung eine Waffe des Völkermords war, dann muss man jetzt, da Ruanda einen wenngleich labilen Frieden erreicht hat, feststellen, dass viele Frauen nun an

Aids sterben, als Folge dessen, was sie während des Genozids erleiden mussten.

In dem Roman „Hinter dem Regen", den Sie eben erwähnten, ist bereits eine Passage über Ruanda enthalten – wussten Sie damals schon, dass Sie nach Ruanda fahren würden?
Nein, umgekehrt. Als Nocky mich für das Ruanda-Projekt zu begeistern suchte, war ich dafür schon bereit, weil ich wirklich schon nach einer Möglichkeit gesucht hatte, dorthin zu kommen. In Kenia ist man sehr gut im Bilde über das, was in Ruanda geschieht. Zum einen ist Ruanda sehr nah, zum anderen kommen die Flüchtlinge – von beiden Fronten übrigens. Die damals aktuellen Ereignisse hatten mich sehr getroffen, und da mein Mann Journalist ist, hatte er auch über Ruanda zu berichten, und so erhielt ich damals aus Ruanda einen Brief nach dem anderen, und so hatte ich wirklich großes Interesse, dorthin zu fahren, hatte mir schon fest vorgenommen, dorthin zu fahren – und als Nocky mich fragte, sagte ich sofort und uneingeschränkt zu.

Yvonne Vera

„Wenn es einem nicht erlaubt ist zu sprechen, wenn man nicht sprechen kann, dann beginnt man sich die Dinge auszumalen, und die Imagination wird zum einzigen Raum, an dem man frei ist“

Yvonne Vera wurde 1964 in Zimbabwe geboren, studierte Anglistik, Kunstgeschichte und Filmwissenschaft in Kanada und unterrichtete dort nach ihrer Promotion Literaturwissenschaften. Vera lebt in Zimbabwe und leitet in Bulawayo die Nationalgalerie. Für ihre Romane erhielt sie den Commonwealth Writers Prize für Afrika. Die meisten ihrer Bücher wurden ins Deutsche übersetzt: „Seelen im Exil“, „Nehanda“, „Eine Frau ohne Namen“ und „Schmetterling in Flammen“.

Das Hauptthema Ihrer Arbeiten ist Krieg, Gewalt, Bürgerkrieg, Unabhängigkeitskrieg – können Sie sich vorstellen, auch einmal eine reine Liebesgeschichte zu schreiben?

Ich habe deshalb immer über Bürger- oder Unabhängigkeitskrieg geschrieben, weil das die Periode darstellt, in der ich aufgewachsen bin, aus der meine frühen Eindrücke als Kind herrühren. Obwohl ich die tatsächliche Gewalt des Krieges nicht bezeugen kann, wurde damals so viel davon erzählt, und gab es zugleich so viel Geheimniskrämerei. Als Kind wurde ich mir dieses widersprüchlichen Verhaltens meiner Eltern bewusst: Auf der einen Seite wurde über den Krieg geheimnisvoll getuschelt, auf der anderen Seite war es eine Notwendigkeit, darüber zu sprechen. Sie müssen bedenken, dass es Kindern in der afrikanischen Kultur nicht erlaubt ist, sich in die Gespräche der Erwachsenen einzumischen. Für Kinder war das alles ein Schweigen ohne Ende: Sie wurden aus dem Zimmer geschickt, wenn die Erwachsenen miteinander redeten, und wenn man beim Gespräch dabei bleiben durfte, hieß es, man solle ruhig sein, weil man noch ein Kind sei.

So hatte ich als Erwachsene, als Autorin, erstmals die Chance, meine Sicht dieser Dinge darzulegen, aus meiner Erinnerung heraus darüber zu schreiben, darüber, wie ich doch in diesen Kampf, in den Unabhängigkeitskrieg eingebunden war. Obwohl er einen nur schemenhaften Eindruck auf mich hinterließ, beeinflusste er meine Imagination, denn wenn es einem nicht erlaubt ist zu sprechen, wenn man nicht sprechen kann, dann beginnt man sich die Dinge auszumalen, und die Imagination wird zum einzigen Raum, in dem man frei ist.

Für mich ist es daher vollkommen selbstverständlich, dass ich Schriftstellerin wurde, denn ich gewöhnte mich früh daran, mir etwas vorzustellen. Geben Sie mir ein paar Anhaltspunkte, und ich stelle mir den Rest vor.

Meine erste Kurzgeschichtensammlung schrieb ich also unter dem Eindruck des Kriegs – wie auch meinen zweiten Roman, „Eine Frau ohne Namen“, der aber schon eine eher zeitgenössische Handlung hat, mit dem Krieg als Hintergrund und nicht im Vordergrund. Im Mittelpunkt dieses Romans steht das Bemühen einer Frau um Unabhängigkeit – während des Kampfes um nationale Freiheit. Ich wurde damals vertrauter mit meinem eigenen Frausein und versuchte zu ermitteln, wie sehr die heroische Sprache und Rhetorik des Kampfes und des Krieges den persönlichen Kampf der Frauen unberücksichtigt ließ. Damals spürte ich, dass ich das Thema Unabhängigkeit unter dem Aspekt wahrzunehmen begann, eine Sprache der Gleichberechtigung zu finden.

Mein bisher jüngstes Buch „Schmetterling in Flammen“ entfernt sich vollständig von diesem Thema. Ich wollte etwas völlig Gegensätzliches schreiben, und ich schrieb ein Buch über meine Heimatstadt, Bulawayo, die 1948 ihren 50. Geburtstag feierte und damit einen kreativen Schub auslöste und darüber nachzudenken veranlasste, wie wir uns in Musik, Tanz, Mode und in der Liebe ausdrücken. Es ist eine Liebesgeschichte über eine neue, schwarze, afrikanische Identität, als Hüte, Seide neu waren. Das Straßenleben wurde zelebriert und eine neue Identität mit offenen Armen aufgenommen. Es entstand eine neue Musik, denn die Menschen damals hatten einen neuen Rhythmus zu leben. Es ist ein Roman, den ich sehr liebe, weil er nichts mit dem Kampf zu tun hat, der sonst unser Hintergrund ist, sondern das Erringen einer neuen Identität thematisiert.

Ihr erster Roman „Nehanda" unterscheidet sich in seinem Stil deutlich von Ihren späteren Arbeiten. Wie kam es zu diesem Wechsel, diesem Bruch in Ihrem Stil?

Als ich „Nehanda" schrieb, war das mein erster Roman, und es war schwierig zu sagen: Das ist mein Stil. Man experimentiert da noch, sucht seine Handschrift und Stimme als Autor. Als ich „Nehanda" schrieb, verstand ich mich nicht als Schriftstellerin, und so ist dieses Buch das Lieblingsbuch anderer Leute. Manche schätzen dieses Buch ja mehr als das, was ich später schrieb ... Verschiedene Menschen, verschiedene Vorlieben. Ich fühlte, dass dies nicht der Stil war, mit dem ich mich vollständig identifizieren konnte. Ich war noch dabei, herauszufinden, welche Art zu schreiben mir Vergnügen bereiten würde. Aber weil Elemente aus dem Stil, in dem ich „Nehanda" schrieb, noch immer in meinem Stil enthalten sind, verdeutlicht das, wie ich durch „Nehanda" meinem Stil fand.

„Nehanda" ist aber auch ein ganz besonderes Buch. Es geht um ein spirituelles Medium. Das Buch versucht einen sehr speziellen Aspekt von Identität zu definieren, der sehr geistig und komplex ist. Ich weiß noch, dass mir, als ich das Buch schrieb, sehr klar war, dass ich einen Stil benötigte, der dieser Komplexität gerecht würde. Er müsste mythisch sein, poetisch, dazu in der Lage, jede Nuance einzufangen, die der Name Nehanda in seinen verschiedenen Bezügen auslöst – etwa auf Land, Geburt, Tod, Natur und natürlich auch auf Autorität, Apartheid oder die Fremden, die 1896 ins Land kamen. Und dazu noch die Lebensweisheiten Afrikas, die ich in diesem Buch zu komprimieren hatte – es brauchte einfach eine besondere Form. Das Buch gab seinen eigenen Stil selbst vor, und ich sehe keinen anderen zeitgenössischen Roman, der die entsprechende Form hätte, einer mystischen Stimme Ausdruck zu geben, eine epische Erzählung auszudrücken. „Nehanda" ist zwar vom Umfang her schmal, aber von der Größe der Bilder her gesehen, die in dieser Geschichte gezeigt werden, episch.

„Nehanda" – der Titel bezieht sich auf eine Frau aus Zimbabwe, die sich als erste den Siedlern widersetzte, als diese ins Land kamen. Nehanda informierte ihr Volk, dass es diese fremden Neuankömmlinge bekämpfen müsse, was das Volk auch tat, denn Nehanda repräsentierte die Stimme der Ahnen. Als die Briten entdeckten, dass Nehanda diese Revolution oder diese Revolte angezettelt hatte, jagten sie sie über Tage und Monate in den Bergen, in denen sie lebte. Da sie sie nicht fanden, brannten die Briten so lange Dörfer nieder, bis sich Nehanda stellte. Sie wurde vor Gericht gestellt, vor ein modernes britisches Gericht, das sie schuldig sprach, diese Revolte ausgelöst zu haben, und sie wurde gehängt und starb 1897. Mit diesem Roman, der diese historische Begebenheit fiktionalisiert, versuchte ich, unser vorkoloniales Bewusstsein zu erforschen, unsere Vorstellung von Land, Identität, Tod.
Nachdem ich „Nehanda" geschrieben hatte, wollte ich weg von dieser Legende, dieser epischen Schöpfung, und hin zu etwas Alltäglichem, mit dem sich die Leute von der Straße in ihrem normalen Leben wie gewöhnlich beschäftigen könnten. So entwickelte ich eine kraftvollere Stimme, die geeigneter war, die Alltagswelt zu beschreiben, aber ich behielt auch die poetischere Stimme bei, die ich mit „Nehanda" gefunden hatte, die für „Nehanda" erforderlich gewesen war. Seither genieße ich die Poesie der Sprache und weiß, dass ich sie vermitteln kann, wann immer ich schreibe!

Ihr Roman „Eine Frau ohne Namen" erinnert an eine Ihrer Erzählungen, „Mit den Ahnen verbunden", in der eine Frau mit ihrem Baby im Bus in ihr Heimatdorf zurückkehrt. Ist der Roman eine Ausarbeitung dieser Erzählung?
Ja, aber dessen war ich mir nicht bewusst. Die Vorstellung einer Frau, die nach dem Krieg oder während einer Feuerpause heimkehrt, beherrschte mich, seit ich 16 bin. Damals kamen immer wieder und überall Frauen nach Hause, enttäuscht, und sie wurden nicht etwa als Heldinnen betrachtet und jubelnd empfangen – das gab es nur für Männer. Aber die Frauen hatten viele Chancen verpasst – ihre Ausbildung, Heirat, eben die konventionellen Bestandteile eines Lebenslaufs!
In meiner Kurzgeschichte geht die Frau weg, um die nationale Freiheit zu erkämpfen – und sie verliert ihre persönliche Freiheit. In meinem Roman „Eine Frau ohne Namen" geht es hingegen um eine aus der Stadt zurückkehrende Frau, die weggegangen war, um ihre persönliche Befreiung zu erleben. In „Eine Frau ohne Namen" denkt die Frau, sie könne ihre persönliche Freiheit finden. Doch die Frau kehrt zurück zur Erde ihrer Vorfahren, auf der Suche nach Heilung, nach Heilung von all den tragischen Erfahrungen in der Stadt; sie wünscht, wieder ihre Identität

finden zu können, sie wünscht, zu einem Land, einem Volk, einer Kultur zu gehören. Und sie hofft, dass sie die Leere, die sie in der Stadt überkam, vergessen kann, wenn sie zurückgeht. Ihre Rückkehr geschieht freiwillig, die Reise ist eine persönliche Angelegenheit, während die Rückkehr der Unabhängigkeitskämpferin in der Kurzgeschichte erzwungen ist.

Wie würden Sie den Buchmarkt in Zimbabwe beschreiben und die Veränderungen dort auf Grund der jährlichen Buchmesse?
Es gibt ein kolossales Interesse an Büchern, Verlagen, an Schreiben und Vertrieb. Verlage sind als Aktivposten bei sozialen Veränderungen Vorreiter in der Bildung einer zimbabwischen Identität. Aber das Verlagswesen bleibt nach wie vor Teil einer Industrie, die von der allgemeinen Wirtschaftskrise, von den schlechten wirtschaftlichen Bedingungen in diesem Land berührt ist. All das trifft die Buchproduktion in besonderem Maße, denn wenn es der Wirtschaft ohnehin schon schlecht geht, leidet der Buchverkauf erst recht darunter. Es gibt also eine Diskrepanz zwischen dem wunderbar ausgeprägten Interesse an Büchern in Zimbabwe und der unmöglichen materiellen Einlösung, der ausbleibenden Zufriedenstellung dieser Ambitionen.
Gleichwohl traten in den vergangenen zehn Jahren zahlreiche zimbabwische Autoren in Erscheinung, deren Bekanntheit allerdings lokal begrenzt blieb und die hinter dem zurückstehen mussten, was in anderen afrikanischen Ländern an international anerkannter Literatur produziert wird.
Aber ich denke doch, dass man jetzt sicherlich versteht, welche Vielfalt wir zu bieten haben und dass es darunter Bücher geben dürfte, die man in der ganzen Welt schätzt.

Wie ist die Situation der Schriftstellerinnen in Zimbabwe?
Ich weiß nicht, ob die Situation der Schriftstellerinnen in Zimbabwe in irgendeiner Weise anders ist als die Situation der Schriftsteller, denn Frauen, die sich ihrer Arbeit bewusst sind und konsequent schreiben, werden sicherlich nicht unterdrückt. Ich fühlte mich – in diesem Bereich – nie unterdrückt als Frau. Natürlich gibt es Gewalt gegen Frauen. Ich weiß nicht, ob sich andere Frauen, Schriftstellerinnen, auf Grund ihres Geschlechts ausgeschlossen fühlen. Was den Prozess des Schreibens betrifft, ist jeder Autor geprägt von seinem eigenen Geist – besonders in dem Klima Zimbabwes, wo Frauen nicht diskriminiert werden, wenn es um das Schreiben geht. Wenn es Probleme für Autoren gibt, dann berühren diese auch Schriftsteller.

Es scheint so, als gäbe es in der Literatur Zimbabwes einen neuen Ton – weniger Realismus, mehr Psychologie. Ist diese Einschätzung zutreffend?
Die frühen afrikanischen, zimbabwischen Autoren tendierten formal dazu, sehr realistisch zu sein, die afrikanische Landschaft zu beschreiben. Es ging ja auch darum, aufzuzeigen, dass wir in der Tat, ganz real, Menschen sind – Menschen, die die Wiederherstellung ihrer Würde als Afrikaner verlangen, die für sich Humanität beanspruchen. Wir hatten unser soziales und kulturelles Umfeld zu erklären, und zwar so, dass es von Außenstehenden verstanden werden konnte.
Wir haben diese Stufe überschritten und neue Perspektiven entwickelt. Es ist daher überflüssig, fortzuschreiben, was schon beschrieben ist.
Die Aufgabe, die Herausforderung an Schriftsteller in Afrika ist heute, für die Afrikaner zu schreiben. Weniger für Außenstehende, sondern auf Themen zu achten, die wir bislang vernachlässigt oder vermieden haben. Wir müssen mutig und furchtlos unser Scheitern und unsere Schwächen benennen und uns Tabus zuwenden, wie ich das in meinen Arbeiten mache. Wir müssen uns fragen, warum wir zu einem Thema geschwiegen, warum wir etwas nicht berücksichtigt haben. Und daraus ergibt sich ein eigener, ich sage mal, „heimischer" Stil.
Das ist auch der Punkt, an dem das Erzählen der Frauen in Afrika interessant wird, denn was Autorinnen beschreiben, wirkt offensichtlich neu auf dem europäischen Kontinent. Dabei resultiert das einfach aus der höheren Zahl der Frauen, die lesen und schreiben können. Es war ja lange Zeit so, dass männliche Kinder zur Schule gingen, weibliche Kinder weniger, so dass es kaum Frauen gab, die hätten Schriftsteller werden können. Aber jetzt, da Frauen in Afrika eine Ausbildungschance haben, ist es ihnen möglich, zu schreiben und „neue" Dinge offenzulegen. Aber das sind, für ihre eigene Geschichte und ihr eigenes Heranwachsen, ganz selbstverständliche Dinge.

Würden Sie sich als feministische Autorin bezeichnen?
Ach, das ist ein so bedeutungsschwangeres Wort! Feministisch zu sein bedeutet auf jedem Kontinent etwas anderes. Ganz allgemein würde ich diese Bezeichnung akzeptieren, wenn man darunter einfach versteht, dass ich mir der Emanzipation der Frauen in Afrika sehr bewusst bin und entsprechend bewusst handle, um das Leben der Menschen zu verändern. Als Romanautorin ist mein erstes Ziel nicht so sehr die Veränderung, sondern Unterhaltung, Belebung der Kreativität. Und wie Sie eben schon sagten: Die Form verändert sich, denn dem Stil wird mehr Aufmerksamkeit beigemessen, auch der Sprache – fast eher noch als dem politischen Anliegen. Ja, ich bin, wie ich denke, eine feministische Auto-

rin, aber zuerst noch und vor allem bin ich hoffentlich eine kreative Person, engagiert und bemüht um Aufklärung, um Information über Dinge, die mich bewegen.

In Ihrem Roman „Eine Frau ohne Namen" geben Sie einer namenlosen Frau eine Stimme. Ist denn die afrikanische, zimbabwische Gesellschaft noch so patriarchalisch wie vor einigen Dekaden?

Ja, sie ist es! Es ist eine Gesellschaft, die die Emanzipation der Frauen sehr fürchtet. Sie ist nach wie vor nach den alten Mustern organisiert. Sicher gibt es inzwischen Frauen, die bewusst machen, dass sich etwas geändert hat, aber Sie müssen sich vorstellen, wie viele Frauen – in Zimbabwe zum Beispiel mehr als 80 Prozent – auf dem Land leben und wie niedrig dort die Alphabetisierungsrate ist. Sie müssen sich vorstellen, wie wenige Frauen Chancen und Plattformen haben, ihre Meinung zu äußern – und so wird natürlich kaum ein überzeugendes, realistisches Bild vom Leben der Frauen vermittelt. Daher lebt die Mehrheit der Bevölkerung nach wie vor in den alten Strukturen der Gesellschaft. Natürlich gibt es jetzt mehr Debatten und Diskussionen, als es je zu diesem Thema Emanzipation in unserer Gesellschaft gegeben hat. Es gibt mehr Offenheit für dieses Thema, aber das heißt nicht, dass dieser Offenheit sofort eine Veränderung folgt. Und natürlich besteht diese Offenheit nur in einem Teil der Bevölkerung. Sie können sogar noch in den gebildetsten Zirkeln Zimbabwes einige der schlimmsten Formen der Beherrschung von Frauen durch die Männer finden – und auch von der willentlich ertragenen Beherrschung durch die Männer! Das ist eine sehr verborgene Form der Unterdrückung durch das Patriarchat, wenn die Menschen selbst zum Instrument ihrer eigenen Unterdrückung werden. Manchmal ist man wirklich geschockt, auf Leute zu treffen, die einen Hauch Aufgeschlossenheit in sich zu tragen scheinen, aber sich dann als dermaßen verkrustet und verhaftet in den Formen der Dominanz entpuppen!

Es ist unglaublich schwierig, schnell eine Veränderung herbeizuführen, und nur wenn wirklich erschütternde Ereignisse geschehen, sieht sich eine Gesellschaft gezwungen, sich zu ändern. Ich denke zum Beispiel an Epidemien wie Aids. Das ist eine gigantische Tragödie auf diesem Kontinent, darin sind wir uns alle einig. Zugleich kann man meiner Meinung nach beobachten, dass es heutzutage Veränderungen im Bereich der Geschlechterfrage auf diesem Kontinent gibt. Frauen erfahren heute eher von den schlechten Erlebnissen anderer Frauen mit Männern und von deren Gegenwehr. Sie erfahren eher, ob ein Mann zwei Frauen hat oder heimlich irgendwo eine Geliebte. Sie hören eher, dass eine Frau ihren Mann zwingt, Kondome zu benutzen, und dass sie ihn zu verlassen droht, wenn er das nicht will – das sind Fragen auf Leben und Tod! Das – diese Epidemie und ihre tragischen Ausmaße auf diesem Kontinent – hat zur aktivsten und lebhaftesten Diskussion beigetragen, die es über den Körper der Frau, über Gewalt gegen Frauen, Vergewaltigung, Inzest gegeben hat – all das tritt nun an die Oberfläche! Dadurch werden Strukturen verändert und, manchmal etwas freiheitlicher, neu bestimmt. Es hat zur Folge, dass Frauen viel offener und auch mit mehr Bestimmtheit über Sex und Sexualität sprechen, über ihre Rolle dabei, und auch über die Phänomene ihrer Körper. Aber es ist ein Unglück, dass es dazu Aids als Anstoß brauchte.

Sie leiten die staatliche Kunstgalerie in Bulawayo und veranstalten dort auch Lesungen. Wie können Sie Literatur in Zimbabwe weiter fördern?

Wir haben dort auch die Bulawayo Buchmesse, die jährlich in Kooperation mit der Buchmesse Harare stattfindet. Die Bulawayo Buchmesse in der Nationalgalerie hat sich schon sehr positiv bemerkbar gemacht in unserer kleinen Stadt Bulawayo, was die Ermutigung des Interesses an Literatur betrifft.

Was wir gerne sähen, wären Besuche von Autoren, die nicht aus Zimbabwe kommen – vielleicht aus Afrika oder auch von außerhalb des Kontinents, und die durch das Interesse ihrer Leser zum Kommen bewegt werden. Denn so viele inländische Autoren haben wir nicht, die habe ich innerhalb eines Jahres schon alle in die Galerie eingeladen! Wir brauchen schon eine größere Vielfalt an Autoren.

Aber die Galerie wurde ein sehr lebhaftes Zentrum für alle Arten kreativen Ausdrucks: Schreiben, Bildende Kunst, manchmal Theater, Musik. Die Stadt hat nicht sehr viele große, zentrale Gebäude, die zugleich kulturelle Zentren sind, so dass sich die Galerie sehr unerwartet zu einem Forum für all diese Aktivitäten entwickelt hat.

Ivan Vladislavic

„Eine sich vereinigende Kultur müsste es einer Vielzahl von Menschen erlauben, extrem verschieden zu sein“

Ivan Vladislavic wurde 1957 in Südafrika geboren. Er studierte in Johannesburg Literatur und arbeitete als Übersetzer und Lektor. Für seine Erzählungen und Romane erhielt er den Olive-Schreiner-Preis und den CNA-Literary-Award. In deutscher Übersetzung erschienen seine Bücher „Die Terminal-Bar“ und „Der Plan des Baumeisters“.

Ihr Roman „Der Plan des Baumeisters" erinnert an eine Erzählung aus „Die Terminal-Bar", das „Protokoll einer Mauer". Ist „Der Plan des Baumeisters" eine Fortsetzung dieser Geschichte?
Ich habe ihn nicht als Fortsetzung der Erzählung geschrieben, aber bald nachdem ich den „Plan des Baumeisters" beendet hatte, wurde mir die Ähnlichkeit zu „Protokoll einer Mauer" bewusst. Ich denke, das ist eine Erfahrung, die Schriftsteller häufig machen: Man glaubt, seine besten Ideen stets neu zu bearbeiten. In der Tat ist es am Besten und auch sehr interessant, sie weiterzuentwickeln. Ich glaube, es kommt einem Fortschritt gleich, vom Bau einer Mauer zum Bau eines Hauses gekommen zu sein!

Sie vergleichen in Ihren Arbeiten die Konstruktion von Gebäuden mit der Konstruktion von Geschichten. Verstehen Sie Literatur als Architektur, Imagination als einen Raum?
Mit Sicherheit können interessante Parallelen gezogen werden zwischen dem Bauen in der Realität und dem Errichten einer fiktionalen Welt. Nach einer Bemerkung von J.M. Coetzee, die ich sehr gelungen finde, ist der Prozess des Schreibens an einer Erzählung, einem Roman, wie das Eintauchen ins All. Ich denke, das ist eine sehr eigene Erfahrung, die Schriftsteller machen: Man beginnt, an zwei Plätzen zu leben, wenn man intensiv an einem Stück Fiktion arbeitet. Darüber hinaus zeigt ein direkter Vergleich zwischen fiktionalem Schreiben und Architektur eine Gemeinsamkeit in der Arbeitsweise: Es zeigt sich, wie wichtig Struktur ist, der Aufbau auch von Fiktion. Ich denke, dass Struktur mein starker Punkt ist, dass ich darin wirklich ganz gut bin. Ein anderer wesentlicher Punkt ist die Frage der Ausarbeitung, des Detaillierens. Wenn man eine tragfähige Struktur entwickelt hat, geht es als nächstes darum, sie im Einzelnen auszufüllen, und das ist es, was ich natürlich auch in meiner Arbeit anstrebe. Aber ich bin mir nicht sicher, ob das auch alle guten Architekten tun ...

Südafrikanische Literatur ist hier zu Lande überwiegend als realistische Literatur bekannt. Sie schreiben dagegen eher surrealistisch. Glauben Sie, dass dieser Stilwandel mit einem Generationenwandel einhergeht?
Das ist wirklich eine interessante Frage, die eine Menge möglicher Antworten zulässt. Es ist sicherlich eine Frage des Temperaments. Etwas, das mich zum fiktionalen Schreiben zieht, ist die transformative Kraft, die Erfindung. Wenn ich diese nicht als Eigenschaft des fiktionalen Schreibens so anziehend fände, wäre ich vielleicht Journalist geworden.
Was die Altersfrage betrifft, so glaube ich, dass auf der Generation der

Schriftsteller vor mir ein enormer Druck lag, die Realitäten der Gesellschaft zu behandeln – und zwar immer in einer Weise, die tatsächliche Information mit sich brachte. Es war nicht einfach eine Frage des Schreibstils, sich für Realismus zu entscheiden, es stand auch zur Frage, welche Art des Schreibens es ermöglicht, Fakten und Figuren über und aus Südafrika zu vermitteln und darzustellen – um es ganz grob zu umreissen. Damit lag ein bedeutender Druck auf diesen Schriftstellern, und ohne diese Autoren wüsste man über Südafrika weitaus weniger. Dieser Druck hat nun nachgelassen in der Nach-Apartheid-Zeit. Natürlich muss ich ergänzen, dass ich schon vor dem Ende der Apartheid zu schreiben begann, in einem anderen Stil. Die literarische Tradition Südafrikas ist bisher sehr deutlich dominiert worden von realistischen Autoren, auf dem Land spielender Fiktion. Vermutlich kam der entscheidende Bruch mit dieser Tradition südafrikanischen Schreiben, mit J. M. Coetzee.

Ist denn diese literarische Tradition Südafrikas so einheitlich? Es gibt schwarze, weiße, farbige Autoren, Literatur in Englisch und Afrikaans. Wie schaffen Autoren da eine gemeinsame Kultur?
Das Schaffen einer gemeinsamen Kultur ist nach meiner Meinung eine der bedeutendsten, wahrscheinlich die gewichtigste Frage, die das Land berührt – daher ist es für mich nicht einfach, sie zu beantworten.
Wichtig ist, sich klar zu machen, dass es einen Unterschied gibt zwischen einer sich vereinigenden und einer vereinten Kultur. Ich denke nicht, dass es nötig ist, alle Elemente der südafrikanischen Kultur zu vereinen. Wenn man von der außerordentlichen Vielfalt der Sprachen, der kulturellen Beziehungen und der Religionen ausgeht – was alles auch einen ethnischen Aspekt hat und vor dem Hintergrund einer jeweils sehr bewegten Geschichte zu sehen ist –, dann ist es eine vermutlich unerfüllbare Vorgabe, eine gemeinsame, vereinte Kultur zu schaffen. Eine sich vereinigende Kultur aber, also in anderen Worten eine Kultur, in der sich alle diese unterschiedlichen Strömungen zu Hause fühlen, ist es sicherlich wert, aktiv angestrebt zu werden. Eine sich vereinigende Kultur müsste es einer Vielzahl von Menschen erlauben, extrem verschieden zu sein. Sie dürfte sie aber auch nicht zwingen, verschieden zu sein, wie Apartheid das versuchte, sondern sie würde es zulassen und vielleicht sogar dazu ermutigen, anders, verschieden zu sein.

Zurück zum „Plan des Baumeisters“: In den frühen realistischen Romanen aus Südafrika wird Südafrika als ein weites Land mit einem fernen Horizont dargestellt – vor untergehender Sonne ziehen die Pferde der Siedler voran. In Ihrem Roman „Der Plan des Baumeisters“ sind die Räume eng, dicht, geschlossen. Wollen

Sie damit an dem südafrikanischen Selbstverständnis einer Pioniernation rütteln?
Ich denke schon, dass man die Charaktere meines Romans als Parodien auf die Siedler, die Vortrekker, wenn Sie so wollen, lesen kann. Sie erreichten vermeintlich leere Plätze und errichteten eine sehr enge, abgeschlossene und schließlich irritierende Welt, in der sie sich zu bewegen und zurechtzufinden haben. Aber natürlich erreichten diese Siedler keine unbewohnten Orte – wovon äußerst uninformierte Menschen übrigens immer noch ausgehen.

Abdourahman A. Waberi

„Man kann die Dinge, die man wahrnimmt, nur noch als Fragmente sehen“

Abdourahman A. Waberi wurde 1965 in Djibouti geboren, ging 1985 nach Frankreich und studierte dort Anglistik. Er arbeitet als Englischlehrer, Literaturkritiker und Lektor und veröffentlicht Erzählungen und Romane. Waberi wurde mit dem Grand Prix Littéraire de l'Afrique Noire ausgezeichnet.

Auf Deutsch erschien seine Kurzgeschichtensammlung „Die Legende von der Nomadensonne“. Waberi war Teilnehmer des literarischen Projekts „Rwanda: écrire par devoir de mémoire“.

Sie wurden in Djibouti geboren und leben in Frankreich. Kommen Sie noch manchmal nach Djibouti?
Ich fahre etwa einmal im Jahr nach Djibouti und bleibe dann immer zwei, drei Wochen. Ich kann nicht länger bleiben, weil es mir unmöglich ist, dort länger zu leben, das wünscht dort niemand. Ich fahre aber wie ein Pilger jährlich dorthin, bleibe aber nicht sehr lange.
Ich bin aus ganz konkreten Gründen nach Frankreich gekommen. Nicht, um ein schreibender Nomade zu werden, sondern ich hatte einen ganz konkreten Vertrag, um in Frankreich mein Diplom zu machen. Djibouti wurde 1977 als letzte französische Kolonie unabhängig, es gab dort keine Universität und es gibt noch immer keine, und das heißt, dass ich auf Grund eines sehr klaren Vertrags fünf bis sechs Studienjahre in Frankreich zu verbringen hatte, um danach zurückzukehren und am Gymnasium zu unterrichten.
Während dieser Zeit hat es sich ergeben, dass ich Schriftsteller wurde, mich mit einer französischen Frau verheiratete, und dadurch wurde es für mich immer schwieriger, definitiv wieder zurückzukehren. Hinzu kam, dass es ein immer ernsteres Problem wurde, das Schreiben, das künstlerische Schaffen individuell, persönlich, subjektiv zu vertiefen, und ich verstand, dass es deshalb noch schwieriger sein würde, definitiv in Djibouti zu bleiben. Heute hat sich daraus ein Modus vivendi entwickelt – man toleriert mich, und ich bleibe rund zwei Wochen.

Ihre ersten drei Bücher formen eine Trilogie über das tägliche Leben in Djibouti. War es geplant, zum Start Ihrer Schriftstellerlaufbahn gleich eine Trilogie vorzulegen?
Die ersten drei Bücher formen, wie ich mir erst hinterher bewusst wurde, eine Trilogie, ein Fresko über Djibouti, aber nicht, um die Dinge dort zu diffamieren, sondern für mich war das wie die Gründung einer Bibliothek à la Borges oder nach der Art, wie sich alle wichtigen Nationen dieser Erde durch die Sprache definiert haben: Ich hatte den Ehrgeiz, die Literatur Djiboutis zu begründen, sie in die Annalen der afrikanischen Literatur, der französischsprachigen afrikanischen Literaturen, der *Weltliteratur*, wie man hier sagt, einzuführen. Das war ein sehr ehrgeiziges Projekt, ein sehr wahnwitziges Projekt für einen jungen Menschen, aber zugleich muss man feststellen, dass es mir gelungen ist, im Lokalen, Kleinteiligen, auf die globale Welt, die Welt in ihrer Ganzheit zu stoßen. Natürlich gibt es eine Kultur Djiboutis, die sich durch die Sprache formuliert, gibt es eine orale Poesie in den drei Sprachen, die in Djibouti gesprochen werden, das Somali, das Afar und das Arabische, aber es gab bisher nichts, was man eine europhone Literatur hätte nennen können, eine fremdsprachige, in Djibouti natürlich französischsprachige Litera-

tur. Es kam mir so vor, als gäbe es da noch ein Loch zu stopfen, und das zu stopfen hatte ich mir vorgenommen, denn als Schriftsteller ist es begeisternd und ein Wahnsinn, ein Projekt solchen Typs zu haben.

Wie bedeutsam ist denn die Oratur Ihrer Heimat, Sie erwähnten sie bereits, für Ihre Literatur?
Ich will mich nicht zum treuen Träger der Oratur machen, aus dem einfachen Grund, dass ich ein Kind der Vorstadt bin. Ich bin ein Stadtmensch. Im Großen und Ganzen setzte in Ostafrika der Prozess der Verstädterung in den dreissiger Jahren ein, so dass mein Vater schon nur noch ein Halbnomade war. Mein Großvater war Nomade, und ich bin einer der jungen Djibouti oder Ostafrikaner, die wirkliche Städter sind. Ich bin Städter und könnte genausogut in Kreuzberg wohnen, aber ich habe natürlich noch ein sehr deutliches Gespür für diese schwarze Kultur, weil mein Vater sein ganzes Leben in Djibouti verbrachte und der Welt der Nomaden noch sehr verbunden war. Er trug zwar schon eine Uhr, richtete sich aber nach dem Verlauf der Sonne. In seinem Denken war er noch Nomade, lebte als Halbnomade. Ich gehöre in der Tat zu der ersten Generation, die dieses Wissen vorangegangener Generationen mit einem Schlag verloren hat, das einem den Eintritt in das Erbe dieser Oratur verschaffen kann. Ich gehöre zur ersten Generation, die tatsächlich darunter zu leiden hat.

Sie spielen mit verschiedenen literarischen Stilen und zitieren gern andere Autoren. Haben Sie keine Angst, sich in dieser literarischen Welt der anderen Autoren zu verlieren, Ihren eigenen, persönlichen Stil zu verlieren im Zitat der anderen?
Wenn ich zitiere, dann zitiere ich nicht des Zitierens wegen, das ist kein Name-dropping. Ich zitiere, weil ich spüre, dass ich von mehreren kulturellen Erbschaften geprägt bin, weil ich nicht wie ein Deutscher Goethe oder Schiller zitieren kann, sondern ich habe meine persönliche intellektuelle Genealogie zu erfinden, und das sind überwiegend Autoren des Südens. Das 19. Jahrhundert interessiert mich weniger, ich suche eher den Austausch mit Wole Soyinka, Derek Walcott, Aimé Césaire – oder, um in der eigenen Ecke zu bleiben: Nuruddin Farah, für den ich eine große Wertschätzung empfinde. Für mich sind das so etwas wie Großeltern, die mir helfen, die leeren Stellen eines Freskos zu füllen.
Ich denke aber auch, dass die Literatur ein Gebiet ist, in dem Djibouti nicht ausgeschlossen oder nur als Anhang gesehen wird nach dem Motto: Du hast einen Pass aus Djibouti und willst über Soyinka, Walcott und Césaire sprechen? Schriftsteller sind in der Literatur zu Hause. Völlig unabhängig, ob deutsch, englisch oder französisch. Ich gestalte mir meine Soße je nachdem, was mich interessiert oder berührt.

Sie schreiben gerne Reiseberichte. Ist das auch Ausdruck Ihrer Suche nach einer intellektuellen Heimat?
Ich bin ein schreibender Nomade, und was mich interessiert, ist, über die Fragmente, die Ränder und den Bodensatz der Geschichte zu schreiben. Bekanntlich wird das Leben immer komplizierter, und man kann die Welt nicht mehr auf eine Weise erzählen, die sich ihrer im Ganzen versichert – wie das noch im Roman des 19. Jahrhunderts möglich war, in den Romanen Balzacs. Man wird in eine Welt geboren, der man sich nicht mehr wie einem einheitlichen Objekt nähern kann. Man kann die Dinge, die man wahrnimmt, nur noch als Fragmente sehen. Der Künstler muss sein Fresko aus Fragmenten komponieren, als Patchwork, um eine Silhouette der globalen Welt einzufangen. Ich will diese Silhouette Djiboutis einfangen und jemandem in der Welt vermitteln, der Djibouti für ein Kaff hält, für das sich niemand interessieren muss.

Der Alltag in Djibouti lässt sich wohl nicht ohne den Blick nach Somalia schildern. Was halten Sie von der politischen Entwicklung dort?
Ich bin Somali der Sprache und der Kultur nach. Die Verbindung, die ich zu Somalia spüre, entspricht ungefähr den Empfindungen, die ein Westdeutscher während der deutschen Teilung für Ostdeutschland verspürte oder für ein anderes Land deutscher Sprache. Ich bin also Somali, aber zugleich hat Djibouti sein eigenes Schicksal, sonst spräche man nicht von den Djibouti, es gäbe sie nicht, sie wären eine Fiktion.
Natürlich beschäftigt mich Somalia, aber wenn man von Somalia spricht, meint man gewöhnlich das südliche Somalia, meint man Mogadischu, das von den Jahren der Diktatur Siad Barres gezeichnet ist und seit 1991 ein unglaubliches Chaos sah. Im Norden Somalias hingegen, in Somaliland, stößt man auf zivile Strukturen. Das Land hat sich 1995 unabhängig erklärt – die internationale Gemeinschaft hat das nicht anerkannt – und zivile Strukturen einer friedlichen Gesellschaft geschaffen.
Und die Region Ogaden in Äthiopien stellt ohnehin eine Besonderheit dar. Deshalb sollte man diese ganzen Bilder des Chaos und der Gestaltlosigkeit, die man im Zuge der Operation „Restore Hope“ sah, nicht auf den Norden Somalias projizieren, wo eine besondere Situation vorherrscht – das gilt nur für den Süden. Der Norden ist arm, hat Probleme, aber es gibt einen zivilen Frieden, und man erfindet dort eine neue Staatsform.
Für Djibouti, das sich noch ein bisschen nördlicher befindet, ist die Situation nochmals anders. Man hat zwar einen Staat dort, aber einen Staat nach dem Modell jener Länder Afrikas, die Probleme mit der Demokratie haben. Aber immerhin gibt es eine Staatsstruktur – noch.

Sie waren Teilnehmer des Literatur-Projekts „Rwanda: écrire par devoir de mémoire“ und haben im Vorwort ihrer Novelle „Moissons des Crânes“ geschrieben, dass Sie erhebliche Schwierigkeiten hatten, diesen Text zu beginnen. Woher rührten diese Schwierigkeiten?

Das war das schwierigste Buch, das ich jemals zu schreiben hatte, denn zum ersten Mal in meinem Leben sah ich mich als Schriftsteller einem Problem gegenüber, das mich einfach überforderte. Vorher war ich ein frankophoner Schriftsteller aus Djibouti, der in seiner Bibliothek sitzt und den Zugang zur *Weltliteratur* sucht – das war reine Literatur, wenn man so will. Mit einem Mal sah ich mich einem Ereignis, einer Tragödie, einem Völkermord gegenüber – so etwas gibt es zum Glück nicht alle Tage –, der bei weitem die Ambitionen, Projekte und Ideen, die ich davor verfolgt hatte, in den Schatten stellte. Angesichts von etwa einer Million Toter fragt man sich, wie man das in Worte fassen kann – das ist so, als wäre man ein kleiner Junge und sollte den Kilimanjaro besteigen.

Und wenn man dann auf diesen tausend Hügeln Ruandas war, konnte man das nicht einfach so hinter sich lassen. Man kann nicht einfach sagen: „Ich war da, habe mir das angesehen, war Tourist, habe Fotos gemacht, bin zurückgekehrt“. Keine Rede davon! Aber zugleich konnte man angesichts dessen nicht schweigen. Diese Zwiespältigkeit dauerte eine Weile, und auch nur ein einziges Wort über Ruanda zu schreiben war fast schon eine unmögliche Vorstellung.

Allein schon die Bezeichnung „Schriftstellerresidenz Kigali“! Gut, es gibt die Villa Medici oder die American Academy, aber doch nicht die „Schriftstellerresidenz Kigali“! All das trug zu einem Moment der Unwirklichkeit bei. Was macht man da? Ich dachte erst, ich würde einige Artikel über Zeugenaussagen schreiben, und das würde reichen. Als ich dann im zweiten Jahr nochmals nach Ruanda fuhr, um mich mit ruandischen Autoren zu treffen, die ich zuvor nicht gleich sprechen konnte, dachte ich immer noch, ich könnte dann meinen Text schreiben, und das wär’s gewesen. Zumal andere schon dorthin gefahren waren und ihre Texte geschrieben hatten: ein Amerikaner, ein englischer Journalist, ein belgischer Filmemacher, ein deutscher Fotograf – die fuhren dorthin, als ginge es um *Kunst*. Als wäre das nur ein subventioniertes Projekt, als sollte eine künstlerische Idee realisiert werden. Für mich war das unmoralisch, unter der Würde.

Die einzige Rechtfertigung, die ich später dafür fand, darüber zu schreiben, war, dass man damit beitragen könnte, ein Echo zu schaffen, ein Echo zu schaffen auf den Völkermord an den Tutsi 1994, denn auch die ruandischen Künstler selbst hatten den Völkermord noch nicht gestalten können. Also sagte ich mir, wenn ich ihnen einen ersten Anstoß ge-

ben könnte, ... Aber schließlich wurde ein Bericht der persönlichen Auseinandersetzung daraus, meines persönlichen Nachdenkens.
Was man zurzeit dazu schreiben kann, kann höchstens eine erste Annäherung sein, unvollkommen, nicht ausreichend, ein erster Versuch, der vielleicht dazu beitragen kann, die Schwierigkeiten abzutragen, die vom Schreiben darüber abhalten. Vielleicht nimmt sich dadurch morgen oder übermorgen oder in zehn Jahren ein Ruander dessen an! Die Literatur gleicht Flüssen, die sich ineinander ergießen, bis ein Ruander wirklich „das Werk" über den Völkermord schreiben kann.
Aber natürlich steckt auch eine pädagogische Absicht dahinter. Wenn ich zum Beispiel mit den Kindern in Djibouti über den Völkermord spreche und es mir gelänge, zwei oder drei Schülern seine Ursachen zu vermitteln, dann wäre schon etwas erreicht. Man muss das in Afrika selbst bekannt machen, denken Sie an Somalia, Kongo, Sierra Leone, Burundi! Ich bin wahrscheinlich der einzige Schriftsteller, der im Zusammenhang mit Ruanda auch über Burundi spricht. Es geht um Massenmord, in dem das Leben der Menschen banalisiert wird. Kilometerweit nur Tote und Schädel – der Tod ist da materialisiert, Menschlichkeit verneint. Kein Schriftsteller, niemand, der da war, hat derlei zuvor schon einmal gesehen.
Und daneben das Leben in Ruanda, das sich fast normal vollzieht, man fährt dorthin, schaut sich das Grauen an und trinkt dann ein Bier ... Das macht es nicht einfacher, und auch das bereitete mir Schwierigkeiten.

Beeinflussten diese Schwierigkeiten auch Ihre Arbeit an Ihrem neuen Buch „Rift Route Rails"?
„Rift Route Rails" ist ein Projekt, das sich sehr von dem Ruanda-Buch unterscheidet. Ich habe bereits eine Trilogie über Djibouti geschrieben, und ich möchte gerne eine zweite darüber schreiben. Ich will mir klar werden über eine neue Situation in Ostafrika, aber weniger fokussiert, sondern losgelöster von der Region. Das Buch geht darauf zurück, dass 1995, 1996 ein Großteil der Bevölkerung Djiboutis ausgereist ist, und ich hefte mich an die Fersen dieser Exilierten. Die ganze Jugend Djiboutis befindet sich im Ausland, lebt in Quebec, Ontario, in England, in den Niederlanden – weniger in Deutschland und in Frankreich.
„Rift, Route, Rails" ist ein Triptychon, ein Tableau. „Rift" steht für das Land der Ankunft: das Rift Valley; „Route" und „Rails" stehen für die Reisemittel.
Das Buch enthält Novellen in dem Ton, in dem ich bereits schrieb. Es geht mehr oder weniger um das Leiden an der Welt, so wie ich in den „Cahiers Nomade" schrieb, dass jede Novelle eine Karawane ist. Nun ist es die selbe Karawane, die ihren Weg in die Welt nimmt, aber mir geht es

mehr darum, mir über die verschiedenen neuen Gesichter Afrikas klar zu werden.

Und schließlich habe ich noch die Idee zu einem weiteren Buch, zu einem historischen Roman über die Beziehungen zwischen dem kolonialen Frankreich und Djibouti. Zum Beispiel über die Interessen von Vichy-Frankreich, und über Djibouti in den dreissiger und in den siebziger Jahren.

Über den Autor

Manfred Loimeier ist als Rezensent afrikanischer Literatur für diverse Zeitungen, Fachzeitschriften und den Hörfunk tätig. Im Auftrag der Heinrich-Böll-Stiftung begutachtete er Projekte zur Förderung der Lesekultur in Nigeria und in Mali. Er publizierte bisher die Bücher „Passagen – Zur Wissenschaftskritik in den Werken Herbert Achternbuschs", „Ken Saro-Wiwa", „Afrikanische Literatur" und „Sudan".

Bildnachweis

Wir danken allen Fotografinnen und Fotografen, Agenturen, Organisationen, Verlagen, die uns Bilder zur Verfügung gestellt haben:

Heinz Hug, Peter Hammer Verlag, Fourth Dimension Publishers, Éditions Gallimard, Volkhard Brandes, Présence Africaine Éditions, Scherz Verlag, Frederking & Thaler Verlag, Chris van Houts, Agentur Griot, Isabel Franco, Gesellschaft zur Förderung der Literatur aus Afrika, Asien und Lateinamerika e.V., UNESCO, Verlag Nagel & Kimche, Lamuv Verlag

Gesellschaft zur Förderung der Literatur aus Afrika, Asien und Lateinmerika

Literaturaustausch konkret – global und lokal

Die Weltliteratur hat viele Sprachen, viele Autorinnen und Autoren und viele Verlage. In Deutschland hat sie eine Adresse: Hier arbeitet die in Europa einzigartige „Gesellschaft zur Förderung der Literatur aus Afrika, Asien und Lateinamerika e.V." seit 1980 als eine literarische Agentur ganz besonderer Art. Durch Empfehlungen macht sie deutschsprachige Verlage auf Bücher von Autorinnen und Autoren aus Afrika, Asien und Lateinamerika aufmerksam, die eine Übersetzung ins Deutsche verdienen.

Zudem ist sie ein Informations- und Dokumentationszentrum zur Literatur der außereuropäischen Länder und unterhält ein umfangreiches Archiv zu Autorinnen und Autoren, besonders aus Afrika. Außerdem publiziert die „Gesellschaft mit dem langen Namen", wie sie in der Branche bekannt ist, die Vierteljahreszeitschrift LiteraturNachrichten mit Informationen über das literarische Leben in Afrika, Asien und Lateinamerika.

Um Literatur aus dem „Süden" in Deutschland bekannter zu machen, organisiert die Gesellschaft – z.T. in Kooperation mit anderen Institutionen – u. a. Tagungen mit AutorInnen aus Afrika, Asien und Lateinamerika. Außerdem berät sie andere Veranstalter bei der Vorbereitung und Organisation von einschlägigen Tagungen, Treffen oder Lesungen, ob lokal oder überregional. Ausstellungen mit zeitgenössischer Literatur aus der „Dritten Welt" ergänzen das Informationsangebot der Gesellschaft genauso wie der Katalog QUELLEN, ein Verzeichnis lieferbarer Bücher (in deutscher Übersetzung) von Werken afrikanischer, asiatischer und lateinamerikanischer AutorInnen.

Mit dem „ANDEREn LiteraturClub", einer Buchgemeinschaft besonderer Art, will die Gesellschaft zudem einer begrenzten Zahl von Büchern pro Jahr zu möglichst vielen Lesern verhelfen.

Die Gesellschaft arbeitet eng mit der Deutschen Welthungerhilfe zusammen, um für empfehlenswerte Kinder- und Jugendbücher zu den Themen „Dritte Welt" und „multi-kulturelles Zusammenleben" zu werben.

Seit 1997 förderte die Gesellschaft mit der Aktion Afrikanissimo besonders die Verbreitung afrikanischer Literatur.

Mit Mitteln des Auswärtiges Amts und der Schweizer Kulturstiftung PRO HELVETIA fördert die Gesellschaft Übersetzungen anspruchsvoller literarischer Texte aus dem Süden der Welt. Gefördert werden dabei vorrangig Werke von AutorInnen, die bisher gar nicht oder nur unzureichend in deutscher Übersetzung vorlagen, sowie Werke aus Ländern, deren Literatur nur unzulänglich auf dem deutschsprachigen Buchmarkt vertreten ist. Seit 1984, dem Beginn des Programms, wurden mehr als 350 Übersetzungen gefördert.

Kontakt:
Gesellschaft zur Förderung der Literatur aus
Afrika, Asien und
Lateinamerika e. V.
Reineckstraße 3
60313 Frankfurt am Main
Email: litprom@book-fair.com
Telefon: +49 69 2102-247
Fax: +49 69 2102 227
Internet: www.litprom.de